襤《ぼ》褸《ろ》を纏《まと》った徳

ヒューム　社交と時間の倫理学

林　誓雄

Hayashi Seiyu

京都大学学術出版会

若い知性が拓く未来

今西錦司が『生物の世界』を著して、すべての生物に社会があると宣言したのは、三九歳のことでした。以来、ヒト以外の生物に社会などあるはずがないという欧米の古い世界観に見られた批判を乗り越えて、今西の生物観は、動物の行動や生態、特に霊長類の研究において、日本が世界をリードする礎になりました。

若手研究者のポスト問題等、様々な課題を抱えつつも、大学院重点化によって多くの優秀な人材を学界に迎えたことで、学術研究は新しい活況を呈しています。これまで資料として注目されなかった非言語の事柄を扱うことで斬新な歴史的視点を拓く研究、あるいは語学的才能を駆使し多言語の資料を比較することで既存の社会観を覆そうとするものなど、これまでの研究には見られなかった溌剌とした視点や方法が、若い人々によってもたらされています。

京都大学では、常にフロンティアに挑戦してきた百有余年の歴史の上に立ち、こうした若手研究者の優れた業績を世に出すための支援制度を設けています。プリミエ・コレクションの各巻は、いずれもこの制度のもとに刊行されるモノグラフです。「プリミエ」とは、初演を意味するフランス語「première」に由来した「初めて主役を演じる」を意味する英語ですが、本コレクションのタイトルには、初々しい若い知性のデビュー作という意味が込められています。

地球規模の大きさ、あるいは生命史・人類史の長さを考慮して解決すべき問題に私たちが直面する今日、若き日の今西錦司が、それまでの自然科学と人文科学の強固な垣根を越えたように、本コレクションでデビューした研究が、我が国のみならず、国際的な学界において新しい学問の形を拓くことを願ってやみません。

第26代　京都大学総長　山極壽一

目　次

凡例

ヒュームの諸著作について本書では、以下のようなテクストの使用と表記を行なう。

T：　*A Treatise of Human Nature*　『人間本性論』［1739–1740］

略号としてTを用い、はじめにNorton版（David Hume, *A Treatise of Human Nature*, eds., by Norton, D. F. & Norton, M. J., 1st Ed, Oxford U. P., 2000）の巻、部、節、および段落の番号をアラビア数字で順に付し、次にSelby-Bigge版（David Hume, *A Treatise of Human Nature*, ed., by Selby-Bigge, L.A., 2nd Ed., Oxford Clarendon Press, 1978）の頁数を付す。日本語訳は筆者によるものだが、大槻訳（デイヴィド・ヒューム『人性論』一―四巻、大槻春彦訳、岩波文庫、一九四八―一九五二年）、および木曾訳（デイヴィッド・ヒューム『人間本性論〈第一巻〉知性について』木曾好能訳、法政大学出版局、一九九五年）を適宜参照した。［例：T3.2.2.7；SBN488］

EPM：　*An Enquiry concerning the Principles of Morals*　『道徳原理の探求』［1751］

略号としてEPMを用い、Beauchamp版（David Hume, *An Enquiry concerning the Principles of Morals*, ed., by Beauchamp, T. L., Oxford U. P., 1998）の節、段落番号を順に付し、次にSelby-Bigge版（David Hume, *Enquiries Concerning Human Understanding and Concerning the Princi-*

ples of Morals, ed., by Selby-Bigge, 3rd ed., Oxford：Clarendon Press, 1975）の頁数を付す。訳は筆者によるものだが、渡部訳（D・ヒューム『道徳原理の研究』渡部峻明訳、晢書房、一九九三年）を適宜参照した。［例：EPM9.5；SBN272］

EHU：　*An Enquiry concerning Human Understanding*　『人間知性の探求』［1748］
略号としてEHUを用い、Beauchamp版（David Hume, *An Enquiry concerning Human Understanding*, ed., by Beauchamp, T. L., Oxford U. P., 1999）の節、段落番号を順に付し、次にSelby-Bigge版（David Hume, *Enquiries Concerning Human Understanding and Concerning the Principles of Morals*, ed., by Selby-Bigge, 3rd ed., Oxford：Clarendon Press, 1975）の頁数を付す。訳は筆者によるものだが、渡部訳（D・ヒューム『人間知性の研究・情念論』渡部峻明訳、晢書房、一九九〇年）を適宜参照した。
［例：EHU12.34；SBN165］

EMPL：　*Essays Moral, Political, and Literary*　『道徳・政治・文芸論集』［1777］
略号としてEMPLを用い、Miller版（David Hume, *Essays Moral, Political, and Literary*, ed., by Miller, E. F., Revised Edition, Liberty Fund, 1987）の頁数を付す。日本語訳は筆者によるものだが田中訳（デイヴィッド・ヒューム『ヒューム　道徳・政治・文学論集』［完訳版］田中敏弘訳、名古屋大学出版会、二〇一一年）を適宜参照した。
［例：EMPL p. 533］

なお、引用文中の傍線は原文イタリックを示し、本書の地の文、および引用文中の傍点は筆者による強調を意味する。また、（　）内の英語表記は原語を示しており、［　］内は筆者が補った箇所である。その他、〃〃や「　」、そして〈　〉のカッコ類を、筆者による強調、および理解を容易にするための記号として適宜用いている。

はじめに

一　問題の所在と本書の目標

本書は、十八世紀スコットランドの思想家デイヴィッド・ヒューム（David Hume, 1711–1776）の倫理学理論について論じる。

教科書的に言うのなら、ヒュームはジョン・ロック（John Locke, 1632–1704）やジョージ・バークリー（George Berkeley, 1685–1753）とともに、イギリス古典経験論を代表する人物とされる。そしてヒュームの立場は「懐疑論（scepticism）」として特徴づけられ、どちらかと言えば理論（思弁）哲学の領域でその名を聞くことが多いだろう。少しでも哲学に触れたことのある人ならば、理論哲学におけるヒュームの功績のひとつとして、次の有名な話を一度は耳にしたことがあるのではないだろうか。すなわち、普段われわれは「因果関係」というものを「必然的に結びつけられた関係」だと、当然のごとく見なしている。しかしヒュームは、因果関係を必然的なものと見なすための、観察可能な・合理的な根拠が存在しないことを証明した。そしてこの「因果性」に対する懐疑的な議論が、イマヌエル・カント（Immanuel Kant, 1724–1804）をして「独断的微睡《まどろ》みを破った[1]」と言わしめたという話である。すでにカントから三〇〇年ほど経ってはいるものの、いま現在もなお、この「因果性」に対するヒュームの懐疑論は、哲学において、とりわけ「科学哲学（Philosophy of Sciense）」という領域

において、大きな影響を及ぼし続けている。(2)

その一方で実践哲学、すなわち倫理学の領域でヒュームの倫理学理論が、たとえばカントの理論（義務論）や、あるいはジェレミー・ベンタム（Jeremy Bentham, 1748–1832）およびJ・S・ミル（John Stuart Mill, 1806–1873）らの理論（功利主義）ほどの注目を集めてきたとは、とてもではないが言えない。もちろんヒュームの倫理思想に、これまでまったく光が当てられなかったわけではない。しかしながら、従来の研究がヒュームの倫理思想を取りあげるとしても、それは、ヒュームの理論に登場する個々のキーワードにまつわる議論のみを考察するものがほとんどであった。すなわち、従来の研究の多くは、「共感（sympathy）」「一般的観点（general point of view）」「道徳感情（moral sentiment）」「コンヴェンション(3)（convention）」「効用（utility）」「存在と当為（is and ought）」などのキーワードに着目した上で、各論としてそれぞれを展開するだけであった。そしてそうした研究がヒュームの倫理学理論に対して与えてきた解釈とは、次のようなものであった。

たとえば、ヒュームの「共感」「一般的観点」「道徳感情」に注目する研究は、第一に、ヒュームが感情を道徳の基盤に据えることから、まずはその思想を「道徳感情論（Moral Sentimentalism）」として括り、その上でヒュームの「一般的観点」を、同時代のアダム・スミス（Adam Smith, 1723–1790）の「公平な観察者（impartial spectator）」とほぼ同じものである、もしくは「公平な観察者」のプロトタイプ版に過ぎないと解釈する。(4) あるいは、ヒュームが道徳の基礎のひとつに「効用」概念を置いていること、およびその点に関して後代のベンタムがヒュームの著作を読んで「目から鱗が落ちた(5)」と吐露していることをつかまえて、ヒュームを「功利主義の祖」として理解すべきだという研究もある。(6) もちろん、そうした研究がヒュームを完全に誤解しているとまでは言うまい。しかしそれらはいずれも、個々のキーワードに固執するあまり、ヒュームと他の思想家との差異化をうまくはかることができておらず、結局のところヒュームを、他の思想家との関連でのみ言及されるだけの道徳哲学者にしてしまっている感がある。そしてそのために、ヒュームにオリジナルな点の提示にまでは至っていないのが現状であるように思われる。その結果、本書冒頭で掲げたように、「ヒュームの倫理学理論について論じる」と述べるとしても、「そもそもなぜいまヒュームの倫理学理論をわざわざ取りあげるのか」と疑問に思う人も出てくるのではないだろうか。しかしながら、ヒュームの倫理学理論には、彼の理論哲学に負けずとも劣らない魅力的な要素が数多くある。ただ、彼の議論が難解であり、そして彼の言葉遣いが曖昧なために、未だにその魅力が埋もれたままになっているだけなのだ。

そこで筆者は、ヒュームの複雑な議論を丹念に解きほぐしつつ、そしてまた各論のみの議論に陥ることなく彼の倫理学理論を包括的に理解することを心がけながら考察を進め、読者に、ヒュームの倫理学理論の魅力を伝えることを試みたい。その中で、規範倫理学上のヒュームの位置づけを浮き彫りにすること、およびヒュームの倫理学理論の独創性を示すこと、これらが本書の目指す具体的な目標となる。

二　ヒュームの位置、魅力と独創性

ところで、ヒュームの倫理学理論を規範倫理学の系譜の上に位置づけるとしたら、それはいったいどこに置かれるのだろうか。そしてまた、彼の倫理学理論の魅力・独創性とは何であるのか。答えを先取りする形にはなるが、これらについて、筆者の考えをあらかじめ明らかにしておこう。

まず前者について筆者は、ヒュームを「徳倫理学（Virtue Ethics）」の系譜に位置づけるべきであると考え、このことを本書全体の考察を通じて浮き彫りにしたい。規範倫理学の領域では長い間、ベンタムやＪ・Ｓ・ミルを淵源とする「功利主義（帰結主義）」と、カントをその代表とする「義務論（直観主義）」とがひとつの対立軸を形成してきた。そこへ一九八〇年代以降、アリストテレスにまで遡る「徳倫理学」が第三の途として復権を果たした結果、いま現在、これらの三理論が規範倫理学の代表的な支柱として考えられるようになり、それが全世界的な潮流となっているように思われる。とりわけ第三の途である「徳倫理学」に関して、国内ではようやく二〇一四年にその入門書の翻訳が次々に刊行、(7)または刊行予定であり、(8)その大きな流れがここ日本にも届きつつあると言えるだろう。そのような流れの中で、本書ではヒュームの倫理学理論を「徳倫理学の一種」として捉えることを提案する（とはいえ、現状で「徳倫理学」が流行っているから単純にそれに乗る、というわけではない）。

もちろん、ヒュームの思想はこれまでにも、規範倫理学理論との関連で解釈されることがあった。ヒュームが「正義（justice）」(9)について論じた箇所で登場する「コンヴェンション」を「約束」の一種と捉えることで、ヒュームをある種の契約論者と解釈する論者がいる一方で、(10)先ほども述べたが、ヒュームが「効用」に触れている点に着目して、ヒュームを功利主義の祖とする解釈もある。(11)しかしながら、ヒュームが道徳を論じる際には、「行為それ自体」よりも「行為者の性格」に焦点を当て、道徳において「行為者の性格」に注目することの重要性を繰り返し強調している。この「行為」それ自体よりも「行為者の性格」に焦点を合わせるというのは、「徳倫理学」の軸となる考え方に他なるまい。(12)そもそもヒュームが『人間本性論』第三巻「道徳について」の中で終始、「徳（virtue）」について語っていることに鑑みれば、ヒュームの倫理学理論をある種の「徳倫理学」と解釈するのが最も自然であるだろう。実際、ヒューム国際学会（Hume Society）の現会長（二〇一四年時点）であるジャクリーン・テイラーや、徳倫理学の代表的論客であるマイケル・スロート、あるいはクリスティン・スワントンら複数の研究者が、ヒュームを「徳倫理学者（virtue ethicist）」と見なす議論を提出している。(13)また、日本におけるヒューム研究の第一人者である神野慧一郎も、ヒュームの議論から引き出される結論として、「徳論型倫理学への傾斜」を指摘している。(14) 筆者はこうした解釈の方向性に賛同した上で、ヒュームを「徳の倫理学者」として読むべきことを、それら先行研究とは異なるやり方で示すことを試みる。

とはいえ、ヒュームの倫理学理論を「徳倫理学」の系譜に位置づけることができるとしても、それだけでは不十分である。将来的に、ヒュームの徳倫理学と、たとえばアリストテレス流の徳倫理学との間の異同や優劣を論じていくためには、ヒュームの徳倫理学にしか見られないオリジナルな点を示しておく必要がある。逆にこの点を示さずして、「なぜいまヒュームの倫理学理論をわざわざ取りあげるのか」という先ほどの疑問に、十分答えたことにはならないだろう。それでは、ヒュームの倫理学理論の魅力・独創性とはどのようなものであるのか。

実はすでに、先にも挙げたスロートが、ヒュームの「共感論（同感論）」をベースにした上で、「行為者基底的な（agent-based）徳倫理学」を展開している。(15) そしてまた従来の研究においては、ヒュームの倫理学理論に特徴的な点として「共感」に焦点を当てるものが主流であった。したがって、ヒュームの「徳倫理学」の特徴でありオリジナリティは「共感」であると考える人も多かろう。しかしながら筆者は、「共感」よりもむしろ、「社交や会話（society and conversation）」(16) という人間の営みにヒュームが光を当てて道徳について論じている点、およびヒュームが道徳の本質的な要素のひとつとして「時間軸（time）」(17) というものに着目している点こそが、他の思想家にほとんど見られることのないヒュームの慧眼であり、そしてまた「徳倫理学」の系譜にヒュームを位置づけるにあたり、彼のオリジナリティを示す上での最重要ポイントであると考える。本書全体を通じて筆者は、こうしたことを示そうと思う。

三　テクストに関する方針

以上のような目的を達成するにあたり、本書におけるヒュームのテクストの取り扱い方について若干注意を喚起しておきたい。本書は、テクストの取り扱いについて二つの点で、これまでとは異なる方針を採用する。

第一に、従来、ヒュームの倫理学理論を考察するにあたっては、彼の主著『人間本性論』(*A Treatise of Human Nature*) の第三巻「道徳について」(以下「道徳論」と略記) のみを取り扱うか、これに加えて、その簡易版と言われる『道徳原理の探求』(*An Enquiry concerning the Principles of Morals*) のみを集中的に扱うだけで、『人間本性論』のその他の巻、すなわち認識論が展開される第一巻「知性について」(以下「知性論」と略記) と、情念について論じられる第二巻「情念について」(以下「情念論」と略記) の内容が、積極的に重要視されることはなかった[18]。この原因は、ヒューム自身が第三巻道徳論の冒頭で「道徳論での議論は、それ単独でも理解可能」と述べてしまっている点にあり、これを真に受けた従来の研究は、知性論や情念論における難解な議論など、無視しても構わないと考えたのであろう。だが、ヒュームのそうした言とは裏腹に、知性論や情念論を軽視して考察を進めた従来の研究は、ヒュームの道徳判断論の本質的な部分を捉え損なっているだけでなく、彼の倫理学理論の特徴すらも明らかにできずにいるのだ。(しかしながら、このようなことになった全ての原因は、やはりヒュームにある。ヒュームはそのような発言を安易にしておきながら、『人間本性論』第一巻および第二巻に戻らねば理解できない原理や概念、そして考え方を、読者がすでにそれらの巻を読んで当然理解しているものとして、しれっと登場させているからである。)

そこで本書では、第三巻道徳論での議論を理解するためには、第一巻知性論および第二巻情念論での議論をおさえておくことが不可欠だと考え、これらの巻での議論を適宜踏まえながら考察を進めることにしたい。さらにこのとき、『人間本性論』の最終巻に道徳論が位置づけられていることを敢えて重視し、全三巻からなる『人間本性論』を「ひとつなぎの道徳哲学の書」として読むという方針を採用することにする。[19] したがって読者には少し苦労を強いることになって恐縮ではあるけれど、本書では第一部において、とりわけヒュームの認識論的な議論に関して、若干突っ込んで論じることになる。しかしながら、ここでの議論こそが本書におけるヒューム解釈の不可欠な基礎となるのであり、逆にこの作業を欠くからこそ、従来の研究は、ヒュームの倫理学理論の本質を捉え損なってきたということを浮き彫りにしたい。

第二に、本書が主として取り扱うテクストは『人間本性論』である。そして当然のことながら、その道徳論の簡易版とされる『道徳原理の探求』についても取り扱うことになる。これに加えて本書では、必要ならばさらに『道徳、政治、文芸論集』(*Essays Moral, Political, And Literary*)に所収されている経済論、政治論、宗教論、美学論などの他の分野の諸エッセイをも幅広く渉猟することにしたい。ヒュームの著作は、認識論、情念論、道徳論、宗教論、政治論、経済論、そして歴史論にいたるまで多岐にわたっており、数多くの著作やエッセイにちりばめられたヒュームの思想は、それぞれが複雑に絡み合っているがゆえに、各論における重層的な構造をとらえるためには、関連する他の諸著作からの補完が必要である。したがって、道徳論での議論を多角的に読み解くためにも、こうした幅広い検討作業が極めて有益だと思われるのである。

以上から本書では、『人間本性論』のみにテクストを限定することなく、ヒュームのあらゆる書き物を必要に応じてある程度自由に議論に組み込むという「テクスト横断的な研究方法」を採用する。そうすることによってますます、ヒュームの倫理学理論を包括的に理解することが可能になるだけでなく、ヒュームに独自の要素がより一層明らかになっていくはずである。

四　本書の構成

以上、本書の執筆の背景、目的、およびテクストの取り扱い方について述べてきた。最後に、本書の構成を簡潔に説明しておくことにしよう。本書は四つのパートから構成される。

まず第一部は二つの章から構成される。ここでは『人間本性論』第一巻知性論で展開される複雑な議論を丹念に解きほぐしながら、道徳論を考察する上で重要となる諸要素の析出を行なう。まずは第一章において、ヒュームの信念論をとりあげ、「信念の真偽」に関する問題を論じる。次に第二章において、われわれ人間が信念を想い抱くときの「心の作用（act of the mind）」について考察する。ここでの議論の鍵となるのは、「心の作用」に影響を及ぼす「一般的規則（general rule）」である。「一般的規則」とは、人間の胸中に形成される「われわれ人間の判断に影響を及ぼすもの」であり、それは『人間本性論』全巻を通じて重要な場面でしばしば登場する。それにもかかわらず、その言葉自体があまりにもありふれたものに見えるためか、これまでの研究ではまったくと言っていいほど「一般的規則」に着目されることはなかった。本章では「一般的規則」に対して積極的に光を当てながら、人間が判断を下すときの心的メカニズムの解明を目指す。

第二部では、倫理学理論にとって不可欠の両翼とも言える「道徳的評価」の仕組み、および「道徳的な行為の動機づけ」のメカニズムの解明を行なう。まず第三章において、道徳的評価の必要条件について論じながら、ヒュームにおける道徳的評価の仕組みを明らかにする。次の第四章では、現代のメタ倫理学における知見を援用しながら、道徳的評価を下すことから道徳的な行為が動機づけられるメカニズムについて論じる。

第三部に入り、ヒューム自身が設けた徳の区分、すなわち「自然」と「人為」の徳の区分にしたがって、それぞれについて重要な論点を考察する。第五章では「人為的徳（artificial virtue）」を取り上げ、特にその代表である「正義」が生成されるときのプロセスについて論じる。引き続いて第六章では「自然的徳（natural virtue）」を取り上げ、特にその代表である「人間性（humanity）」ないし「善意（benevolence）」と、「共感」との連関について論じる。

第四部では、ヒュームの倫理学理論にとっての本質的要素であり独自な点と筆者が主張するところの「社交・会話」および「時間軸」について論じる。第七章では、われわれの道徳的な生の営みの中で「社交や会話」というものが果たす役割について論じる。そして第八章では、『人間本性論』第三巻道徳論に見られる「信念（意見）」に関するヒュームの謎の文言に着目し、この謎を、本書第一部において得た認識論的な知見を援用しながら解き明かす。そしてそのことを通じて、ヒュームが「時間軸」という要素を、道徳の本質のひとつとして考えていることを明らかにする。

本書での考察を通じて、ヒュームの倫理学理論が「徳倫理学」の系譜に位置づけられるべきことが、そして「社交・会話」および「時間軸」というものが、彼の倫理学理論の本質を形成しているだけでなく、その独自性を示すものでもあるということが明らかになるはずである。ところで、このような位置づけおよび解明を可能にするのは、繰り返しになるが、全三巻からなる『人間本性論』を「ひとつなぎの道徳哲学の書」として読み解くという方針を本書が採用するからである。その中でも特に、第一巻知性論で展開される彼の認識論を丹念に考察することこそが、ヒュームの倫理学理論にまつわる数々の誤解を払拭することに繋がるのであり、さらには、彼の論じたことが本当は何であったのか、彼の議論がもつ真の重要性とはどのようなものなのかということを明らかにしてくれるのである。

確かに、ヒュームの認識論での議論の読解、およびその考察は難解なものである。しかしながら、これまでにない「新しいヒューム」に出会うためには、ここでの苦難を乗り越えなくてはならない。第一章から始まるいきなり険しい認識論という登山口に、まずは足を踏み入れて、そしてそこを足がかりに、ヒュームという高峰を最後まで登り詰めることができるのならば、そのあとにはきっと、これまでに見たことのない新しい風景が立ち現れてくるはずである。その高みを目指して、その道程の第一歩目を、踏み出してみることにしよう。

註

(1) Kant [1792]〔邦訳一九四頁〕

(2) 戸田山 [二〇〇二] 第五章、鈴木他 [二〇一四] 第四章を参照せよ。なお、本書ではヒュームの理論哲学について深く考察しない。ヒュームの因果性をめぐる最新の議論については、特に萬屋 [二〇一一] および鵜殿 [二〇一三] を参照して欲しい。

(3) "convention" は、ヒュームの道徳論(特に正義論)における最重要概念のひとつである。そしてこの単語の意味は、ヒュームが言い換えている通り「共通する利益の一般的な感覚(a general sense of common interest)」に他ならない。さらに"convention"は「一致(agreement)」とも言い換えられることから、「複数人の間で利益の感覚が一致していること」を意味してもいると考えられる。

ところで、これまで国内のヒューム研究においては、"convention"に対してさまざまな訳語が添えられきた。たとえば「取り決め」(内井惣七 [一九八八])、「黙契」(神野慧一郎 [一九九六])、「規約」(森直人 [二〇一〇]。ただし、森は二〇一三年の論考において訳語を「コンヴェンション」に変更している。)、「黙約」(柘植尚則 [二〇〇九]、坂本達哉 [二〇一一])、「慣習」(矢嶋直規 [二〇一二]) などを挙げることができる。そしてヒューム生誕三〇〇年を記念して特集が組まれた『思想』[二〇一一]、および二〇一二年に刊行された訳書『人間本性論 第三巻 道徳について』では「合意」という訳語が採用されている。後に(第五章)詳しく見ることになるが、筆者は、ヒューム自身が社会契約論批判をしていることを何よりも重く考え、少なくとも「約束」や「同意」を連想させるような訳語を採用すべきではないと考える。しかしながら、適切な訳語が現在のところ見当たらないので、本書では“convention”を、そのまま「コンヴェンション」とカタカナで表記することにする。
（4）実際、デイヴィッド・マクノートンは倫理学の教科書として名高い *Moral Vision*［1988］において、ヒュームとアダム・スミスの「道徳的評価の仕組み」をほぼ同じものとして解説している。
（5）Bentham［1776］p. 51fn.
（6）Plamenatz［1967］、新村［一九九四］。
（7）フィリッパ・フット『人間にとって善とは何か——徳倫理学入門』高橋久一郎監訳、筑摩書房、二〇一四年四月、ロザリンド・ハーストハウス『徳倫理学について』土橋茂樹訳、知泉書館、二〇一四年十月。
（8）加藤尚武、児玉聡編『徳倫理学基本論文集』勁草書房、二〇一四年刊行予定。
（9）後の第五章で詳しく論じることになるが、ヒュームにおける「正義」とは、この語が一般的にもつ意味の広さに比して、ごく限定的な内容しか付されていない。すなわち、基本的に「正義」とは「所有（property）」と「約束（promise）」に関する一定の諸規則のことであり、そしてその諸規則を恒常的に遵守する性格は「(正義の）徳」として称賛の対象となる。
（10）e.g. Gauthier［1979］.
（11）e.g. Rosen［2003］. あるいは内井惣七の解釈によると、ヒュームは「社会契約説と功利主義の接点に位置する」という（内井［一九八八］六二頁)。
（12）C.f. Hursthouse［1999］.
（13）Taylor［2006］, Swanton［2009］, Slote［2010］.
（14）神野［二〇〇二］一八三頁。
（15）Slote［2001］, cf. Slote［2010］.
（16）「社交や会話」という点については、これまでに奥田［二〇〇六］、水谷［二〇〇八］、島内［二〇〇九ａ、二〇〇九

b］らが一部触れており、また最近になってヒュームの言語に関する議論を考察する上で「社交や会話」に注目する研究が提出されている（萬屋［二〇一一、二〇一二］）。本書では、「社交や会話」というものが、ヒュームの倫理学理論の独自性を示すものであるだけでなく、さらには現代的な倫理的諸問題を解決する上で有効な手がかりを与えてくれるものでもあるということを、詳細な考察を与えることで明らかにすることを試みる。

(17) ヒューム哲学における「時間（軸）」という要素に着眼した先行研究は数が少なく、管見の限りでは、重森臣広［一九八七］、藪本沙織［二〇〇七］、そして水谷雅彦［二〇〇八］を挙げることができる程度である。その中でもたとえば重森と藪本は、ホッブズとヒュームとを比較しながら、とりわけ両者の政治哲学観の相違を、「時間の経過」に対する信頼の有無として抉出する（重森［一九八七］二〇八頁；藪本［二〇〇七］）。本書は、彼女らが指摘したヒューム政治哲学における「時間軸」という要素を、道徳哲学一般にまで拡げた上で、それをさらに掘り下げて考察するものである。

(18) たとえば Harrison［1976］, Mackie［1980］を参照。

(19) なおこの方針については、指導教員であった水谷雅彦先生よりご教示いただいた。

第一部　認識論的な基礎

第一章　ヒュームの信念論

本章では、ヒュームの認識論の中でも、特に信念論について考察する。その理由は何度も述べている通り、その考察で得られる知見が、道徳論を考察する上で欠かせないものとなるからである。とはいえ実際に彼の信念論に足を踏み入れるまえに、認識論を扱う本章（および次章）を読み進めてもらうための背景について、少し説明することから始めることにしよう。

一　認識論をおさえておくべき理由

「はじめに」でも述べた通り、『人間本性論』の第一巻知性論は『人間知性の探求』（*An Enquiry concerning Human Understanding*）とともに、カントを「独断的微睡《まどろ》み」から目覚めさせた因果性に関する議論が有名であり、これまで知性論研究においては、因果をはじめとしたあらゆる信念を対象とする彼の「懐疑論」が大問題とされてきた。(1) 確かに、『人間本性論』第一巻を考察の中心に置く場合には、すべてを疑い、まったき不信の状態にまで陥りかねない彼の「全面的懐疑論（total scepticism）」をどのように理解・解消し、あるいはそれを彼の理論のうちにどう位置づけるのかということが重要な問題になることだろう。(2) しかしながら、考察の重点を

『人間本性論』のそれ以降の巻へと移していくと、第一巻において大問題とされたはずの「懐疑」が、ヒュームの中でまったく問題とされていないような印象を受けるようになる。奇妙にも、あらゆる信念に対してあれほどの「懐疑」を第一巻で差し向けておきながら、続く第二巻情念論と第三巻道徳論に歩みを進めると、道徳に関わる信念や意見の存在が疑われることなく前提されるばかりか、「それらが権威をもつ」だとか、果ては「それらが不可謬である」とまで述べられるようになるのである（これらの謎の文言については本書の第八章で論じる）。無論このことは、第一巻を丹念に読み進めてきた者にとっては、驚き以外の何ものでもないであろう。しかしながら『人間本性論』が、全三巻でもって完結する書物であることを思い出してみよう。さらに言えば、『人間本性論』の最終巻に道徳論がもってこられていることの意味について考えてみよう。ヒュームが信念や意見に対する扱いをそのようにひっくり返してしまったことは、仮に『人間本性論』をひとつなぎの書物として、もっと言うならば、『人間本性論』を最終巻の道徳論を俟って初めて完結する、ひとつなぎの「道徳哲学」の書物として見なしたときに、第一巻で大問題として打ち上げられた「懐疑」は、第三巻に至ってようやく、何らかの意味で解決・解消されるようになることを示唆している、そのように考えることができるのではないだろうか。

そこで本書は、第一巻の懐疑論が、全三巻が揃うのを俟って初めて十全に理解可能なものになるという見立てのもと、以下からの考察を始めることにしたい。とはいえ、本格的に道徳論での議論を取り扱う前に、その準備として、まずは第一巻知性論における議論を考察しておくことにする。すでに触れたことだが、『人間本性論』第三巻道徳論は、その冒頭にある「告知」においてヒューム自身が述べているように、第三巻を単独で読んだとしても、その内容を理解することが可能だとされている。こうしたヒューム自身の記述の影響もあってか、これまでのヒューム道徳哲学の研究は、そのほとんどが第三巻のみを用いた考察に終始し、『人間本性論』の他の巻が用いられるとしても、「情念」や「共感」原理についての説明がある第二巻情念論を導入することにとどまることが多かった(3)。

しかしながら、たとえば「道徳的評価の仕組み」をヒュームは、実のところ、第一巻における「判断の仕組み」に関する難解な議論を前提にした上で展開している(道徳的評価の仕組みについては本書の第三章で論じる)。それゆえ、ヒュームの倫理学理論を十全に理解しようとするのであるならば、まずは『人間本性論』第一巻での議論を十分におさえておく必要があるのである。

そこで本章と次章では、ヒュームの倫理学理論を考察する上で欠かせない認識論上の要素を析出する作業を行なう。このうち、本章ではヒュームの信念論を扱う。ヒュームの信念論は、主としてヒュームの認識論研究において取り扱われることが多く、「信念(belief)」というフレーズが第三巻道徳論にほとんど登場しないことともあってか、道徳を論じる先行研究において顧慮されることは管見の限りほとんど見当たらない。しかしながら、「信念」はその後、情念論や道徳論においては、「意見(opinion)」という言い方で形を変えて幾度となく登場し、しかもそれは、われわれ人間の行動や情念に影響を及ぼす重要なものとして位置づけられている。それゆえ、ヒュームの倫理学理論を考察するためには、彼の信念論を、まずはおさえておくことが欠かせないのである。それでは以下からいよいよ、ヒュームの信念論について考察することにしよう。

二　ヒュームの知覚論

ヒュームにおける「信念」を論じる前に、まずは彼の知覚論の大枠をおさえておかねばならない。「信念」は、この知覚論における用語およびその区分でもって説明されるからである。

『人間本性論』全巻を通じて用いられている言葉遣いや概念などのうち、ヒュームが「一貫して使用する」と明言しているものは「知覚（perception）」に関する用語とその区分である。ヒュームによれば、心に現れるすべてのものは「知覚」と呼ばれ、心のあらゆる活動は知覚によって説明できるとされる。この「知覚」は「印象（impression）」と「観念（idea）」に区分される。印象とは、活き活きとした仕方で心に現れる知覚であり、いま現在直接的に体験しているあらゆることを意味する。他方で観念とは、記憶や想像において再現される印象のコピーのことである。[4] そして観念は、それが心に生じる際の「勢い（force）」と「活気（vivacity）」が劣る点で、印象とは区別される（T1.1.1：SBN1-2）。

印象と観念はさらに、単純なものと複雑なものとに区分される。あらゆる知覚は、単純印象と単純観念を基礎的要素とし、それらが組み合わさった複雑印象と複雑観念とから構成されている。たとえば、リンゴには特定の色、味、香りなどの諸性質が統合されているわけだが、これらは互いに区別することが可能である。リンゴとは、そうした諸性質が組み合わさった「複雑印象・観念」なのである。他方で、単純印象と単純観念は、それ以上に区分することが不可能な知覚であるのだが、その特徴として「単純観念はその由来先となる単純印象を必ずもつ」ということが、ヒュームにおいては根本的な原理とされている（T1.1.1.8：SBN4）。[5]

印象はまた、それを引き起こす原因、およびその生起を媒介するものに応じて「感覚の印象（impression of sensation）」と「反省の印象（impression of reflexion）」とにも区別される。感覚の印象とは、五感を通じて心に生じる像や身体的な快苦のことであり、それを引き起こすものは「知られない原因（unknown cause）」であるとされる。たとえば、いま私の目の前に、グラスに注がれた赤ワインが置かれているのを見ているとき、私の心にはそのグラスとワインの印象が活き活きとした仕方で現れている。この印象は、視覚という感覚を通じて獲得されているので、「感覚の印象」と呼ばれるわけである。そしてそのワインをひとくち口に含み、その香りを味わいながらゴクリと飲むときにも、液体の感覚や若干の渋み、そして鼻から抜けていく香りなどが「感覚の印象」として心に現れることになる。さらに、このワインが私にとって美味しいものであり「心地よさ（快の感覚）」を伴っていたとするならば、その「心地よさ」も「感覚の印象」に区分されることになる。

他方で「反省の印象」とは、そのようにして得られた感覚の、特に快苦の印象や観念から、反省という「理性（reason）」ないし「知性（understanding）」の働きを介して心に生じるものである。[6]たとえば、先ほどのワインを飲んでからしばらくして、そのワインの「心地よさ」を私が思い出すとき、それは「感覚の観念（idea of sensation）」として心に現れているわけだが、この快の感覚の観念が「欲求（desire）」を新たに生み出す場合、この「欲求」は「反省の印象（impression of reflexion）」と呼ばれる。「反省の印象」の代表的なものには「欲求」と「嫌悪（aversion）」、「希望（hope）」と「恐れ（fear）」などが挙げられる（T1.1.2.1：SBN7）。ヒュームが情念と呼ぶのは、この「反省の印象」のことであり、それについては『人間本性論』第二巻情念論において、詳しく考察されることになる。

以上が、ヒュームの知覚論の概要である。このことを踏まえて、ヒュームが「信念」をどのように特徴づけているのか、見てみることにしよう。

三　「信念」の特徴

ヒュームが「信念」について説明するにあたり、中心的に論じられるのが「原因から結果への推論（inference from cause to effect）」、ひと言で「因果推論」についてである。ヒュームは、われわれ人間が因果推論を行なうときに思い抱く信念を、「現在印象と関係する活き活きとした観念」と定義する（T1.3.7.5：SBN96）。たとえば、寒い冬の日に外を歩いていた私が、とある家の窓の中にふと目をやったとき、赤々と燃え盛る暖炉の炎が見えるとしよう。暖炉の炎の印象を得た私は即座に、その部屋の中の暖かさの観念を思い浮かべることになる。これが因果推論の一例である。ところで、このとき思い浮かべる観念には強い活気が伴っている。つまり、私はその部屋の中が暖かいという「強い信念」を持っている、すなわちそのことを「強く信じている」のである。

信念とは、心に現れる知覚のうち観念に分類されはするものの、その観念のコピー元である印象にあるのと同じような「勢いと活気」をもつものである。この「勢いと活気」をもつがゆえに、信念は「観念」でありながらも、われわれの心に影響を及ぼし、われわれの意志や情念を触発するものなのである（T1.3.10.3 : SBN119）。

このような、信念の特徴を、観念に備わる「勢いと活気」に見る点は、他の思想家には見られないヒュームに独特なものであろう。とはいえ、ヒューム自身も困惑を示しているように、その説明は一筋縄ではいかない。ヒュームの困惑ぶりは、彼が『人間本性論』「補論（Appendix）」において、信念についての補足を数多く書き足しているところに見てとることができる。つまり、ヒュームの信念に関する説明は、『人間本性論』の「本論」だけでは不十分であり、「補論」をも含めた上で理解しなければならないのだ。それでは、ヒュームが四苦八苦して説明に努める信念とは、「補論」における説明を踏まえると、結局どのようなものとして理解することができるだろうか。

繰り返しになるが、ヒュームはわれわれ人間の心が直接の対象とする知覚を、印象と観念とに分けていた。そして両者の相違を当初は、それらが心に現れる際の「勢いと活気」の程度で説明していた。この「勢いと活気」という印象と観念との差異を示す基準は、観念間の差異を示す場合にも用いられる。つまり、「空想（fancy）に現れる観念」と、「信じられている観念」すなわち「信念」との違いは、「勢いと活気」の程度にあると言われるわけである（T1.3.7.5：SBN96）。ここまでが、補足・修正前の「本論」における説明となる。しかしながらヒュームは、信念の本質を「勢いと活気」に置く「本論」での説明を不服とし、「補論」において次のような修正を施すようになる。すなわち、「信念とは、単純に捉えられたもの（the simple conception）とは異なる、ある特有な感じ（a peculiar feeling）に他ならない」（T App. 3：SBN624）と述べられるようになる。木曾好能によれば、この「特有な感じ」ということでヒュームは、信念に「内在的な特徴」だけではなく、信念がもつ「意志や情念への影響力」についても触れているのであり、この点に触れることによって、信念をより十全に説明しようとしているのだという[7]。筆者は、木曾のこの解釈を支持する。というのも、木曾の解釈の根拠とされるテクストには、まさにこの影響力の説明があるからだ。

> 確信と確証の対象となるもの［＝信念］には、空想家のゆるくて弛んだ夢想にはない、一層の確固さ（firmness）と一層の堅固さ（solidity）がある。…〔中略〕…。それら［＝信念］は一層の勢いをもってわれわれを打ち、われわれに一層ありありと現れる。心はそれらを一層確固とした仕方で捉えるのであり、そしてそれらによって心は一層動かされ動揺させられるのである。（T App. 3：SBN624–625）

筆者は木曾の解釈を支持し、ヒュームが信念を説明するときには、「勢いと活気」というそれ自体に内在的な特徴だけではなく、「特有な感じ」と表現されるところの「意志や情念への影響力」についても言及しているものと考える。とはいえ、果たしてそれで、信念の説明は尽くされてしまったと言えるのだろうか。

四　信念のもう一つの特徴――「心の作用」

『人間本性論』「本論」と「補論」での言葉遣いを丹念に追っていくと、実はヒュームが信念を、「信念の内在的特徴」と「信念が情念や意志に及ぼす影響」という二つの点だけでなく、さらなる別の点にも訴えかけて説明していることが浮かび上がってくる。当初「本論」では、信念の本質がもっぱら「勢いと活気」で説明されていた。しかし「補論」の補足箇所に至ると、「勢いと活気」という表現が影を潜め、代わりに「よりしっかりとした把握（faster hold）」、「より確固とした把握（firmer hold）」「より安定的な想い抱き方（more steady conception）」「確固とした想い抱き方（firm conception）」などの表現によって、信念の本質が説明されるようになる（T App. 3–9 : SBN624–627）。これらの表現の出現は、信念自体が持つ内在的特徴とは別の、しかも情念や行為への影響力とも異なる何らかの別の要素を、ヒュームが強調している証拠であると筆者は考える。

このヒュームの「補論」における説明の変遷に関して、筆者に重要な示唆を与えてくれたルイス・ローブの興味深い解釈を紹介しよう。ローブによると、ヒュームは信念を説明する際に、“vivacity, vividness, intensity, liveliness”などの群と、“firmness, solidity, steadiness, fast”などの群とを、置き換え可能なものとして用いている。しかしながら、ヒュームの信念論を整合的に解釈するためには、上記二群の間の絡まった縺れを解く必要があるという。(8) ローブによれば、上記二つの群は区別して捉えられねばならない。そして実際われわれは、「補論」におけるヒュームの訂正によって、ローブの分析における二つ目の群、すなわち“steadiness”に類する群が、以前よりも明示的に登場していることを、たとえば次の引用のうちに確認することができる。

同意される観念〔＝信念〕は、空想のみが提示する虚構的な観念とは、異なって感じられる。この異なる感じを、私はより優った、勢い、活気、堅固さ（solidity）、確固たること（firmness）、あるいは安定性（steadiness）と呼んで説明しようと努めているのである。（T1.3.7.7：SBN629）

さらにヒュームは上記引用のすぐ後で、このように多様な言葉を使用する自分の意図が、現実的なもの（reality）を虚構よりも一層われわれにありありと見せ、現実的なものを思惟において一層重要なものとし、さらに情念と想像力に対する一層大きな影響力を現実的なものに与えるところの「心の作用（act of the mind）」を言い表すことにあると説明する（Ibid.）。この「心の作用」については、次のように説明されている。

この〔信念を抱く際の〕心の作用は、未だかつていかなる哲学者によっても説明されてはこなかった。それゆえに、私にはこの心の作用について自分の仮説を提案する自由がある。その仮説とはつまり、この〔信念を抱く際の〕心の作用とは、任意の観念の強く安定的な想い抱き方（strong and steady conception of any idea）に過ぎない、という仮説である。（T1.3.7.5n：SBN97n）

この引用では信念が、「勢いと活気」という点ではなく、むしろ「観念がどのように想い抱かれるのか」という点で説明されている。この「心が観念を思い抱く仕方」を意味する「心の作用」は、観念それ自体に内在する「勢いと活気」とは別レベルのものであるし、さらには木曾が指摘した「意志や情念に与える影響力」とも異なるものと言える。したがって「心の作用」を、すでに指摘されている二つの特徴とは別個の、信念を説明するための三つ目の特徴としてヒュームが示そうとしていると考えることができるだろう。次のヒュームの言明は、この解釈を裏付けるものと考えられる。

信念の本質が、われわれの観念の性質と秩序にあるのではなくて、［α］観念が想い抱かれる仕方（the manner of their conception）と、［β］観念の心に対する感じ（their feeling to the mind）にあることは明らかである。（T1.3.7.7：SBN629）

この箇所でヒュームは信念の構成要素を、［β］観念の心に対する感じ、すなわち観念の「勢いと活気」あるいは「意志や情念への影響力」と、［α］心が観念を想い抱くその仕方、すなわち「心の作用」との二つの点から説明していると理解できるだろう。

まとめよう。「補論」でのヒュームの修正・補足を踏まえて読み解いていくと、ヒュームにおける「信念」とは、［1］「勢いと活気」（観念に内在的なもの）、［2］「特有の感じ」（意志や情念への影響力）、そして［3］「心の作用」（観念を想い抱くときのその仕方）、以上の三つの点によって特徴づけられていると考えられる。

五　「心の作用」が果たす役割

ところで、［1］「勢いと活気」と［3］「心の作用」との関係は、どのようになっているのだろうか。ヒュームの定義をもう一度見てみると、「信念とは、それと関係する現前する印象から生じる強く活き活きした観念に他ならない」（T1.3.8.15：SBN105）というものであった。では、われわれはどのようにして強く活き活きした観念を想い抱くようになるのか。そして、その観念の活気はどこに由来するのだろうか。ヒュームの次の引用を見てみよう。

心は、目の前に現れている印象によってひとたび活気づけられると、次に、印象から観念への心の状態の自然

> な移行によって、当該の印象に関連した対象のより活き活きした観念を抱くということが起こる。想い抱かれる対象の交替は極めて容易であるので、心は交替が起こっていること自体にほとんど気づかず、目の前に現れている印象から得た勢いと活気のすべてを保持したまま、当該の印象に関連した観念を想い抱くことに専念するのである。（T1.3.8.2 : SBN99）

ヒュームによると、われわれが因果推論を行なうときには、次のようなことが心のうちで生じている。すなわち、特定の印象が目の前に現れると、心は自然とその印象からそれに関連する観念へと移行する。そして目の前に現れている印象が保持していた「勢いと活気」は、信念として想い抱かれる観念へと、心の移行に伴って伝わるのである。このことから、信念として想い抱かれる観念の「活気」の由来先は、目の前に現れている印象だということになる（Cf. T1.3.8.15 : SBN105）。こうした、ある現在印象から観念への心の移行と、それに伴って生じる、〈信念として想い抱かれる観念〉へ〈元の現在印象が持っていた「勢いと活気」〉が伝達されることを、ヒュームは人間本性という学における一般的な原則として次のようにまとめている。

> ある印象がわれわれの目の前に現れるとき、それは心を、その印象と関連した観念に移行させるばかりでなく、それらの観念に、それ自身の勢いと活気の一部を伝達しもする。（T1.3.8.2 : SBN98）

「信念」の特徴のうち、「勢いと活気」は、現前する印象から信念として想い抱かれる観念へ移行ないし伝達される。そして活気の移行および伝達は、心が、現前する印象に通常伴っているところの観念を想い抱くことによって行なわれる。ところで、上述したように「心の作用」とは、心が何らかの観念を想い抱くその仕方を言い表すものなのだから、「心の作用」とは、因果推論における「勢いと活気」の伝達に関わるものだと考えることができるだろう。

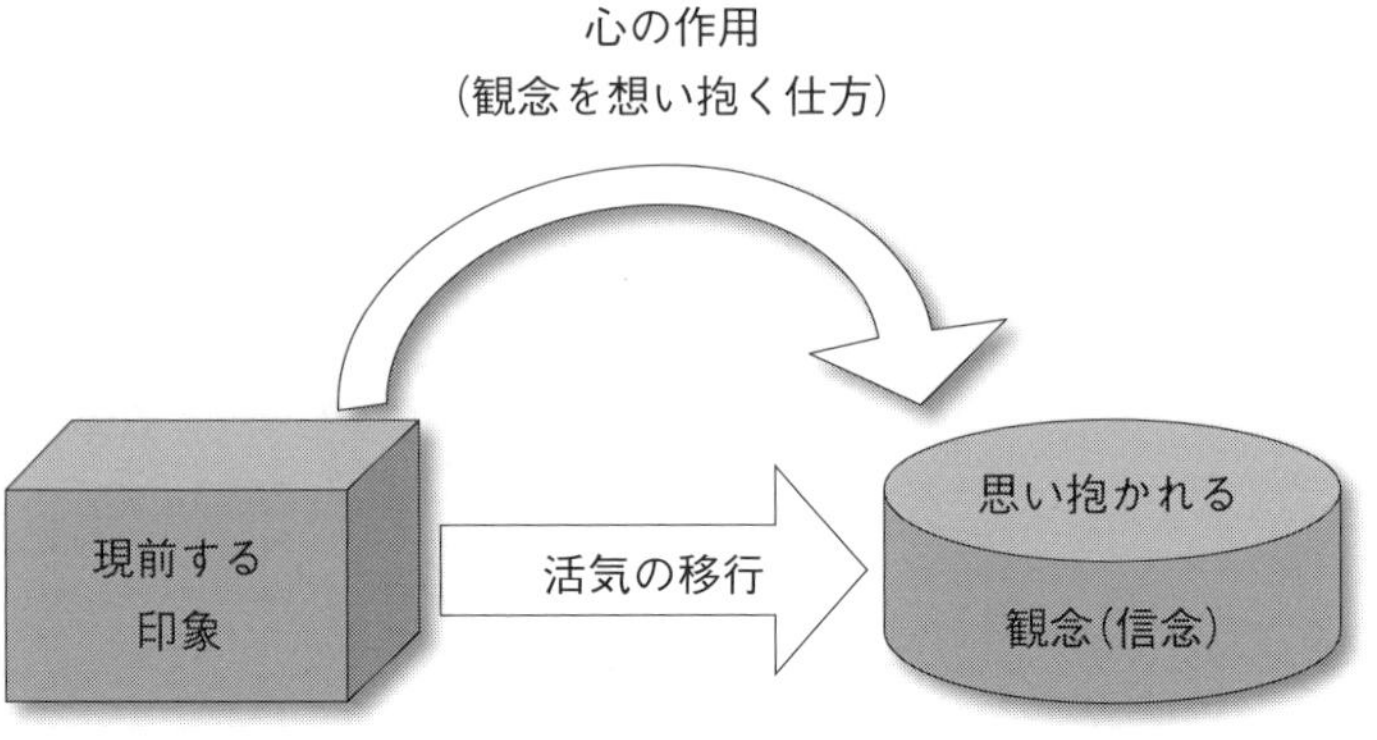

〈図-1〉

さらに、次の点を指摘しておくことが重要である。すなわち「信念」の特徴の一つは、何らかの観念を想い抱くある仕方であり、その仕方は「しっかりとした把握」や「確固とした想い抱き方」という言い方で語られていた。このことから、次のように解釈することができる。すなわち、心によって観念が信念として想い抱かれるとき、現前する印象が元々持っていた「勢いと活気」は、想い抱かれるところの観念に移行されるわけだが、それがどの程度移行されるのかということが、「しっかり」や「確固さ」といったことで示されているのだ、と。かくして筆者は、「勢いと活気」の移行の程度に関係する「心の作用」を考慮に入れることによってこそ、ヒュームの説明する「信念」が十全に理解されるようになると主張する。

以上、「補論」を含めた上で『人間本性論』を読み解くと、信念については次のようにまとめることができるだろう。すなわち、［1］「勢いと活気」(観念に内在的なもの)、［2］「特有の感じ」(意志や情念への影響力)、［3］「心の作用」(観念を想い抱くときのその仕方)、これら三つの特徴でもってヒュームは「信念」を説明している。[9] そして特に「心の作用」は、われわれが何かを信じるときに想い抱く観念に、現前する印象から「勢いと活気」が移行することに関わっているのである。(〈図-1〉を参照。)

六　「真なる信念」と「偽なる信念」の区別

このように、ヒューム自身が「信念」の説明をするのに、かなり手こずっているのが分かるだろう。しかも、はっきり言ってヒュームの説明それ自体はこんがらがっており、一読しただけではそれを理解することはほとんど不可能であると思われる。それゆえ、ヒュームの説明を読んだ者たちが、その真意をこれまで理解し損ねてきたとしても、それは仕方のないことだろう。しかしながら、丹念にテクストを解きほぐしてゆけば、ヒュームの信念論とは、前節で明らかにしたようなものになると思われる。その中でも特に、「心の作用」に関する知見は、今後ヒュームの倫理学理論について論じる際にも、非常に有益なものとなるのである。

とはいえ、ヒュームの信念論はこれでお仕舞いではない。むしろここからが本番である。ヒュームによると、われわれ人間は「信念」を極めて容易に抱いてしまうという。そしてそのときに問題となるのは、その信念が常に、「真」と言われるようなものとは限らないという点である。

> 活き活きとした想像力が、極めて頻繁に狂気または愚かさに堕して、作用においてそれらに酷似するように、これら両者［活き活きした想像力と狂気または愚かさ］は、同じ仕方で判断力に影響を与え、全く同じ諸原理によって信念を生み出すということを、述べておいても差し支えなかろう。想像力が血と魂の異常な興奮から、その全ての力能や機能を乱してしまうような活気を獲得する場合には、真理と虚偽とを区別する手段はなくなり、逆に、あらゆるとりとめのない虚構、すなわち［単なる］観念が、記憶の印象や判断力の結論と同じ影響力を持つことで、それらと同じ資格のものとして受け入れられ、それらと同じ勢いで情念に作用するのである。
> （T1.3.10.9：SBN123）

このようにわれわれは、自身の状態如何によっては、「活き活きとした観念」すなわち「信念」を、極めて容易に抱いてしまう。しかしながら、そのようにして抱かれた「信念」は、活気のみに注目しているままだと、すなわち「信念」そのものを分析するだけでは、その真偽を区別することができないのである。それでは、どのようにして真なる信念と、偽なる信念とは区別されるのだろうか。ここで着目すべきは、「補論」においてヒュームが、「本論」第一巻第三部第十節第十段落および十一段落に対して、以下の書き換えを指示した箇所である。

> われわれはのちに、詩的熱狂（poetical enthusiasm）と真剣な確信（serious conviction）との類似点と相違点を述べる機会があるだろう。しかし、さしあたって私は、両者の感じにおける大きな相違がある程度、反省および一般的規則（general rules）から生じるということを、述べずにはいられない。（T1.3.10.11 : SBN631）

この引用直後でヒュームは、「詩的熱狂」においてわれわれが想い抱く観念を「現実的なものと何の結びつきもない虚構（fiction）」と表現する一方で、それに対するものを「記憶と習慣に基づいて恒久的に打ち立てられた、確固たる信念（persuasion）」と表現する（Ibid.）。「虚構」とは「偽なる信念」と考えられるから、それに対置される「確固たる信念」は「真なる信念」を意味するものと理解できる。そうすると「詩的熱狂」においては「偽なる信念」が、「真剣な確信」においては「真なる信念」が想い抱かれるのであり、したがってこの引用箇所では「反省」および「一般的規則」が、信念の真偽区別に関係すると言われていると解釈できるだろう。さらに、「一般的規則についての反省」（T1.3.10.12 : SBN632）と言われるように、「反省」とは、下された判断について検討する際の心の働きを意味すると考えられる。それゆえ、信念の真偽を区別するにあたって一層重要な役割を担うのは「一般的規則」であると言える。

ニコラス・キャパルディは、「〝ヒュームの因果信念の分析によっては、合理的な信念から不合理な信念を区別するための何らの根拠も与えられない〟という反論に応答するものが、一般的規則である」と述べる(10)。また、ウォルター・ブランドとマリー・マーティンは、それぞれの議論を展開するにあたって、信念の真偽区別に一般的規則が関わることを指摘している(11)。筆者も、先の引用箇所を踏まえ、さらにこれらの先行研究を支持し、信念の真偽は、信念そのものによってではなく、一般的規則を導入することによって区別されると解釈する。

しかしながら、そもそもヒュームの言う「一般的規則」とはどのようなものであるのか。一般的規則は、『人間本性論』第二巻情念論においては、「正しい価値（just value）」を定めるものだと言われる（T2.1.6.9 : SBN 293–294）。さらに、一般的規則は第三巻道徳論においても散見されるのであり（T3.2.2.24 : SBN499, T3.2.9.3 : SBN 551, T3.2.12.6 : SBN572–573, etc.）、実はヒュームが『人間本性論』全巻を通じて明示的に登場させている数少ない概念のひとつなのである(12)。

では、一般的規則の特徴、及び一般的規則が働く仕組みとは、いったいどのようなものなのか。そして何より、一般的規則は信念の真偽区別にどのようにして関わり、一般的規則を導入することで、信念の真偽はどのように区別されることになるのか。これらの問いは、ヒュームの信念論をより十全に理解するためには、避けて通れないものと言えるだろう。しかしながら、ここまでをヒューム信念論の前半部分とし、主として一般的規則について論じるヒューム信念論後半部分については、章をまたいで考察することにしたい。

＊

本章では、ヒュームの倫理学理論を包括的に把握するための第一歩として、ヒューム哲学の基礎中の基礎である知覚論をおさえたのち、ヒュームの信念論を、特に信念の諸特徴について考察してきた。ヒュームの信念の捉え方は他の思想家に見られない独特のものであり、その特徴を［1］「勢いと活気」、［2］「特有の感じ」、そして［3］「心の作用」、これら三つにまとめることができた。

しかしながら、これらの特徴をもつ信念は、それ自体を見つめたところで、言い換えると、信念の最たる特徴である「勢いと活気」の程度に注目することによっては、それが「真なる信念」なのか、それとも「偽なる信念」なのかの区別が付けられないという問題が浮かび上がってくる。そこでヒュームは、信念の真偽区別を示す基準として「一般的規則」というものを導入する。この一般的規則とはそもそもどのようなものなのか。そして、これによって信念の真偽はどのように区別できるようになるのか。次章では、一般的規則がわれわれの判断、とくに事実判断においてどのような働きを担うのかということを考察しながら、信念の真偽区別がどのようにしてなされることになるのか、検討することにしよう。

註

（1）久米［二〇〇五］を参照。
（2）本書の考察の中心はあくまで倫理学理論である。したがって本書においてヒュームの懐疑論を単独で取り出して、それを直接扱うことはしない。
（3）たとえば、Árdal［1966］, Harrison［1976］, Mackie［1980］, 神野［一九九六］、奥田［二〇〇六］など。
（4）ヒューム自身が述べているわけではないが、先行研究ではこれを「コピー原理（copy principle）」と呼ぶことがある（神野［一九八四］七二―七五頁を参照せよ）。
（5）これについても、従来の研究において「先行原理（priority principle）」と呼ばれることがある（神野［一九八四］七六—七八頁を参照)。なお、これらヒューム知覚論の諸原理については様々な批判がこれまで寄せられてきたが、本書では詳しく取り扱わない。この批判に関する考察については、神野慧一郎［一九八四］『ヒューム研究』の第五章を参照せよ。

（6）ヒュームは『人間本性論』全体を通じて、「理性」と「知性」とをほとんど置き換え可能なものとして用いる。もちろん、数学的な計算や諸観念間の関係について判定を行なうものとして「理性」を、因果関係の判定や因果推論を行なうものとして「知性」を用いる傾向はあるが、それでもほとんど区別されることがない。そこで本書においては「理性」と「知性」とを、置き換え可能な同じものとして用いることにする。

（7）木曾［一九九五］五四三、五四五頁。

（8）Loeb［2002］pp. 65–66.

（9）本書における信念の理論は主として『人間本性論』におけるものだが、『人間知性の探求』やその他の著作においてもこの理論が踏襲されていると考えている。これに対し、著作間における信念の説明のくい違いを指摘するものとしてHodges & Lachs［1976］がある。

（10）Capaldi［1975］p. 121.

（11）Brand［1992］p. 50, Martin［1993］p. 225.

（12）ヒューム哲学における一般的規則の重要性を指摘する先駆的な研究としてHearn［1970］およびBrand［1992］を挙げておく。

第二章　一般的規則と事実判断

「信念」について考察していくと、真なる信念と偽なる信念とをどのようにして区別すればよいのかという問題が立ち現れてきた。ヒュームによれば、信念それ自体をどれほど見つめてもその区別はつけられないが、しかしこの区別は「一般的規則」によってなされるという。とはいえ、そもそもこの「一般的規則」とはどのようなものであるのか。そして「一般的規則」によって信念の真偽の区別は、どのようにしてなされるのだろうか。

本章ではまず、一般的規則の特徴を確認する。その上で、一般的規則がわれわれの判断にどのように関係するのかを考察する。最後に、一般的規則によって信念の真偽の区別がどのようになされるのかを検討する。

一　「一般的規則」の一般的な特徴

ヒュームによると、われわれは、これまで数多く見受けられてきた出来事をもとに、一般的規則というものを自身の胸中に形成するという。一般的規則に関してヒュームは、因果推論を引き合いに出しながら次のように述べる。

原因と結果に関するわれわれの判断は、習慣と経験から生じるのであり、一つの対象が別の対象に結びついているのを見ることにわれわれが慣れてしまうと、われわれの想像力は、第一の対象から第二の対象へと、自然な移行によって移るのである。その移行は反省に先立っており、そしてそれを反省によって妨げることはできない。（T1.3.13.8 : SBN147）

われわれの中にひとつの習慣が形成されると、お馴染みの対象〔印象〕が目の前に現れるやいなや、反省をするよりもさきに、その対象に常日頃から随伴している別の対象〔観念〕を想い抱いてしまう。たとえばわれわれが、先ほども挙げた「赤々と燃え盛る炎」と「暖かさ」という二つの対象が常日頃から随伴してきたことを体験し慣れてしまうと、目の前に「燃え盛る炎」が現れるやいなや、実際に「暖かさ」を感じ取る前に、「暖かさ」の観念をありありと思い浮かべてしまうのだ。さらに注目すべきことだが、仮にいま現在観察される出来事が、これまで見られてきた事例とは反対であっても、一般的規則は真っ先にわれわれに影響を与えるのであり、そのためわれわれは往々にして、一般的規則に従った判断を下してしまう、そうヒュームは述べる（Ibid.）。このように、一般的規則の特徴の一つとして、われわれに特定の判断を下すよう促す・強制するものである点を指摘することができる。

ところで、なぜ一般的規則は反省に先立って働き、われわれに一定の判断を下させるのだろうか。その理由は、一般的規則の由来先の一つである「習慣」に、想像力を活気づける働きと、そして何より、われわれに「任意の対象を強く想い抱かせる（giving a strong conception of any object）」という働きが備わっているからである（T1.3.13.11 : SBN149）。これに、具体的な「経験」がもう一つの由来先として加わることで、想い抱かれるものが「任意の対象」から「特定の対象」となる。かくして一般的規則には、われわれに「特定の対象を強く

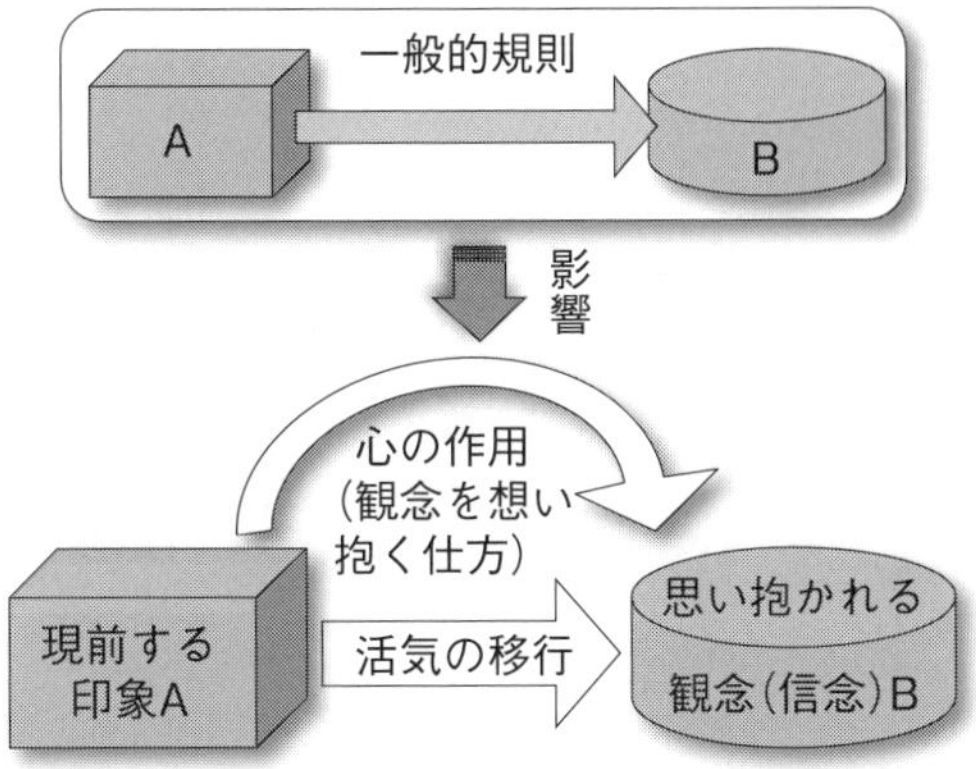

〈図－２〉

想い抱かせる（giving a strong conception of certain object）」（Cf. ibid.）という特徴があることが分かるだろう。ヒュームは、一般的規則を説明する際に、「アイルランド人にウィットがあるはずなどない」とか「フランス人は堅実であるはずがない」（T1.3.13.7：SBN146）といった、具体的な例を挙げている。一般的規則が具体的な言い方で説明される理由は、一般的規則が単なる「習慣」とは異なり、個別具体的な「経験」によって、特定の対象を想い抱かせるようなものと考えられているからだと思われる。

さてここで、以上のような特徴をもつ「一般的規則」と、本書が着目している「心の作用」との関係について考察しておこう。というのも、その考察によって、「一般的規則」と信念論との関係が明らかになるからである。

一般的規則の説明の際に先ほど併記していた英語を直訳してみよう。すると、一般的規則とは「特定の対象の、強い想い抱き方（conception）を与える（give）もの」ということになる。ところで、「心の作用」とは心が信念を「想い抱く仕方」を意味し、それをヒュームは“conception”という語で言い表していた。そうすると、一般的規則とはわれわれに、特定の「想い抱く仕方」を、すなわち特定の「心の作用」を与えるものだということが分かる。かくして「一般的規則」と「心の作用」との関係は、上の図のように理解することができるだろう（〈図－2〉を参照）。

かくして、一般的規則については次のようにまとめることができる。すなわち、一般的規則とは、習慣と経験に由来するものであり、われわれが因果推論をする際に、特定の「心の作用」を心に与えることを通じて、われわれに特定の「信念」を抱かせるよう働きかけるものなのである。

二　想像力の一般的規則

前節にて、一般的規則の一般的な特徴と、一般的規則と心の作用との関係について確認した。ここからは、一般的規則そのものについて、もう少し掘り下げて考察することにしよう。

ヒュームは、一般的規則にしたがって判断を下すことに関連して次のようなことを述べている。すなわち、あらゆる判断を下すにあたり、われわれは常に「最初の判断」を「別の判断」によって訂正すべきである、と（T1.4.1.5 : SBN181-182）。そして「最初に判断を下すとき」と、「その判断を訂正するとき」との二つの場面の両方で、一般的規則はわれわれの心に影響を及ぼすのだという。しかし、その影響の及ぼし方は二つの場面それぞれで異なっているため、ヒュームは一般的規則を二種類に分け、それぞれに異なる特徴づけをしている。(1) それでは、それぞれの一般的規則の特徴とはどのようなものなのだろうか。まずは一つ目の種類の一般的規則の特徴について確認してみよう。

「一般的規則」の由来先である「習慣」には、先ほどの説明に加えてもう一つ、とりわけ「一つ目の種類の一般的規則」の本質とでも言うべきものに関わる重大な本性がある。その本性とはすなわち、習慣が、正確に同じである対象に対してのみ作用するのではなく、われわれが見慣れている対象と類似している対象が現れるときにも作用するというものである（T1.3.13.8 : SBN147）。この本性のために、想像力が惰性的なものになり、(2)

その結果、一般的規則は自身の基づいている原理をこえて拡大してしまうのである（T1.3.13.10：SBN148, T3.2.2.24：SBN499)。

この点、および一般的規則に関するヒュームの言葉遣いについて、若干の補足をしておこう。渡辺一弘によれば、ヒュームは一般的規則を「規則（rule）」と呼んではいるものの、一つ目の種類の一般的規則は、以下で説明する二つ目の種類の一般的規則とは異なり、「必ずしも命題として意識され適用されるわけではない」[3]。それはむしろ、トマス・ハーンの言葉を借りて言うならば、「ある種の条件の下で、判断ないし意見の範囲を拡大する想像力の一般化傾向」として理解するのが適切なものだと言えるだろう[4]。

さて、話を戻して、一つ目の種類の一般的規則の働きと深く関わる「類似（analogy）」について、もう少し考察を進めておくことにしよう。ヒュームによれば、あらゆる種類の因果推論は、原因および結果と考えられている二つの対象が「恒常的に随伴すること（constant conjunction）」だけでなく、過去の対象と現在現れている対象との間にある「類似」にも基づいている。そしてこの「類似」の影響により、現前する印象から信念として想い抱かれる観念への、「勢いと活気」の移行がさらに促進されるのである（T1.3.12.25：SBN142）。

この「勢いと活気の移行の促進」については、想像力による「諸関係の付加」ということによっても説明がなされている（T1.4.5.12：SBN237）。われわれ人間の心は、随伴が頻繁に見られる対象間に結びつき（union）を看て取ると、その結びつきをより完璧なものにしようとする性向（propensity）を持っている。このとき、想像力によって「関係」の付加が行われるのである（T3.2.3.4n：SBN504n）。観察した事例数が増えて習慣の影響が強まるにつれ、そして類似の程度が強まるにつれて、想像力の働きはますます活性化される。活性化された想像力は、関係を付加する働きをさらに強めることとなる。かくして、習慣の影響のために、そして類似の程度が強まることにより、「勢いと活気」の移行がさらに一層促進されることになり、その結果、われわれはいとも容易く、信念を抱いてしまうことになるのである。

一つ目の種類の一般的規則についてまとめておこう。一つ目の一般的規則は、「規則」という名を与えられてはいるものの、むしろ「想像力の一般化傾向」として理解することが相応しいようなものである。この一つ目の一般的規則の特徴としては、反省に先んじて働き、現前する事物に敏感に反応してわれわれにいとも容易に関連する信念を想い抱かせてしまう点、さらには「類似」が見られる場合にはいつでも働いてしまう点、以上の二点にまとめることができるだろう。こうした特徴をもつがゆえに、一つ目の一般的規則はヒュームによって、「偏見（prejudice）の源」と言われもするのである（T1.3.13.7：SBN146）。

一つ目の一般的規則を、ヒュームはしばしば想像力に関連づけて説明する（T1.3.13.11：SBN149）。そこで、本章ではこの一般的規則を「想像力の一般的規則」と呼ぶことにしよう。

三　陥る錯誤

ヒュームによると「想像力の一般的規則」は、人間本性の原理として、われわれに深く根ざしたものだとされる。だが、「想像力の一般的規則」から導かれる判断にしか従わないのならば、われわれはしばしば誤った推論をしてしまう（T1.3.13.7-8：SBN147）。誤った推論が引き起こされてしまう要因は、次の二つである。一つ目は、「想像力の一般的規則」の特徴であった、類似した対象に対する性急な反応であり、二つ目は、われわれが置かれる複雑な状況である。

われわれは過去に見た対象との類似を見出すや否や、過去の状況Sの下で形成された一般的規則を、類似する現在の状況S′の下での因果推論へと拡張して適用してしまう。だがそのように拡張される推論の中には、本来の原因と結果の筋道からは逸脱しているものがある。推論を逸脱させる主な要因は、観察される状況の複雑さである。原因と考えられるものの中には、様々な事情が混在している。その中で、あるものは本質的なもの、すなわち、結果の産出に必要不可欠なものであり、別のものは偶然的なもの、すなわち、たまたま本質的事情と随伴していたものである。この偶然的事情の数が著しく多かったり、本質的事情に随伴して出現することが頻繁に見られたりすると、偶然的事情が想像力に及ぼす影響は大きなものとなってしまう。とりわけ、偶然的事情と、通常は本質的事情から帰結する結果との間に恒常的な随伴が見られるようなら、そこに新たな習慣が生まれ、この習慣が想像力に影響を及ぼすことになる（T1.3.13.9：SBN148）。さらに、このような習慣が定着すると、われわれは偶然的事情を見ただけで、本質的事情が無くても、日頃見られる結果［観念］を想い抱いてしまう。この観念は、これもまた習慣の働きによって「勢いと活気」を得て、空想の単なる虚構よりもまさったものとなる。このようにしてわれわれは、「誤った信念」を抱いてしまうことになるのだ（T1.3.13.9：SBN148）。

問題は、誤った信念が、「信念」であるがゆえに、われわれの意志や情念に影響し、場合によっては不適切な行為を引き起こしてしまうということである（Cf. T1.3.10.3：SBN119）。それゆえにわれわれは、誤った信念を訂正せねばならない。あらゆる判断を下すにあたり、われわれは最初の判断を別の判断によって訂正しなければならない（T1.4.1.5：SBN181–182）、そうヒュームが述べるのはこのことが理由なのである。一般的規則にしたがった判断を訂正する目下の場合、われわれは原因と結果に関する自分達の判断を規制すべきなのである。この規制とは、何らかの規則を参照し、当該判断における偶然的事情と本質的事情とを区別し、偶然的事情から推論を引き起こさないようにすることを意味している。そして、こうした判断を規制を行なう際にわれわれが用いる規則として登場するのが、「想像力の一般的規則」とは異なる、別の一般的規則なのである（T

1.3.13.11：SBN149)。

四　知性の一般的規則

われわれは誤った因果推論を規制することで、最初の判断を訂正する。ヒュームによると、誤った因果推論の規制には、最初の判断を導いたものとは別の一般的規則が関係している。この二つ目の一般的規則の影響のために、われわれは「ある特定の事情Aの協力がなくても、ある結果Cが生み出されることを見出すとき、どれほど事情Aが本質的事情Bと頻繁に随伴しているとしても、事情Aが本質的事情Bの構成要素ではない」と結論するのである（Cf. T1.3.13.11：SBN149）。こうした結論へとわれわれを導く二つ目の一般的規則の形成に関して、ヒュームは次のように述べている。

これらの一般的規則は、われわれの知性の本性と、諸対象に関してわれわれが形成する諸判断における知性の働きについてのわれわれの経験とに基づいて形成される。（T1.3.13.11：SBN149）

二つ目の一般的規則の形成には、われわれの知性が関わっている。そして事実判断において知性の関与を通して形成されるのが、原因と結果を判定するための一般的規則とされ、具体的には八つの規則が提示されている。(5) これらの規則を参照することで、われわれは事実判断においてどれが本当の原因と結果であるのかを知ることができるのである（T1.3.15.2：SBN173）。

極めて重要な事情において、ある原因に類似する対象が現れるとき、想像力は、その対象がより一層重要な、もっとも有効な事情においてその原因とは異なっているにもかかわらず、自然にわれわれを、いつもの結果を活き活きと想い抱かせる（carry us to a lively conception of the usual effect）。これが、一般的規則の第一の影響である。しかし、われわれが〈この心の作用（this act of the mind）〉を見直して、それを知性のより一般的でより信頼のおける働きと比較した場合、われわれは、〈その心の作用〉が、不規則な性質のものであり、もっとも確立された推論の原理の全てを破壊するものであると見なし、このことが原因となって、われわれは、〈その心の作用〉を斥けるのである。これが、一般的規則の第二の影響であり、第一の影響の断罪を意味している。（T 1.3.13.12 : SBN149–150）

一般的規則によってわれわれは「いつもの結果を想い抱く（conception）」ようになる。すなわち、本章第一節で示された通り、一般的規則によってわれわれには「特定の対象の想い抱き方（conception）」が与えられる。さらにこの「想い抱き方」は「心の作用（act of the mind）」と言い換えられた上で、それをわれわれは、別の一般的規則の影響を受けながら見直すと言われている。つまりわれわれは、想像力の一般的規則の影響を受けて特定の対象を想い抱いたこと、およびその仕方を、別の一般的規則を参照することで見直すのである。そしてこのことが、判断における本質的事情と偶然的事情との区別に繋がることになる（T1.3.13.11 : SBN149）。かくしてこの区別によって、信念の真偽が識別されるようになる。つまり、二つ目の種類の一般的規則を参考にすることで、推論が本質的事情から行なわれていることがわかれば、想い抱かれている信念は真と言われる。逆に、推論が偶然的事情から行われていることがわかれば、想い抱かれている信念は偽と判別されるのである。

以上から、二つ目の一般的規則は次のようにまとめられる。この一般的規則は、知性の本性と、その働きについてのわれわれの経験に基づいて形成される。この一般的規則を参照することで、われわれは判断における原因と結果とを適切に見極め、判断における本質的事情と偶然的事情とを区別できるようになる。

ヒュームは、このような二つ目の一般的規則の性格を、「想像力の一般的規則」と比べてより包括的（more extensive）、恒常的なものとして特徴づけ、判断力や知性に関連づけて説明する（T1.3.13.11：SBN149）。そこで、二つ目の一般的規則を本章では、「知性の一般的規則」と呼ぶことにしよう。

五　反省による信念の活気の減少

「習慣は、われわれが反省する間もなく働く」（T1.3.8.13：SBN104）と言われるように、われわれが判断を下すときに、最初に働く原理は習慣である。そして、習慣から導かれた判断をチェック・訂正することは「反省」と呼ばれる。このような判断訂正の仕組みを、二種類の一般的規則を用いて書き換えてみよう。

まずわれわれは「想像力の一般的規則」にしたがって最初の判断を下す。次に、その判断を「知性の一般的規則」から導かれる判断によってチェック・訂正する。われわれは、あらゆる判断において、事物の本性に由来する最初の判断を、知性の本性に由来する別の判断によって常に訂正すべきなのである（T1.4.1.5：SBN181–182）。ところで、最初の判断が、別の判断によってチェック・訂正されるとき、われわれの心の中では何が生じているのだろうか。反省がもたらす効果について、ヒュームは次のように述べている。

> 一般的規則についての同様の反省によって、われわれの観念の勢いと活気が増すごとに、われわれが自分の信念を増大させてしまうことが防がれることになる。（T1.3.10.12：SBN632）

われわれは一般的規則について、別の一般的規則を参照して反省することによって、現に抱いている信念が誤ったものと分かる場合には、その信念の勢いと活気をおさえることができる。こうした信念の抑制は、（1）因果関係の訂正と、（2）反省の遂行それ自体との、二つによって行なわれる。まずは（1）因果関係の訂正について見てみよう。

「想像力の一般的規則」について反省するとき、われわれは「知性の一般的規則」を参照し、その判断における偶然的事情と本質的事情とを区別する（T1.3.13.11：SBN149）。こうした区別をする理由は、偶然的事情から推論を引き起こさないようにするためである。誤った推論を引き起こさないために、われわれは、その推論において結ばれている誤った因果関係を切り離す必要がある。すなわち、本章第二節で見た「想像力の一般的規則による関係の付加作用」とは真逆に、知性の一般的規則を参照して判断が訂正されるとき、誤った因果関係の「切り離し」が行なわれるものと考えられる。因果という関係が切り離されることで、現在印象の「勢いと活気」が、関連する観念へ移行しなくなる。すなわち、「勢いと活気」の移行が阻害されることで、われわれは信念を抱かなくなるのである。これが、一般的規則についての反省によって信念の増大がおさえられる一つ目の仕組みである。

六　反省と「心の強さ」

われわれは「想像力の一般的規則」に従った最初の判断を、「知性の一般的規則」に従った別の判断を参照して反省することで、正しい判断を下せるようになる。そして、反省の際の因果関係の訂正により、観念への「勢いと活気」の移行が阻害されるので、これが誤った信念の増大を抑制することになる。だが、こうした因果関係の訂正だけでなく、（2）反省の遂行それ自体によっても、信念の増大は抑制されるのである。

ヒュームによると、われわれが反省を遂行すると、自分たちの「心の作用」は無理強いされた不自然なものになるという（T1.4.1.10：SBN185）。さらにヒュームは、「反省の遂行」と「形而上学のような難解な議論を理解すること」とが同じであるとして、次のような説明をする。

［形而上学のような難解な］議論が理解されるためには、思惟の苦労と努力とが要求される。この思惟の努力は、信念がそれに基づいているところの感受的感覚（sentiments）の作用を妨害するのである。（T1.4.1.11：SBN185）

「心の作用」が無理強いされているという点と、上記引用に見られる「信念が基づく感受的感覚の作用妨害」とを併せて考えると、反省の遂行そのものによって「心の作用」の程度が弱まり、その結果、観念の「勢いと活気」の移行が阻害されることを、ヒュームはここにおいて説明していると考えられる。まとめると、われわれが反省を遂行し、思惟や想像力に努力を強いれば強いるほど、信念の「勢いと活気」は弱まるのである（T1.3.13.17：SBN153, T1.4.1.11：SBN186）。以上が、一般的規則についての反省によって、信念の増大が抑えられる二つ目の仕組みであると考えられる。

このように、反省を遂行するためには、思惟の努力が必要になることがわかる。(6) ところで、このような思惟の努力を伴う反省を、われわれが無限に繰り返すことは不可能である。ヒュームによればわれわれの心には、ある決まった程度の活動力（activity）が与えられている。残りのすべての作用を犠牲にしないと、一つの作用において、心がその活動力を用いることは決してない（T1.4.1.11：SBN186）。心の活動力とは、ヒュームがときに、心の強さ（strength of mind）（T1.4.7.14：SBN272, T2.3.3.10：SBN418）として描くものと考えられる。

このように、われわれ人間には、思惟の努力を伴う反省を無限に遂行し続けるほどの心の活動力が与えられていない。それでも、ある程度ならば、われわれは心の活動力を使うことができるわけだが、しかしそれをどの程度用いることができるのかということについては、個人差がある。ヒュームによると、われわれの判断を導く「想像力の一般的規則」と「知性の一般的規則」は、ときに一方が打ちかち、別のときには他方が打ちかつとされ、その優位性は規則自体に置かれない。俗衆（vulgar）は通常「想像力の一般的規則」によって、賢者や哲学者は「知性の一般的規則」によって、それぞれ導かれることが多いと言われる。そして、どちらの一般的規則に導かれるかは、その人物の性格や気質次第であるとされる（T1.3.13.12：SBN150）。性格や気質の違いということでヒュームが言わんとしているのは、人によって反省を遂行するための心の活動力が異なっているということであると推測される。俗衆は心の活動力の小ささゆえに、反省という作業を行なう機会が少なく、そのために「想像力の一般的規則」に従った判断を下してしまいがちである。俗衆は「知性の一般的規則」を用いて反省する頻度が低いので、誤った信念を持つままであることが多い。逆に哲学者とは、心の活動力が大きい人物のことを指すと考えられる。彼らはそれゆえ、「知性の一般的規則」を参照して反省する頻度が高い。このような、最初の判断に懐疑を投げかけ、反省を遂行できる活動力を多めに備えていることは、間違った信念を抱くことが少ないので、それ自体で評価に値する。このような理由から、ヒュームは「心の強さ」を「徳」と述べているものと考えられる（T2.3.3.10：SBN418）。

以上までの考察結果を踏まえ、本章第一節で示した〈図-2〉をさらにリバイズするならば、次頁の〈図-2′〉になるであろう。

七　極めて危険なディレンマ

このように、最初に判断を下すときに働く一つ目の一般的規則を、別の一般的規則に照らしてチェックする

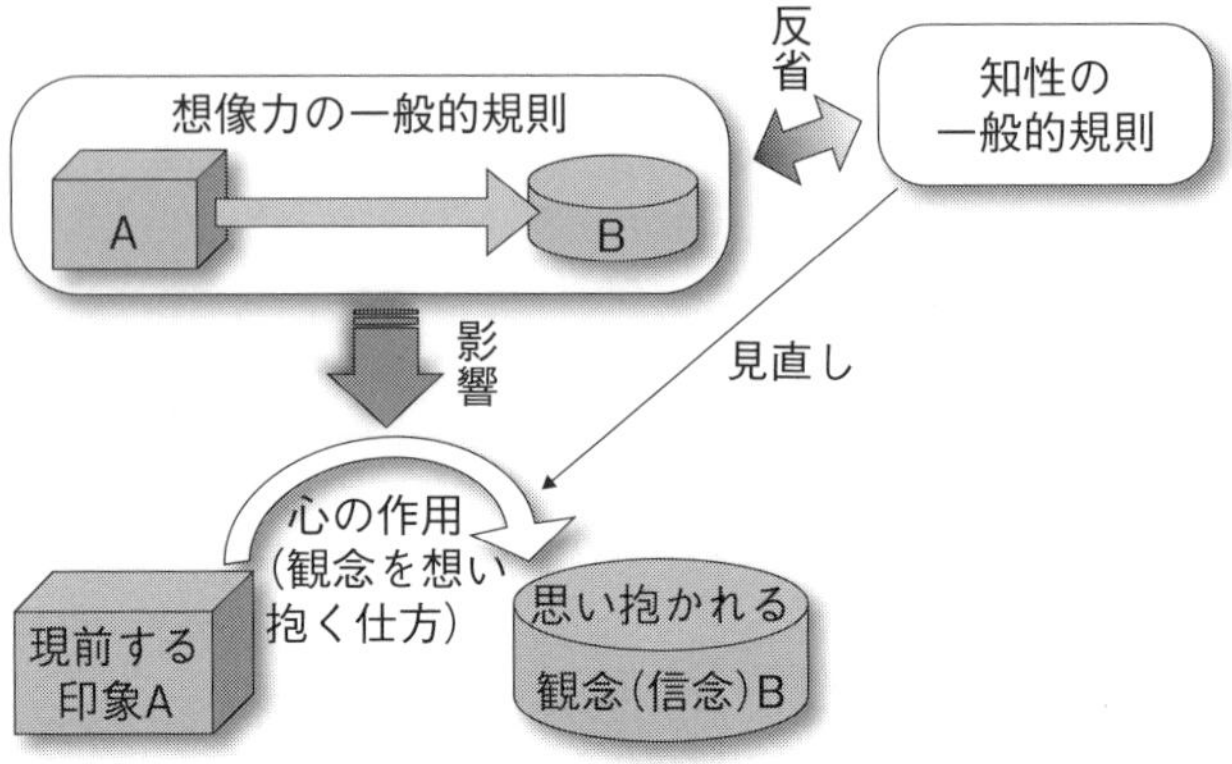

〈図－2′〉

ことで、抱かれている信念の真偽の区別が可能になる。かくして、ヒュームにおいて、判断の正しさや信念の正しさとは、一般的規則という原理を導入することで十全に説明できる、このように、めでたく大団円を迎えると思われるかもしれない。しかしながら、ヒュームの知性論はここから逆に、壊滅的な終焉へと向かうことになる。

ヒュームはわれわれに、誤った判断を下さぬよう、一般的規則を用いて反省をするべきと述べていた。しかしながら、われわれが反省をし続けると、最初に抱かれていた信念の「勢いと活気」は漸次的に減っていくことになり、最終的にそれは、跡形もなく消滅してしまう（T1.4.1.6 : SBN182–183）。そしてそのような事態があらゆる信念に適用されることを、ヒュームは「全面的懐疑論（total scepticism）」と呼び、この帰結としてわれわれ人間は判断を停止せざるをえなくなる（T1.4.1.7–8 : SBN183–184）。

なるほど、「想像力の一般的規則」によってわれわれは、ときに誤謬や不合理、不明瞭に導かれる。その一方で、「知性の一般的規則」にしたがって反省し続けると、極めて危険でもっとも致命的な結果へと、われわれは導かれてしまう。すなわち、反省の継続によって、知性そのものすらも完全に覆される上に、哲学や日常生活におけるあらゆる命題に、なんらの明証性すらも残らなくなってしまうのである（T1.4.7.7：SBN267）。これこそまさに、どちらを選ぼうとも悲惨な結果にしか導かれない「極めて危険なディレンマ（a very dangerous dilemma）」（T1.4.7.6：SBN267）に他ならない。このディレンマに陥って動けなくなるようでは、「信念の真偽の判別が一般的規則により可能になった」という一定の結論をせっかく得たにもかかわらず、これまでヒューム自身が積み重ねてきた考察の努力を、台無しにしてしまうことにもなりかねない。こうした懸念が生じるからこそ、ヒュームの懐疑論はこれまで、『人間本性論』第一巻知性論を中心に研究してきた研究者の間で、長らく大問題とされてきたのである。(7) そしてまた、問題としての重大さゆえに、それはカントを独断の微睡《まどろ》みから目覚めさせる起爆力を持つことにもなったものと考えられる。

それではこの厄介な「懐疑論」を、どのように解決・解消すればよいのか。本書はここで、問題を先送りにする。というよりもこの「懐疑論」を、別の目的を達成するために持ち出された、問題設定の一つに過ぎないと解釈する。先にも述べた通り、仮に『人間本性論』全三巻を「ひとつなぎの道徳哲学の書」として読むのであれば、第一巻に登場する「懐疑論」は、そこに留まっていてはむしろ解決も解消もなされえないと考える方が自然であろう。

そこで以下から本書は、この「懐疑論」の解決・解消の手がかりを探求すべく、第二巻情念論を経た後に記された、『人間本性論』の最終巻である第三巻道徳論での諸議論を考察することへと歩みを進めることにする。(8) その過程で、ヒュームの倫理学理論が、全体としてどのような規範理論であるのかということに加え、彼の理論に独特な要素とはどのようなものであるのかということが、徐々に明らかになっていくことだろう。

信念論に関する考察から、われわれの「判断」の仕組みをヒュームがどのように考えていたかが明らかになった。ヒュームは、われわれが判断を下すときにはいつでも、最初の判断を別の判断によって訂正すべきであると訴える。この訂正が行われるとき、ヒュームの議論の中に二つの一般的規則の働きを看て取ることができた。すなわち、われわれが最初に判断を下すときに抱く信念の「勢いと活気」を増大させる「想像力の一般的規則」と、主として「勢いと活気」の増大を防ぎ、妥当な判断を下す際に用いられる「知性の一般的規則」という二つの一般的規則の働きである。そして二つの一般的規則は、信念を構成する三つの要素のうち、特に「心の作用」に影響することで、われわれが抱く信念の強弱に関わることになるのであった。「想像力の一般的規則」によって、想像力が活性化し、対象間に様々な関係を付加する。これにより観念への「勢いと活気」の移行が促進される一方、「知性の一般的規則」を参照することにより、われわれは最初の判断で結ばれている因果関係をチェック・訂正する。その結果、最初の判断が偶然的事情から推論されたものであることが判明すると、その判断における因果関係は切り離される。因果関係が切り離されると、観念への「勢いと活気」の移行が阻害される。また反省の遂行それ自体も、「勢いと活気」の移行を阻害する。「勢いと活気」の移行の阻害によって、信念の増大が抑えられるだけでなく、反省を続けることで、信念は消滅することにもなる。

このように、信念を中心としたわれわれの「判断」の仕組みは、二つの一般的規則が織り成す観念の「勢いと活気」の増減メカニズムとして描き出すことができるのである。このような、信念を中心とした「判断」に関する議論は、ヒューム哲学においては中核的なものと考えられ、「判断の仕組み」を一般的規則の織りなす信念の活気の増減のメカニズムとして本章にて提示したことは、『人間本性論』第二巻及び第三巻における様々な議論を考察する際に、おおいに資することになる。とはいえ右で確認した通り、知性論の中に留まっていると「懐疑論」という厄介な問題に直面し、しかもその問題を抱えたまま動けなくなる。この状況を打破するために本書は、本章で得た知見を踏まえた上で、以下から第三巻道徳論の議論のうちに、その問題を解決するための糸口を探りにいくことにする。

註

(1) 渡辺一弘が注記しているように、より正確には「一般的規則は二つの異なるやり方で心に影響を与える」と表現するほうがよいかもしれない(T1.3.13.12 : SBN149–150)。(渡辺[二〇一四]一一四頁脚註七を参照)

(2) ヒュームはこの作用を、他の衝撃の助けを借りずして動き続けるガレー船の惰性作用にたとえて説明している(T1.4.2.22 : SBN198)。そしてリチャード・プライスはこの「想像力の惰性作用」を、「慣性の原理(Inertia Principle)」と名づけ(Price[1940]p. 59)、またウォルター・ブランドは「想像的補完(Imaginative Supplementation)」と呼んでいる(Brand[1992]p. 27)。

(3) 渡辺[二〇一四]一一四頁。

(4) Hearn[1970]p. 408.

(5) 原因と結果を判定するための一般的規則とは、(1)原因と結果は時空間で隣接している、(2)原因は結果に先立つ、(3)原因と結果は恒常的に結びついている、(4)同じ原因から常に同じ結果が起こる、(5)同じ性質を持っていれば、異なる事物であっても同じ結果を生む、(6)類似物が結果において異なる場合は、その事物自体が異なっていることを示している、(7)原因の増減に応じて事物が増減する場合、それはいくつかの異なる結果の複合物と見なされる、(8)ある事物がしばらくの間、何の結果も持たずに完全な形で存在するのならば、それはその結果の唯一の原因ではなく、別の原理による補助を必要とする、以上の八つの規則である。(T1.3.15.2–11 : SBN173–175)

(6) 反省には、「過去を振り返る」という要素が含まれていると考えられる。ところで、心の本性に従うと、われわれは時間の継起に沿って観念を配置するものである。それゆえ過去に視線を向けるよりも、未来へ視線を向ける方が、心にとって自然であり容易であることになる。逆に、視線を過去に向けることは、不自然であり困難であることになる。このことからも、反省という、過去に視線を向けるという働きは、不自然で困難なものなのであり、未来に想いを馳せること以上に、思惟の努力が求められるものだと考えることができる(T2.3.7.7–8 : SBN430–431)。

(7) ヒュームの懐疑論については、久米および渡辺の考察に詳しい(久米[二〇〇〇]、[二〇〇五]: 渡辺[二〇〇七]、[二〇一四])。

(8) 渡辺一弘は、「知性の一般的規則による想像力の一般的規則の影響を規制すべし」という方法論的規準が、ヒュームにおいては正当化不可能なものとして論じられていると結論した上で、他の先行研究を引きつつ、全面的懐疑論を解消するための一つの見通しとして、情念論と道徳論へ考察の歩みを進めるよう提案する(渡辺[二〇一四]一二二―一二三頁)。

第二部　道徳的評価と行為の動機づけ

第三章　ヒュームの「道徳的評価」論

本章からはいよいよ、ヒュームの倫理学理論の考察に足を踏み入れる。はじめに取り上げるのは、ヒュームが論じる「道徳的評価の仕組み」である。

繰り返しになるが、ヒュームにおける道徳的評価の仕組みには、同時代に生き、ヒュームと親交の深かった哲学者であるアダム・スミスの「公平な観察者（impartial spectator）」の概念[1]や、あるいは「理想的な観察者（ideal observer）」の概念が読み込まれることが多い[2]。アダム・スミスの「公平な観察者」とは、変動しがちな共感の働きを訂正し、そして道徳的評価の客観性を確保するために要請される理想的な観点であり、アダム・スミスにおいては道徳的評価のための必要条件、すなわち「道徳的観点（moral point of view）」とされる[3]。

他方で、ヒュームが『人間本性論』第三巻道徳論の中で提示する「一般的観点（general point of view）」もまた「公平な観察者」と同様、従来の研究においては「道徳的観点」であると解釈されることが多かった[4]。なるほど、道徳的評価に関するヒュームの議論を考察する際に、一般的観点に触れず済ますことなどできない。しかしながら、従来理解されてきたように、一般的観点が道徳的評価のための必要条件、すなわち「道徳的観点」であるという理解は妥当であると言い切れるのだろうか[5]。

一般的観点についてはさらに、ヒュームの「正義論」との関わりについても論点になる。すなわち、人々が

「コンヴェンション」を形成し、正義の諸規則を定めるにあたって、一般的観点は採用される（べきな）のかどうか、さらには、正義に関する道徳的評価を下すにあたっても、一般的観点は必要となるのだろうか[6]。

道徳的評価における一般的観点の位置づけに関してだけでなく、正義論における一般的観点の関与についても、未だに数多くの論考が提出され続けており、その諸解釈が一定の方向に収斂しつつあるとは言い難い。そのような中で本章では、前章までの考察で得られた知見を援用しながら、ヒュームにおける道徳的評価の仕組みを解明することにしたい。とりわけ、「一般的観点」に焦点をあてて、その役割と位置づけとを明らかにすることを本章前半部の課題とし、これまでとは別の仕組みを提示することを本章後半部の課題とする。

これらの課題をクリアするにあたり、まずは一般的観点についての標準的な理解を確認する（第一節）。次に、道徳的評価における一般的観点の位置づけ、すなわち一般的観点が道徳的評価における必要条件であるのかどうかを論じた先行研究を批判的に検討する（第二節）。これらを踏まえ、まずは筆者の理解する一般的観点を、最も具体的な仕方で描き出し（第三節）、次いでヒュームによる道徳的評価の仕組みの説明には、とある間隙があることを指摘した上で（第四節）、道徳的評価の仕組みを、本書第二章で考察した「一般的規則」の知見を用いながら描き直す（第五節）。さらに、正義論における一般的観点の関与について考察した後（第六節）、ヒュームの「道徳的評価」論の含意について論じることにしたい（第七節）。

一　一般的観点とその導入の背景

まずはヒュームの「道徳的評価」論について、標準的に理解されていることをおさえておこう。ヒュームの倫理学理論に特徴的なのは、道徳的評価の対象が人物の性格である点、および感情が道徳的評価の基礎に置かれる点である。道徳的善悪は、ある特殊な快苦によって区別されるのだが、この快苦の感じは人物の性格を考察することで得られるとされる。

ある性格が一般的に考察され、われわれの個別利害とは関わらない場合にのみ、その性格に道徳的善・悪であるという名を与えるような感じ・感情を、その性格は引き起こす。(T3.1.2.4 : SBN472)

ある性格を一般的に考察すると、評価者には特定の感じ・感情が抱かれる。このときの「特定の感じ・感情」が「道徳感情(sentiment of moral)」であり、ヒュームにおいては「道徳感情を抱くこと」が「道徳的評価を下す」ことと同義となる(「道徳感情」の情念論上の位置づけなどについては、次の第四章で詳しく論じる)。

ところで、先の引用のうち「個別利害に関わらない」という表現からは、〈道徳的評価を下すときに抱かれる感情〉が、〈評価者本人が評価対象に対して直接抱く感情〉とは異なるものであるということが分かる。では、「個別利害に関わらない」感情はどこに由来するのか。それは評価者以外の人に由来し、評価者はその感情を「共感(sympathy)」によって獲得するのである。ヒュームによれば「共感」とは、他者の傾向性や他者が抱いている感情をコミュニケーションによって受け取る性向である(T2.1.11.2 : SBN316)。そしてその働き方は、知性のそれとぴったり一致するとも言われており[7]、したがって共感を「ある種の因果推論」として理解することができるだろう(Cf. T2.1.11.8 : SBN320)。われわれは、共感を介することで、他者の心の中を直接覗きこむことなく、他者が抱く感情と同じような感情を自分の胸のうちに感じることができる。そしてヒュームは、共感こそが道徳的区別の主要な源泉だと述べる(T3.3.6.1 : SBN618)。

ところが、「道徳的区別の主要な源泉は共感だ」と述べてしまうと、次のような反論を受けることになる。すなわち共感は、その働き方が知性のそれとぴったり一致するがゆえに、「類似(resemblance)」「隣接(contiguity)」「因果性（causation）」という、われわれの因果推論を促進させる三つの原理の影響を多分に受けることになる。たとえば、自分の知り合いに共感する場合、その人が目の前にいるのか、それとも遠方の別の国にいるのかに応じて、共感の働きは大きく変動する（「隣接」の影響）。目の前にいる場合、われわれは知り合いが抱いている感情をありありとした仕方で受け取るが、距離が遠いところにいるのなら、抱かれる感情の活気は前者に比して弱いものとなるのである。そうすると、仮に道徳的区別が共感に由来するのであるなら、共感によって獲得される道徳感情は、時と場合に応じて大きく変動してしまうことになる。しかしわれわれの道徳的評価とは、通常そういった変動がないものと考えられているのだから、共感を道徳的区別の源泉だと見なすことはできない、そう反論されることになる（T3.3.1.14：SBN580–581）。

このように想定される反論に対して、ヒュームはそれが、まったく反論としての力をもたないと述べる。そしてヒュームが導入する解決策こそが、「一般的観点の採用」に他ならない。

人物と事物の両方に対して、われわれの位置は絶え間なく不安定な状態にある。たとえば、われわれから遠いところにいる人は、僅かの時間で親しい知り合いになるだろう。さらに、すべての個人は他の人々に対して特有の位置にいる。それゆえ、仮にすべての個人が、性格や人物を、各々に特有の観点から現れるものとしてのみ考察しようとするならば、理にかなった言葉で一緒に会話をすることなど、われわれには不可能であったろう。それゆえ、そうした絶え間ない不一致（*contradictions*）を防ぎ、事物についての一層安定した判断に達するために、われわれはある安定的で一般的な観点（some *steady* and *general* points of view）を定める。そして、われわれが何かを考える際には、自身の目下の位置がどのようなものであろうとも、常に自身をそうした観点に置くのである。（T3.3.1.15：SBN581–582）

かくして、一般的観点が導入されることにより、道徳的区別は共感を源泉としながらも、われわれは、変動を許さない安定した判断を下すことができるようになる。以上が、想定される反論に対するヒュームの応答であり、一般的観点が導入される背景である。

二　一般的観点は「道徳的観点」か？

ヒュームの説明を素直に読めば、一般的観点は道徳的評価のための必要条件、すなわち「道徳的観点」であると解釈するのが自然であると思われるかもしれない。しかしその解釈は、他のテクスト箇所と照らし合わせたとき、どこまで妥当なものだと言えるのだろうか。

ここからは、シャーロット・ブラウンとドナルド・ギャレットとの間で交わされた、一般的観点の位置づけをめぐる議論の応酬を見てみることにしたい(8)。先行研究では、一般的観点を道徳的評価において必要不可欠な「道徳的観点」として解釈するものが多い。その代表として取りあげるブラウンは、「性格を一般的に考察するときにのみ、考察されている性格を道徳的に善・悪と名付ける感情が生じる」(T3.1.2.4 : SBN472) とヒュームが述べる箇所を根拠として挙げる。ブラウンは、この「一般的に」を「一般的観点に立って」と読み代え、一般的観点が道徳的評価のために必要不可欠なもの、すなわち「道徳的観点」であると解釈する。ブラウンは、評価者が道徳感情を抱くためには一般的観点が必要不可欠なのであり、道徳的概念とは一般的観点に立つことによる産物なのだと主張する(9)。

これに対してギャレットは、「一般的に」ということが、必ずしも「一般的観点に立って」ということを意味しないと反論する。ギャレットは、一般的観点に立つ前にわれわれはすでに道徳感情を抱く経験をしており、一般的観点に立たずとも道徳的評価は可能であると主張する。[10] ギャレットの主張を裏付ける証拠として、ある種の徳に対して、一般的観点に立たずとも直接的に道徳感情を感じるとヒュームが述べる箇所を挙げることができる（e.g., T3.3.1.27 : SBN590）。これに反して、仮にブラウンの主張を認めてしまうのなら、一般的観点に立つことで初めてわれわれは道徳感情を抱くことができるのであり、しかもその感情は変動しないはずである。だがヒュームは、道徳感情とは変動するものだと述べている（T3.3.1.16 : SBN582）。以上から、どうやらギャレットの主張に軍配が上がるように思えることだろう。

しかしながら、ブラウンが自説の根拠として掲げる先ほどの箇所以外でも、一般的観点に立って獲得された感情のみに道徳的区別が依存する（T3.3.1.30 : SBN591）と解釈できる箇所を見つけることができるので、このテクストをブラウンの解釈をさらに裏付ける証拠とすることができるかもしれない。こうして、ブラウンとギャレット双方の解釈を裏付けるテクスト上の証拠が、いくつも見つかってしまうのだ。

このように、ブラウンとギャレットの応酬を掘り下げて考察してみると、道徳的評価に関するヒュームのテクストには揺れが存在すると解釈せざるをえないことが分かる。つまり、ヒューム自身に揺れがあるために、これまで解釈が統一されないままであったと考えられるわけである。では、ヒュームのテクストに揺れがあることを認めた上で、われわれはブラウンとギャレットのどちらを支持すべきだろうか。答えを先取りすれば、筆者はギャレットを支持し、一般的観点を、道徳的評価をするために必要不可欠な観点、すなわち「道徳的観点」であるとは考えない。その理由として、次のギャレットの主張が説得的だと思われるからである。

一般的観点が「道徳的観点」であるならば、われわれが道徳感情を抱くことができる前に、一般的観点に立ってあらゆる偏りを調整する必要が出てくる。だが、なぜ調整が必ず必要となるのか、そして調整をわれわれはどのようにしてうまくできるのかが理解できない。少なくとも、実際に一般的観点に立つことによる調整が、しばしば部分的にしか成功しないという主張をヒュームが繰り返し述べる（e.g. T3.3.1.16 : SBN582）意味を理解することができない。[11]

筆者はギャレットと同様、一般的観点を「道徳感情を抱き、道徳的評価をするために必要不可欠なもの」と解釈するのは、一般的観点に過大な役割を負わせすぎであると考える。[12] というのも、ヒュームは自身の道徳体系についてまとめた箇所で、一般的観点に立たずとも道徳感情は直に抱かれることを強調しているからである（T3.3.1.28 : SBN590）。むしろ筆者は、一般的観点が登場するのが、社交や会話といった営みの中であることに、とりわけ人々の間の様々な意見をすり合わせる場面（Cf. T3.3.1.15 : SBN581–582）であることに着目し、以下からは、一般的観点を社交や会話における様々な意見や感情を擦り合せた結果獲得される観点としてのみ捉えるのが適切であることを示してみたい。しかしそのまえに、一般的観点について、もう少し掘り下げて考察しておこう。一般的観点を最も具体的に説明するとしたら、それはどのような観点であるのだろうか。まずはこの点についておさえておくことにしよう。

三　「身近な人々の観点」としての一般的観点

そもそも、道徳的評価における一般的観点とは、具体的にはどのような観点なのだろうか。本章第一節で見た通り、一般的観点が最初に登場するのは、会話の中で人々の間の意見や感情の不一致の調整が行なわれる場面であった（T3.3.1.15 : SBN581–582）。その場面でわれわれは、一般的観点なるものを定め、そして道徳的評価を下すときには、その観点に自身を置くと言われるわけである。しかしながら、当該箇所で述べられることはそれだけであり、その観点がどのような立場にいる観察者のどのような観点であるのかということについて、具体的に説明されることはない。しかし同じ節の終盤にあるまとめの箇所にまでテクストを読み進めると、一般的観点のある程度具体的な説明がようやく見られるようになる。

ヒュームによれば、われわれが行為者の振る舞いや態度を観察し、そしてそれらの背後にある性格を見てとる際に、快が得られる場合にはその人物を「有徳（virtuous）」と呼び、苦痛を得る場合にはその人物を「悪徳（vicious）」と呼ぶ。ところで性格から引き起こされるこの快と苦痛は、次の異なる四つの源泉から生じると言われる。すなわちその性格は、

［1］他の人々にとって有用となるのに自然と適しているかどうか
［2］その人自身にとって有用となるのに自然と適しているかどうか
［3］他の人々にとって直に快適であるかどうか
［4］その人自身にとって直に快適であるかどうか

に応じて、有徳・悪徳と言われる。これが、「徳の四つの源泉」と言われるものであり（T3.3.1.30：SBN591）、これら四つを全て満たしている場合、その人の性格は完璧であることになる（T3.3.3.9：SBN606）。従来の研究でも、この「徳の四つの源泉」は、ヒュームにおける「道徳の本質的要素」の一つと考えられている。

ところで、ある人物の道徳的評価を評価者としてのわれわれが行なう際に、自分たち自身の利益や快が考慮に入れられることはない。その理由は、「各個人の快や利益はすべて、てんでバラバラなのだから、もしも人々が、その観点から彼らがその対象を眺めることで、その対象が、すべての人々から見て同じように見える

ようになるような、そのような共通の観点（common point of view）を選ばないのならば、彼らの感情や判断が一致することなどありえない」（T3.3.1.30：SBN591）からである。

この段階でヒュームは、以前「一般的観点」と述べていたものを「共通の観点」と言い換えていることが分かるだろう。われわれは、この共通の観点に立つことによって、全ての観察者と感情や意見を一致させることができるようになる。このときに感受できるようになる利益や快とは［A］その性格が検討されているところの人物自身の利益あるいは快か、［B］その人物と繋がりを持つ人物たちの利益あるいは快のことである。そして、これらAとBの利益や快のみが、「徳すなわち道徳性の基準」として認められるのであり、またそれらのみが、道徳的区別の基礎にある特殊な感じや感情を生む、このようにヒュームは説明する（T3.3.1.30：SBN591）。

ヒュームは以上のように、一般的観点を共通の観点と言い換えながら、その具体的な説明を行なっている。しかし、そのような道徳の基準となる利益や快を有している人たちとは、さらに具体的に言うと、いったいどこにいるどのような人たちなのだろうか。すなわち、一般的観点を最も具体的に説明するとしたら、それはどのような観点なのだろうか。

ヒュームは『人間本性論』第三巻第三部第三節「善良さと善意について」において、「われわれの感情が他の人たちの感情と一致する唯一の観点」（T3.3.3.2：SBN603）、すなわち道徳的評価における一般的観点について説明している。ヒュームによると、「われわれは、ある人の道徳にかかわる性格について判断を下すためには、その人が活動する〈身近な人々（narrow circle）〉しか見ないようにする」（T3.3.3.2：SBN602）という。このことから、道徳の基準となる利益や快を有している人たちとは、「身近な人々」であることが分かる。すなわちそれは、評価対象となる人物が活動する範囲内にいる人たち、基本的には評価対象の家族や親しい友人に他ならない（Ibid.）[13]。これら「身近な人々」は、われわれが道徳的評価を下そうとしている人物と、他のどのような観察者よりも一層密接で直接的な繋がりを持ち、その人物を持続的・恒常的に観察してきただけでなく、その人物からの影響を最も多く、かつ持続的・恒常的に受けてきた人々である。だからこそ「身近な人々」は、先の「徳の四つの源泉」に照らしながら、その人物についての評価を最も適切に行なうことができる人たちだということになる。かくして、道徳的評価における一般的観点とは、具体的にはこの「身近な人々」の観点であると結論することができるだろう[14]。身近な人々の観点に立つことによって、すべての評価者は、同じ評価を安定した仕方で下せるようになるのである。

四　道徳的評価の説明に見られる間隙

道徳的評価における一般的観点とは「身近な人々の観点」であることが明らかとなった。しかしながらヒュームは、われわれが「身近な人々の観点」に立ってから以降の心的メカニズムについて、詳しい説明をしようとしない。そのかわり、われわれが実際に道徳的評価を下す具体的な場面について描写をするだけなのである。たとえばわれわれは、自分に仕える使用人よりも歴史の本で読むマルクス・ブルータスを称賛する。その理由は、われわれがブルータスに、自分の使用人と同程度にまで近づくことができるのであれば、ブルータスは一層高く評価されることをわれわれが知っている（know）からであるという（T3.3.1.16：SBN582）。また歴史上の悪行と先日近所であった悪行について等しく非難する理由は、前者が後者と同じほどわれわれに近い状態に置かれたならば、後者と同じ否認の感情を引き起こすだろうということをわれわれが反省によって知っているからであるという（T3.3.1.18：SBN583–584）。

この「知っている」ということで、ヒュームは何を言わんとしているのだろうか。一般的観点の説明とそれに続く具体例だけでは、一般的観点を定めることから道徳的評価が下されるようになるまでの間に、われわれの心の中でどのような事態が生じているのかが理解できないのである。そしてこのことは、〈一般的観点を定めること〉と、〈実際にわれわれが道徳的評価を下すこと〉との間の説明が飛ばされていることを示唆していると考えられる。

筆者は、ヒュームがこの説明を飛ばした理由を、第三巻道徳論が、第一巻ですでに説明された「判断」の仕組みを前提にした上で書き進めているからだと考える。そこで以下からは、ヒュームの説明に見られるこの間隙を埋めることを試みたい。そのために筆者は、本書第二章にて詳しく考察した「判断の仕組み」、とりわけそこにおいて登場した「一般的規則」に関する知見を援用することで、道徳的評価の仕組みを描き直すことにする。

五　道徳的評価と一般的規則

(1) 一般的規則　再考

「一般的規則」は、『人間本性論』第一巻知性論で詳しく説明された後、第二巻情念論および第三巻道徳論でも頻繁に登場する。それゆえ、ヒューム哲学全体にわたって、一般的規則には何らかの重要な役割が担わされていると推測することができるだろう。では道徳的評価における一般的規則の役割とは一体どのようなものだろうか。この問いに取り組む前に、まずは一般的規則が形成される経緯、およびその働く仕方について再度確認しておこう。

一般的規則とは、経験の蓄積に基づいて形成されるものであり、われわれが何らかの判断を下す際には必ず影響を及ぼすものである。そして、一般的規則は最初に判断を下すときと、その判断を訂正するときとの二つの場面でわれわれに影響を及ぼすのであった（T1.3.13.7–12 : SBN146–150）。

一つ目の一般的規則は、何らかの対象が現れるやいなや、何よりもまず先にわれわれに特定の判断を下させるものであり、その性質から「偏見の源」とも言われた。この一般的規則は習慣の本性の影響を強く受けるものであり、そのために、正確に同じである対象に対して作用するだけではなく、以前その一般的規則を形成した対象に類似しているだけの対象が現れるときにも作用してしまい、その結果としてときに、誤った信念をわれわれに抱かせることがあるものである（T1.3.13.8 : SBN147）。

この一つ目の一般的規則の影響に従ったままだと、われわれはしばしば誤った推論をして不都合な結果に陥ってしまう（T1.3.13.7–8 : SBN147）。誤った推論を引き起こす要因は、類似する対象に性急に反応する性質が一つ目の一般的規則の本質をなしていること、および類似した事物が世界に多数存在すること、以上の二つである。こうした状況、そしてその状況から生じる不都合を考えたとき、ヒュームは「あらゆる判断を下すにあたり、最初の判断は別の判断によって訂正されるべきだ」と主張する（T1.4.1.5 : SBN181–182）。そして、一つ目の一般的規則による誤った推論を防ぐとき、われわれは別の一般的規則の影響を受けることになる、そうヒュームは説明する（T1.3.13.11 : SBN149）。すなわち一般的規則は、それが心に及ぼす影響に応じて、二つの種類に分けられるのであった。

前章では二種類の一般的規則を、「想像力の一般的規則」と「知性の一般的規則」という言い方で区別していた。しかし実は、そのような呼称では依然として、特に「知性の一般的規則」が具体的にどのようなものなのかということが判然としない。というのも、先ほど確認したところでは、知性の一般的規則の特徴とは、想像力の一般的規則に比べて「より包括的・恒常的」である点は理解できるものの、「判断力や知性に関連づけられる」という点が不明確だからである。そこで以下では、前章とは異なる区別を持ち込むことで、二つの一般的規則の特徴づけを改めてやり直すことにしたい。

(2)「習慣」と「反省」による一般的規則の区別

二つの一般的規則はともに、われわれが特定の経験を積み重ねることによってわれわれの胸中に形成されるものである。この点は共通している。ところで、一つ目の一般的規則の基礎にある「習慣」とは、過去の反復から生じるものすべてを指す(T1.3.8.10 : SBN102)。そしてまた、習慣があらゆる信念の起源である(Ibid.)とされる一方で、反省も「習慣を間接的・人為的な仕方で生み出すことによって信念を生み出す」(T1.3.8.14 : SBN104)と述べられている。このことから、反省とは、習慣と同じ反復という性質を持つものとして考えられていることが分かる。

他方、「習慣は、われわれが反省をする前に働く」(T1.3.8.13 : SBN104)とあるように、ヒュームは習慣と反省の区別を強調している。そうすると、習慣と反省の違いは、反復が間接的・人為的な仕方で行われるかどうかにあると解釈することができるだろう。以上から、ヒュームにおいて「反省」とは、「単なる習慣によって下される最初の判断を、間接的・人為的な仕方で繰り返し振り返る心の働き」として考えることができるだろう(Cf. T1.3.13.9 : SBN148)。

この習慣と反省の区別を、二つの一般的規則に当てはめてみよう。すると、一つ目の一般的規則を、単なる習慣を基礎に置くものとして、二つ目の一般的規則を、間接的・人為的な仕方で行われる反省を基礎に置くものとして捉え直すことができるだろう。両者とも反復によって形成される点では共通するが、一つ目は習慣そのものによって、二つ目は反省によって形成されるという点に違いがある。このことから「判断訂正の仕組み」は、「習慣を基礎に置く一般的規則にしたがって下される最初の判断を、反省を基礎に置く一般的規則を参照することで訂正・確認する仕組み」として捉え直すことができるだろう。それでは、以上のことを踏まえて、道徳的評価における一般的観点の位置づけを明らかにしながら、筆者の解釈する「道徳的評価の仕組み」を描き出していくことにしよう。

（3）道徳的評価の第一の体系――個人内部における評価の仕組み

ヒュームによれば、道徳の体系は二つに分けて考えることができるという。次の引用を見てもらいたい。

…これらの感情［道徳感情］は、［1］性格および情念の単なる外観や現れから生じるか、［2］人類および特定の人々の幸福へと向かう、性格および情念の傾向性に対する反省から生じるかのどちらかである。[15]（T3.3.1.27：SBN589）

注目すべきは第一の体系、すなわち「性格および情念の単なる外観」からも道徳感情が生じる点である。なるほど、「単なる外観」から獲得される感情ですら道徳感情であるという主張には首肯し難いところがあるかもしれない。しかしながらヒュームによれば、ウィットなどの「単に眺めただけで（by mere survey）」快をもたらす特質[16]は、すべて有徳と呼ばれるのである（T3.3.1.27–30：SBN590–591）。そして、間違いなくこのとき評価者は、一般的観点に立つことなく道徳的評価を下している、そのように言うことができると思われる。

さらに、この「単に眺めただけで」は「直に（immediately）」とも言い換えられており、このとき「共感」の関与は認められていない（T3.3.1.28–29：SBN590）。なるほど、ヒュームにおいては共感が「道徳的区別の主要な源泉である」（T3.3.6.1：SBN618）ことに間違いはない。しかしながら、共感の関与しない「主要ではない源泉」も存在するわけであり、それこそが第一の体系である、そのように理解することができるだろう。かくして、第一の体系では、一般的観点に立つことなく、さらには共感さえ介することなく、道徳的評価が下されることが述べられていると解釈することができるだろう。(17)

ところで、ヒュームはこのように、「単に眺めただけでも」道徳的評価が下されると述べているわけだが、しかしながらそれは、何らかの能力としての「感覚（sense）」を用いて、言わば「直観的に」評価が下されるということを意味しないことに注意したい。なるほど、ヒュームは同時代のフランシス・ハチスン（Francis Hutcheson, 1694-1746）の影響を受けたことは思想史上間違いがなく、(18)ヒューム自身が「道徳感覚（Moral Sense）」という言葉を多用していることもあって、研究史上、ハチスンらと共に「道徳感覚学派（Moral Sense Theory）」に入れられることも過去にはあった。しかしながらヒューム自身は、この「原初的な本能（original instincts）」としての「道徳感覚」を、むしろ否定する立場にいる（T3.3.6.3：SBN619）。(19)それゆえ、「単に眺めただけでも」は「能力としての道徳感覚を用いて直観的に」ということを意味しないのである。そうすると、第一の体系において「共感」も介さず、能力としての「感覚」にすら頼らずに、評価者は一体どのようにして道徳的評価を下すのであろうか。

ここで注目すべきは、第一の体系において、評価の対象が「性格および情念」とされている点である。ヒュームが、道徳的評価の対象は人の「性格」であるという点を繰り返し強調していることに鑑みて（e.g. T3.1.2.3：SBN471）、以下からは「性格」に焦点を絞って考察しよう。そもそも、「性格」とは「持続的な心の原理（durable principle of the mind）」に他ならない（T3.3.1.3-4：SBN575）。そのため、その評価が「性格についての評価」だと認められるためには、評価者には、ある程度の時間をかけた評価対象の観察が必要になると言えるだろう。ここで本章第五節第一項にてまとめたことを思い出すならば、ある程度の時間をかけて特定の経験が蓄積されると、人間の胸中には「一般的規則」が作り出されるのであった。筆者はこの「一般的規則」こそが、第一の体系において道徳的評価が下される際に働くものだと考える。というのも、一般的規則のために「アイルランド人にウィットがあるはずなどない」(T1.3.13.7 : SBN146) という評価が下されるとヒューム自身が述べており、そしてウィットとは「単に眺めただけで」有徳なものとして評価される特質だからである (T3.3.1.27–30 : SBN590–591)。かくして、第一の体系において評価者は、共感を介するのでも、一般的観点に立つのでもなく、むしろ一般的規則に従って道徳的評価を下していると理解することができるだろう。

もちろん、当該の道徳的評価は「習慣 (想像力) の一般的規則」の影響を受けて性急に下されたものである可能性がある。実際、「アイルランド人にウィットがあるはずなどない」という例は「偏見の源」として提示されていたものであった。したがって、最初に下された評価の妥当性を、「反省 (知性) の一般的規則」を参照することでチェック・訂正する必要が生じることになろう[20]。しかしながら、どちらにしても第一の体系において、道徳的評価を下す際に役割を担うものは、「一般的規則」以外にはないのである。かくして、少なくとも第一の体系において下される評価は、「一般的観点」が導入されないにもかかわらず、道徳的評価として認められるものなのだから、一般的観点は道徳的評価のための必要条件とされてはいない、そのように結論することができるだろう。

第一の体系における評価は、れっきとした道徳的評価の一つである。しかしながら、そもそも道徳的評価とは複数人の間における、言うなれば「客観的なもの」であると考えられるのが一般的であろうし、さらにはヒュームの道徳論全体に視野を広げると、道徳的評価の場面で「共感」が登場しないことには大きな違和感を抱かれることだろう。もちろんヒュームは「第一の体系」が、道徳においては「あまり重要ではない場合」に相当するものであり、それよりもむしろ、次に考察する「第二の体系」の方が「はるかに大きな影響力をもち、われわれの義務の大綱すべてを定める」と述べている（T3.3.1.27：SBN590）。そしてこの第二の体系においてこそ、複数人の間における共感を介した道徳的評価が行なわれるのである。それでは、第二の体系における道徳的評価の仕組みとはどのようなものなのか。そして第二の体系においては、「一般的観点」が道徳的評価にとっての必要条件とされていると言いうるのだろうか。

（4）道徳的評価の第二の体系――社交や会話を通じた評価の仕組み

ヒュームによれば、道徳的評価の第二の体系では「人類や特定の人々の幸福へと向かう、性格および情念の傾向性」に焦点が当てられる（T3.3.1.27：SBN589）。この第二の体系において評価者は、共感を介することによって道徳感情を獲得する。というのも、この体系において焦点が当てられている「人類の幸福」とは、評価者自身と、あるいは評価者の関係者（友人など）と直接的な関わりをもたない人々の幸福のことであり（T3.3.1.29：SBN590, Cf. T3.3.1.9：SBN577）、そのような場合に、評価者の関心を自身の外側にまで連れ出し、評価者と直接的には関わらないような社会の広範囲にまでその関心を拡張して、その幸福によって評価者が喜びを得るためには、共感を用いる他ないからである（T3.3.1.9：SBN577, T3.3.1.11：SBN579）。

ところで、共感を介して感情を獲得する場合、人々は社交や会話を通して、その感情が各人の置かれる立場によって異なるものであることを見出すようになる。そのために人々は、お互いの感情や意見の相違を擦り合せることで、共通の観点［＝一般的観点］にたどり着くことになる（T3.3.1.30：SBN591）[21]。

社交や会話における感情の相互交流によって、われわれはある一般的で不変の基準（general inalterable standard）

を形成する。この基準によってわれわれは、性格や風習（characters and manners）を是認したり否認したりすることができるのである。（T3.3.2：SBN603）

われわれは社交や会話において、その場に参加している人々と感情を交流させながら「一般的で不変の基準」を形成することで、当該の評価対象の言動や人柄に関する評価ができるようになる。先行研究では、この「一般的で不変の基準」を獲得するためには一般的観点に立たねばならず、そのために、一般的観点が道徳的評価の必要条件であると解釈されてきた。だが、すでに前節において、一般的観点に立たずとも道徳的評価が下されるということを確認したいま、第二の体系においても、一般的観点が道徳的評価の必要条件とされてはいないように、筆者には思われるのである。

そうすると「一般的観点」とはヒュームにおいて、道徳的評価の仕組みのうちにどのようなものとして位置づけることができるのだろうか。そしてまた、一般的観点が道徳的評価の必要条件ではないのだとしたら、道徳的評価とはどのようにして下されるものだと言えるのか。

これらの問いに答えるために、第二の体系では道徳感情が「反省から生じる」（T3.1.27：SBN589）とヒュームが述べている点に着目しよう。「性格すなわち心的性質が持つ傾向について反省することこそ、われわれが是認と非難の感情を獲得するために十分なことなのだ」（T3.3.1.9：SBN577）と、共感を介して道徳感情が獲得されるくだりでも、ヒュームが「反省」を強調しているほか、まさに「一般的観点」について説明される箇所においても、「反省」というタームが頻繁に登場する（e.g., T3.3.1.15–7：SBN582–583）。それゆえ、「反省」ということで、何らかの重要な事柄が示唆されていると考えられるのである。それでは「反省」に着目すると、第二の体系における道徳的評価の仕組みはどのようなものとして描き出すことができるだろうか。

社交や会話において意見・感情を取り交わしている中で、その場にはいない特定の人物の道徳的評価に話が及ぶとき、その場にいる人々は、自分の意見・感情が他の人たちと一致しないという場面に遭遇することがある。そして〈自分の意見・感情〉と〈他人の意見・感情〉とが「不一致（contradiction）」であることがきっかけとなって、われわれは一般的観点を採用するよう、つき動かされることになる（T3.3.1.15：SBN581, T3.3.1.18：SBN583）。ところで、なぜ意見・感情の不一致は、評価者たちをして一般的観点を採用するよう導くのだろうか。

ヒュームによると、「所感（sentiments）か情念かのどちらかにおけるいかなる不一致も、それが外から生じるものであれ、内から生じるものであれ、外的対象の対立から生じるものであれ、内的原理の争いから生じるものであれ、酷い心地悪さ（seinsible uneasiness）(22)をもたらす」（T1.4.2.37：SBN247）という。つまり、意見・感情が不一致であることは、われわれ人間に強烈な心地悪さをもたらすので、それをどうにかして避けようとして、われわれは自分たちの意見・感情が一致するような観点、すなわち一般的観点を採用するようになると言われているわけである。

ところで、この「不一致が心地悪さをもたらす」という話は、『人間本性論』第一巻知性論におけるものに過ぎず、しかもその箇所で「社交や会話」における意見・感情の不一致ということが語られているわけではない。そのため、筆者の解釈は多少強引なものに見えるかもしれない。しかしながら、ヒュームが一般的観点採用のプロセスを描く場面では、意見・感情が「合わない（disagreement）」だとか、それが「衝突する（conflict）」と言われることは一切なく、ひたすら「不一致（contradiction）」という言葉遣いがなされている。この「不一致」を、ヒューム哲学におけるテクニカルタームとして考えることができるのならば、筆者の示した理解も許されるのではないかと考えられる。そこで以下では、「不一致」によって「強烈な心地悪さ」がもたらされるために、社交や会話の場面で評価者たちは一般的観点を採用するようになると解釈した上で、議論を進めることにしたい。

さてこの一般的観点とは、ア・プリオリにどこかに存在したり想定できたりするようなものではなく、社交や会話の場においてその参加者たちが何度も反省を繰り返しながら探究（seek）し（T3.3.1.18：SBN583）、定めていく（fix on）（T3.3.1.15：SBN581–582）ものである。ここで「反省を通じて一般的規則が形成される」という本章第五節第二項での議論を思い出そう。一般的観点を探究・確定する過程で評価者が「反省」を繰り返し行なうと、評価者の心の中に評価対象に関する一般的規則が形成されていくことになる。そしてこの一般的規則が評価者本人の心の中に定着し、彼の判断に影響を及ぼすことにより、他者と感情・意見の一致する、一層安定した判断（T3.3.1.15：SBN581–582）が下されるようになるのである。

第二の体系では、社交や会話を通して一般的観点を探る過程で、一般的規則が評価者の心の中に形成され、それが定着することによって安定した道徳的評価が下されるようになる。それゆえ一般的観点は確かに、第二の体系においては、道徳的評価を下す際に必要なものとして導入されているように見えるかもしれない。そしてまた、一般的観点に立つことによって、特定の評価対象がすべての人たちから見て同じになるとも言われる（T3.3.1.30：SBN591）。したがって一般的観点は、複数の人たちの間で「一般性・客観性」を確保するという意味で、道徳的評価にとって必要になるものだと言えるかもしれない。

しかしながら一般的観点は、道徳的評価を下すために必須な装置として要請されるアダム・スミスの「公平な観察者」とは異なり、われわれ人間が社交や会話における意見・感情の不一致によって生み出される心地悪さを避けるために導入されるものに過ぎないとは言えないだろうか。この可能性が認められるとしたら、われわれ人間が社交や会話において、その場にはいない特定の人物について道徳的評価を下すにあたり、意見・感情の不一致が起こらない場合には、一般的観点が導入されることにはならないと考えられるのである。

第一の体系において、一般的観点が導入されることはないことを踏まえると、第一と第二の両体系を通じて道徳的評価を下すために必須な役割を演じているのは、むしろ一般的規則であると考えられるのである。すなわち、一般的観点ではなく一般的規則こそが、ヒュームにおける道徳的評価の基底的原理である、そのように本書は結論する。

六　襤褸《ぼろ》を纏《まと》った徳

以上を踏まえると、本章第四節で指摘したまま答えを与えずにいた「ヒュームの説明の間隙」はどのようにして埋められるのだろうか。この答えは、まさに「一般的規則」に注目することによってこそ、与えられるのである。本章第五節第一項で見た通り、一般的規則は判断全般に影響を及ぼすものである。では、その影響とはどのようなものなのか。『人間本性論』第二巻第二部第七節「同情について」において述べられている例を引いてみよう。敵の手に落ちたある国の幼い王子は、自分の不幸な境遇について何の心配もしていない。だがこれを見る人々は、その状況においてその王子が一層悲しむはずだと考える（T2.2.7.5 : SBN370）。この理由を、ヒュームは次のように説明する。

われわれは経験から、かくかくの程度の情念が、これこれの不幸を通常伴っていることを見いだす。そして、現在の場合に例外が存在するとしても、想像力は一般的規則の影響を受けて、あたかもその人物が情念によって実際に動かされたのと同じ仕方で、情念の活き活きとした観念を思い抱くようになる、あるいはむしろ情念

そのものを感じる。（T2.2.7.5：SBN370–371）

ある特定の状況に、ある特定の情念が結びついていることが繰り返し経験されると、その経験から「かくかくの状況には通常、しかじかの感情が伴っている」という一般的規則が形成される。一般的規則とは、常に想像力に影響を及ぼすものであり（T3.3.1.20：SBN585）、また共感の原理は想像力の働きに多くを負う（T2.1.11.5–7：SBN318–319）。それゆえ、われわれはその特定の状況やそれに類似した状況を見ただけで、一般的規則の影響を受けた共感の働きによって、実際には存在しない情念の活き活きとした観念を思い抱く、あるいは情念そのものを感じるのである。

　このような、実際には存在しない情念を一般的規則の影響を受けて感じるようになるという事例は、道徳論においても描かれている。有徳と言われている人物が、なんらかの事情により通常なら遂行されるはずの善い行為を遂行し損ねたとする。その場合、実際に有益な結果が出なかったわけだから、その人物が称賛されることはないと考えられるかもしれない。だが、ヒュームによれば、実際に有益な結果が生じなかったとしても、「その人物は有徳な人だ」という評価は変わらないという。なぜなら、すでに形成されているその人物の性格に関する一般的規則の影響を受けて想像力が活性化し、実際に善い結果を生まなかったにもかかわらず、通常ならば抱かれるはずの情念をわれわれは抱いてしまうからである。「襤褸《ぼろ》を纏《まと》った徳は、それでもやはり徳である（Virtue in rags is still virtue）」（T3.3.1.19–20：SBN584）というヒュームの表現は、まさに「一般的規則」こそが道徳的評価の基底に位置していることを示しているのである。

　以上の考察を経てようやく、ヒュームの説明に見られた間隙は、次のように埋められることになる。われわれは自分の使用人よりも、ブルータスを称賛し（T3.3.1.16：SBN582）、歴史で読んだ悪行と先日近所であった悪行を等しく非難する（T3.3.1.18：SBN583-584）。これらはいずれも、次のようなことが描かれていたのだと理解することができるだろう。すなわち、評価者がこれまでに培ってきた経験を通じて、あるいは評価者が他者と社交や会話を営む中でそこにおいて繰り返してきた反省によって、「当該の評価に関する一般的規則」が評価者の心の中に形成され、それが定着しており、そして評価者はこの一般的規則の影響を受けて道徳的評価を下しているのである、と。それゆえ、ヒュームが述べる「知っている」とは、「当該の一般的規則が、われわれの心の中に形成され定着している」ということであると解釈することができるのだ。

七　徳の区分と一般的観点の関与

以上に見たように、本書は一般的観点を、道徳感情を抱き道徳的評価をするための必要条件とは考えない。しかし、だからといって一般的観点が道徳的評価に関係しないと主張するわけでもない。周知のようにヒュームは、道徳を自然的徳と人為的徳とに分けており（T3.2.1.1：SBN477）、この区分が一般的観点の関与［それは「必要条件としての関与」ではないが］を決めることに、ある程度は関わってくると筆者は考える。その理由は、以下の通りである。

まず人為的徳、特に「正義」[23]に関して言えば、（1）その起源について論じられた場面はもとより、（2）正義に関する道徳的評価について論じられる場面においてすら一般的観点は関与しない、そう筆者は解釈する。[24]後に本書「第五章　人為的徳論」において詳しく考察することになるが、特に「正義」は、それが樹立されるにあたり、社会の成員すべてが「共通する利益の感覚」、すなわち「コンヴェンション」を感知するということが、言い換えると、共通する利益の感覚が一致するということが必要となる（T3.2.2.10：SBN490）。ところで、ヒュームによると、一般的観点を採用するとき、われわれは自分の利益を度外視することになる（T3.3.1.17 : SBN582)。そうすると、コンヴェンションの形成を通じて正義を確立する際に、仮に一般的観点が関与するのであるならば、一般的観点の採用によって自分の利益が度外視されることになり、その結果、自分と他者との間で一致するはずの「共通する利益の感覚」は形成されなくなる。仮に正義を樹立する過程において、ある人が一般的観点に立つならば、そのときに形成される利益の感覚とは、自分の利益を度外視した「他者の利益」の感覚でしかなく、もはやそれを「共通する利益の感覚《コンヴェンション》」と呼ぶことはできないであろう。コンヴェンションが形成されるにあたってはむしろ、ある程度自分の利益を考慮に入れることが必要となる。それゆえ、コンヴェンションを形成するにあたり、自分の利益を度外視する一般的観点が採用されることはないと考えられるのだ。

第二に、第一の結論を踏まえるのであるならば、「共通する利益の感覚」を共有している人々の間で、正義に関する道徳的評価が食い違うだとか、一致しないという事態が、もはや招来するはずもないと考えられる。人為的徳、とりわけ正義に関しては、異なる評価や意見を擦り合せるという作業は、そもそも不要なのである。だからこそヒュームは、異なる評価・意見を収束させる役割を担う「一般的観点」を、人為的徳論において登場させていないと考えられるのである[25]。

とはいえ、筆者の第二の主張に対しては次のように反論されるかもしれない。すなわち、確かに正義を「樹立」する場面においては、一般的観点の関与を認めにくいとしよう。しかしながら、正義の「道徳的評価」の場面においては「公共的な利益への共感は、正義の徳に伴う道徳的是認の源泉である（T3.2.2.24 : SBN500)」と言われている。正義の道徳的評価に「共感」が関与するのであれば、やはり「評価の変動」ということを考慮せざるを得ず、その結果やはり、「一般的観点」が導入されることになるのではないか、と[26]。

この反論に対して筆者は、正義の道徳的評価についてヒュームが述べている次の箇所を引くことで応答することにしたい。

> われわれが、間接的なものであれ直接的なものであれ、他者の不正義によって被る損害に気付かないことはない。なぜなら、そのような場合、われわれは、情念によって盲目になることもなければ、何らかの反対の誘惑によって偏見を抱くこともないからである。それどころか、不正義がわれわれから極めて遠いところにあるので、われわれの利益に一切影響を及ぼさない場合でさえ、不正義はわれわれを不愉快にする。なぜなら、われわれは不正義を人間の社会に対して有害なものと考え、また不正義の罪を犯す人物の近くにいる人すべてに害をもたらすと考えるからである。（T3.2.2.24 : SBN499）

ヒュームによれば、われわれ人間が不正義を見逃すことは決してなく、それは自分の利害にまったく影響しないような不正義に関してさえ同じであるという。つまり、この引用の説明においては、われわれが不正義の行為について異なる評価を下すことは一切なく、不正義が近くで行なわれようと遠くで行なわれようと、自分に関係しようとしなかろうと、われわれは正義ということで、一律に同じ評価を下すということが述べられていると理解できる。

確かに、正義の道徳的評価に「共感」の関与は認められる。しかし、だからといって正義の評価において、人々の間に意見の食い違いが生じることはまったくないのであり、したがって「一般的観点」が導入されることにはならないしその必要もない。その理由は、われわれ人間が皆、社会を支えるために不可欠な「正義」にきちんと従い、そしてあらゆる場面で正義に関して異なる評価を下すことにならないよう、幼き頃から親によって、正義の諸規則を、そして正義の徳を叩き込まれてきたからである（T3.2.2.26 : SBN500）。

さてそれでは、道徳のもう一つの区分である自然的徳についてはどうだろうか。後に本書の「第六章　自然的徳と共感」において見るように、自然的徳として語られる人間の性格特性は、基本的にその向かう対象が家族や親戚、そして親友などの「身近な人々」に限られるという特徴をもつ（T3.3.2：SBN602）。そうであるがゆえにわれわれは、「身近な人々」ではない「見知らぬ人たち（strangers）」に出くわしたときに、たとえば財を巡って争うことにもなり、それが条件の一つとなって人為的徳の代表である「正義」が考案されることになったわけである（T3.2.5–7：SBN486–487）。[27] つまり、自然的徳は、その及ぶ範囲が限られているという特徴をもつからこそ、評価対象との距離の遠近、および関係の濃淡に応じて、その人物に対して抱く感情や意見が評価者によって異なるという事態が発生する。そして、そうであるからこそヒュームは、自然的徳論であるところの第三巻道徳論の第三部において、感情や意見の相違を調整するものである「一般的観点」を登場させたと考えられるのだ。[28] このように、自然的徳と人為的徳の区分において見られるような「感情や意見の相違」の有無によって、われわれ人間が道徳的評価を行なう際の一般的観点の関与が決まる、そのように考えられるのである。

八　「人間」を見つめるということ

従来のヒューム研究では、一般的観点が「道徳的観点」であると解釈されることが多かった。だが筆者は、そうした従来の解釈に疑問を投げかけ、ヒュームに従い、道徳の体系を二つに分けた上で、それらに共通して働く一般的規則が、道徳的評価において基底的な原理となっていることを明らかにした。これによって一般的観点は、道徳的評価に関与はするものの、社交や会話において様々な意見・感情を擦り合せる過程で探求される観点としてのみ捉えることが適切であるという結論へ至った。

この結論が正しいのだとすれば、ヒュームの道徳的評価の仕組みにアダム・スミスの「公平な観察者」のような概念を読み込んでしまうことは、明らかに不適切であると言わざるを得ない(29)。確かに、ヒュームとアダム・スミスとの間の影響関係が極めて大きなものであったことは、思想史的に疑い得まい。だがアダム・スミスの「公平な観察者」とは、道徳的評価を下すために必須な装置として要請される「道徳的観点」であるのに対し、ヒュームが提示し説明する「一般的観点」は、それとは似て非なるものである。「一般的観点」が具体的には「身近な人々の観点」であることに鑑みると、その「一般的」という言葉の意味とは裏腹に、それはある意味で「偏った観察者（partial spectator）の観点」(30)であるとさえ言うことができるように思われる。そしてまた、ヒュームの「一般的観点」は、われわれ人間が社交や会話における意見や感情の不一致によって生み出される心地悪さを避けるために導入されるものに過ぎないと考えることが可能である。この解釈の可能性が認められるのであるならば、われわれ人間が社交や会話において、その場にはいない特定の人物について道徳的評価を下すにあたり、意見・感情に不一致が起こらないのであるならば、一般的観点が導入されることにはならないだろう。このことはすなわち、「一般的観点は、道徳的評価を下すための必要不可欠な条件として要請されるべきものとして、ヒュームによって描かれてはいない」ということを意味するものと考えられる。

このように「一般的観点」は、道徳的評価を下すために、必ずしも必要とはならないように思われる。そしてまた一般的観点が、行為の正不正を裁くための観点でも、道徳的ディレンマに直面したときに行為指針を示すための観点として登場していたわけでもないということにも注意を払ってみよう。しかしそうすると、結局ヒュームの「一般的観点」論とは、補足的な議論の域を出ないものなのだろうか。当然のことながらその答えは「否」である。

従来は「一般的観点がヒュームの倫理学体系のうちにどのように位置づけられるのか」ということが主とし

て論じられてきたように思われる。しかしここで少し見方を変えて、「一般的観点に立つことで、われわれには何が見えてくるのか」ということについて考えてみよう。本章冒頭でも触れたことだが、一般的観点からわれわれに見えてくるものとは、評価対象の「性格」に他ならない。ヒュームの倫理学理論は、「ある行為が正しいのか不正なのか」について考察するものというよりもむしろ、「そもそも、そうした行為をどのような性格をもつ人物がするのか」を、そして「その行為をする具体的な誰かは有徳なのか悪徳なのか」ということを論じるものだと言える。「行為」それ自体よりも、その行為を行なう人物の「性格」に焦点を合わせるということが、「功利主義」や「義務論」あるいは「契約論（Contractarianism）」の特徴ではなく、むしろ「徳倫理学」における軸となる考え方だということが認められるのなら[31]、ヒュームの理論は「ある種の徳倫理学」として位置づけられるのが妥当であるように思われる。

かくして、ヒュームの倫理学理論は主として「性格」に焦点を当てて議論を行なっていることがあらためて確認できるだろう。とはいえ、人間の性格というものは、当該の人と長い時間を共有してきた「身近な人々」の声に耳を傾けない限り、分からぬことが多かろう。だからこそわれわれは、具体的な誰かのことを道徳的に評価するとき、身近な人々の観点である「一般的観点」に立つのである。「道徳」というものについて考えるのならば「人間」を見つめよ。このことをヒュームの「一般的観点」論は、いや彼の倫理学理論は、われわれに訴えかけているのである。

*

本章ではヒュームにおける道徳的評価の仕組みについて解明を行なった。ところで、本章で考察したような仕方で下される道徳的評価と、道徳的な行為の動機付けとは、どのような関係にあるのだろうか。ヒュームの倫理学理論を包括的に再構成するにあたっては、「道徳的評価の仕組み」だけでなく、「行為の動機付け」という、実践の学問の根本に関わる問題についても考察することが不可欠である。そこで次章では、「ヒュームにおいて道徳的評価はどのようにして人を動機づけ、行為へと導くのだろうか」という問題を取りあげることにしたい。

註

(1) たとえばMcNaughton［1991］を参照。なお、アダム・スミスの「公平な観察者」の詳細に関しては、柘植［二〇〇九］一二二—一二四頁、島内［二〇〇九a］四〇—四三頁を参照されたい。

(2) たとえばHarman［1977/1988］p. 44（七七頁）、p. 104（一八一頁）を参照。あるいはまたデイヴィッド・ウィギンズも、自身の「賢明な主観主義（sensible subjectivism）」を展開するために、ヒュームの主観主義的な洞察を「見込みあるもの」として採用しているが、このとき当該論文において論じられているものは、一種の「理想的観察者」論であり、その淵源をヒュームに見ていると言えるだろう（Wiggins［2002］Essay V）。

(3) 島内［二〇〇九a］四〇、四二頁

(4) 矢嶋直規はさらに、「一般的観点」こそがヒュームの道徳哲学を、いや彼の哲学全体を貫く最重要概念の一つであるという理解を打ち出している（矢嶋［二〇一二］）。

(5) この論点をめぐって、一般的観点を「道徳的観点」と解釈する代表的な論考としてはRadcliffe［1994］；Korsgaard［1999］；Brown［2001］；柘植［二〇〇九］；久米［二〇一〇］；矢嶋［二〇一二］を、一般的観点を「道徳的観点」とは解釈しないものとしてはBaier［1991］；Cohon［1997］；Garrett［2001］を挙げることができる。

(6) この論点をめぐって、伊勢［二〇〇五］と矢嶋［二〇一二］はコンヴェンション形成の際に一般的観点が必要になると解釈し、木曾［一九八五］と奥田［二〇〇六］は、正義に関する道徳的評価の際に一般的観点が必要になると解釈する。

（7） 共感の働き方は、知性のそれとぴったり一致すると言われていることから、共感をある種の因果推論として理解することができる。しかしヒュームはさらに、共感には、知性による因果推論には見られない驚くべきものがあるとも述べる。それはすなわち、知性による因果推論では、想い抱かれるものが観念のレベル（せいぜいいって「信念」）を出なかったのに対し、共感によっては想い抱かれるものが「印象そのもの」にまで転換するという点に他ならない。（T2.1.11.8：SBN320）

（8） Brown［2001］pp. 185–215.

（9） Brown［2001］pp. 197–203.

（10） Garrett［2001］p. 211.

（11） Garrett, op. cit.

（12） 本書はギャレットと立場を同じくするが、ギャレットの示す道徳的評価の仕組みまでも支持するわけではない。というのもギャレットは、会話と反省から獲得される抽象観念を持つことで道徳的評価が下されるという解釈を提示する（Garrett［1997］p. 202）のだが、道徳的評価に抽象観念を導入することは、ヒュームの感情主義的な道徳哲学と齟齬を来すと考えられるからである。

（13） 「身近な人々」の範囲とは、基本的に家族や友人までの範囲であり、せいぜい拡大したとしても、その範囲が自身の祖国を越え出ることはないと言われる（T3.3.2：SBN602）。

ところで、家族から祖国全体にまで、その範囲が変動することを認めてしまうと、結局「身近な人々」の観点をどこに設定すればよいのかが不明瞭になると思われるかもしれない。とはいえ、ヒュームが「身近な人々」の説明として、評価対象と「何らかの結びつき」をもつ人たちであるとか、その人から「何らかの影響」を及ぼされている人たちと表現している（T3.3.2：SBN602–603）ことに鑑みれば、その「結びつき」や「影響関係」は、評価される人物に応じて異なると考えざるを得ないと思われる。というのも、たとえば、筆者が「結びつき」をもち、その「影響関係」があると言えるのは、「家族や友人、あるいは教育研究機関の同僚など」である一方で、日本国の首相は、その影響関係が日本国全体に及ぶために、「身近な人々」とは、その言葉遣いに違和感があるとしても、「家族や友人にとどまらず、日本国民全体」にまで及ぶというように、人によって、あるいは職種や身分に応じて異なるものだと考えられるからである。したがって、「身近な人々」の範囲は変動を許すものであり、そういうものとしてしか表現しえないものだと特徴づけることができるだろう。

(14) エリザベス・ラドクリフ (Radcliffe [1994] p. 42) やレイチェル・コーホン (Cohon [1997] p. 200) をはじめ、「一般的観点」とは、具体的には「身近な人々の観点」であるとする解釈がヒューム研究の中で定着しつつある（同解釈を支持するものとして奥田［二〇〇六］: Brown [2012]: Aimatsu [2013] を参照せよ)。

(15) このような二分法は、『人間本性論』第三巻道徳論の第一部の前半部において、すでに述べられていたことであった。ヒュームによれば「徳とは快によって識別され、悪徳とは苦によって識別される。そして徳と悪徳とを区別するこの快苦は、何らかの行為・感情・性格を〈単に眺める〉か〈熟慮する〉ことによって、われわれにもたらされるものなのである」(T3.1.2.11 : SBN475)。このうち、前者の「単に眺める」ものが第一の体系に、後者の「熟慮する」ものが第二の体系に相当すると考えられる。

(16) ウィットのようなこの特質は、徳の四つの源泉 (T3.3.1.30 : SBN591) のうち「他者にとって直に快適な諸特質」に該当する (T3.3.4.8 : SBN611)。

(17) ヒュームにおいて共感は基本的に、その場に居合わせていない、遠方の人物や遠い過去の人物について道徳的評価を行なうために導入されるものである (T3.3.1.29 : SBN590, T3.3.6.2 : SBN619)。そして共感の変動を修正するために採用されるのが、評価対象の「身近な人々」の観点である「一般的観点」である。他方で、第一の体系では「直に」道徳的評価が下されるわけだが、その場合、すでに評価者は「身近な人々」のうちに含まれていて、その意味で「一般的観点」にすでに立っていることになる。したがってやはり一般的観点は、道徳的評価における必要条件である、このように筆者に対して反論が投げかけられるかもしれない。筆者は、この反論が意味していることを否定するつもりはない。「直に」という表現からも明らかなように、第一の体系において評価者はすでに「身近な人々」のうちに含まれていると思われる。それゆえ「当該の評価者が身近な人々のうちに含まれている」という意味で、その人が「一般的観点」にすでに立っていると見なすことは可能だと考える。

それでは筆者が何をしたいのかというと、「一般的観点とは、あらかじめどこかにあると想定されるような、評価者たちが道徳的評価を下すにあたってわざわざそこに必ず立たねばならないようなものである」とする強い主張を斥けたいだけである。そのようなものとしての「一般的観点」は、バーナード・ウィリアムズが言うところの「ひとつ余分な思考（one thought too many）」（Williams［1981］p. 18）に近いものと思われるのであり、そのような余分なものをヒュームは考えていないと筆者は解釈するのである。以降の議論で、このことを示すことを試みる。

(18) 柘植［二〇〇九］九九頁を参照。

(19) 柘植［二〇〇九］一〇六頁も参照せよ。

(20) このとき、たとえば評価者自身の置かれている状況についての吟味などもなされる必要があるだろう。道徳的評価にあたり、評価者自身の置かれた状況を正確に把握しなければならないことは、『道徳原理の探求』において特に強調されている（EPM App. 1.11 : SBN332）。

(21) 以下で詳しく見るが、他者との意見の擦り合わせへと動機づけられる理由は、意見の不一致から生じる心地悪さ（T 1.4.2.37 : SBN247）を避けるためである。このことについてはKorsgaard［1999］pp. 23-25も参照されたい。

(22) "uneasiness" といえば、ジョン・ロックのものを容易に想起されることだろう。ロック哲学において "uneasiness" は、極めて重要な役割を担うものであるが、ヒュームにおいてはそこまでの含意はなく、「不快な感じ」ということを意味するものと理解して差し支えないと思われる。

(23) ヒュームにおける「正義」とは、基本的に「所有（property）」と「約束（promise）」に関する一定の諸規則のことである。しかしながら、その諸規則が定められ、一般に通用するようになった後に、この諸規則を恒常的に遵守するような性格特性は、「（正義の）徳」として称賛の対象となる。

(24) これに対して伊勢俊彦と矢嶋直規は、正義樹立の場面においてすでに、一般的観点が関与すると解釈する（伊勢［二〇〇五］二一二頁、［二〇一二］二二四頁：矢嶋［二〇一二］第八章）。

(25) さらに突っ込んで言うならば、人為的徳、中でもその代表としてヒュームが挙げる正義は、「（家族社会を除く）すべての種類の社会（a society of all kind）」にとって、それが維持されるためには不可欠なものだと主張される（T3.2.8.3：SBN541）。また、この正義には、「すべての民・すべての時代において（in all nations, and in all ages）、極めて強力な道徳の感情が伴われてきた（T3.3.1.9：SBN577）」と言われるのみならず、「正義が基づいている利益は、想像しうるかぎり最大のものであり、あらゆる時代や場所（all times and places）にまで広がっている（T3.3.6.5：SBN620）」とも述べられる。以上から、ヒュームにおける「正義」は、時代や場所、国や文化を問わず、人間が形成するあらゆる社会に見られるという意味で、「普遍的な徳」の一つとして解釈することができると思われる。

(26) おそらくはこのように考えた木曾好能や奥田太郎は、一般的観点が、正義樹立の場面には関わらないものの、正義の道徳的評価の場面においては関わっていると解釈したのであろう。（木曾［一九八五］一二〇頁、奥田［二〇〇六］九〇頁）

(27) 「身近な人々」のうちに「見知らぬ人たち」が含まれることはない（Cf. EPM8.4：SBN262）。それゆえ、「身近な人々」の間で通用している道徳の中に、見知らぬ人たちどうしの間でさえも通用する「正義」などの人為的徳が含まれることはないと言える。このことからも、人為的徳、特に正義に関する評価をする場合に、一般的観点は導入されないことが示されているものと思われる。

(28) 自然的徳についてもさらに突っ込んで言うならば、人為的徳の代表とされる「正義」とは対照的に、それは時代や地域、統治の性質や環境などに依存する徳であると考えられる。たとえば、「勇気（courage）」という徳は、狩猟社会においては重要な徳であったわけだが、産業・商業社会においてはそれほど称賛されるものではなく、むしろ後者の社会においては、「勇気」よりもはるかに有用な徳である「人間性（humanity）」が称賛されることとなる（Cf. EPM7.14：SBN254）。このような自然的徳の相対性については、「対話」（EPM, A Dialogue：SBN324-343）で描かれている以外に、エッセイ「国民性について」においても述べられている（EPML pp. 197-215）。したがって、「普遍的な徳」として特徴づけた人為的徳とは対照的に、自然的徳を、「時代・地域・環境・文化などに相対的な徳」として特徴づけることができると思われる。

(29) しかしながら、依然としてヒュームの一般的観点に「公平性（impartiality）」を読み込む解釈は後を絶たない（e.g.,

Brown&Morris［2012］p. 131）。「公平な観察者」の概念の淵源をヒュームに見てとるデイヴィッド・ラフィルは、ヒュームの観察者の表出する「［道徳］感情」は、利害に囚われていない（disinterested）がゆえに公平（impartial）であり、普遍的である（universal）がゆえにある意味で合理的（rational）であると解釈している（Raphael［2007/2009］p. 30（三三―三四頁））。

（30）当然のことながら筆者は、「偏った（partial）」という言葉を「評価対象のことを他の人以上によりよく知っている」という意味で用いているのであって、それに何らかの「悪い」意味を添えてはいない。

（31）Cf. Hursthouse［1999］, Foot［2001］etc.

第四章　道徳的な行為の動機づけ

一般に、「お年寄りに親切にするのは善いことだ」と言われている。そして、たとえばバスや電車の中でお年寄りが乗り込んできたら、自分が席に座っている場合には、そのお年寄りに声をかけて席を譲る（親切に振る舞う）ことがある。このような場面を例として取りあげながら、「道徳的な判断を下すこと」と「道徳的な行為へと動機づけられること」との間の関係とは、いったいどのようなものであるのかということについて、特に「メタ倫理学」という領域において、これまで盛んに論じられてきた。大きく分けるとそこには、「内在主義（internalism）」と「外在主義（externalism）」という二つの立場が存在する。[1] 伊勢田哲治によれば、メタ倫理学における「内在主義とは、道徳的な判断が、指令的側面、すなわち行為への動機づけないし理由を必然的に（つまりなんらかの意味で「内在的」に）含んでいるという考え方である」のに対し、「外在主義は指令的側面を多かれ少なかれ偶然的に道徳語・道徳判断に付随する（つまり概念的・必然的な関係ではないという意味で外在的）とみなす立場であり、[2] これら二つの立場の間で熱い火花が散らされてきた。

メタ倫理学におけるこうした論争を受けて、ヒューム研究においてもヒュームは「内在主義者」なのか、それとも「外在主義者」であるのかという議論が巻き起こった。本章でもその流れを受けて、「道徳的評価を下すこと」と「道徳的な行為へと動機づけられること」とが、ヒュームにおいてどのような関係として描かれているのかを考察することにしたい。以下ではまず、メタ倫理学における「内在／外在主義」と、ヒューム研究における「内在／外在主義」の意味の違いについて確認した上で（第一節）、ヒュームにおける「道徳感情」について論じた先行研究を瞥見する（第二節）。次に、本章での考察の中心となる「義務感による動機づけの場面」についておさえたのち（第三節）、『人間本性論』第二巻情念論に遡りつつ、道徳感情と行為の動機づけとの関係について論じた代表的な先行研究を批判的に検討する（第四節）。最後に、筆者の解釈する「動機づけの仕組み」を提示する（第五節）。

一　内在主義と外在主義――メタ倫理学とヒューム研究

「内在主義」および「外在主義」は、言葉の上では同じであっても、それぞれに対してメタ倫理学とヒューム研究が与えている意味には違いが見られる。まずはこの違いについて確認しておくことから始めよう。

そもそもメタ倫理学の領域において、われわれは「ヒューム」の名を極めて頻繁に目にする。メタ倫理学の中でも特に「道徳的な行為の動機づけ」に関して、ヒュームは人間の心理に関する標準的な図式、すなわち「信念―欲求モデル（belief-desire model）」と呼ばれるものの原型を提出した哲学者として引き合いに出されるのである。そしてこの「信念―欲求モデル」を受け入れるのなら、人間の心理状態は信念と欲求の二つに大別され、そのうち、行為者を動機づける役割を担うのは欲求であり、知識や信念のみでは行為者は動機づけられないということになる(3)。

実際ヒュームは、知識と信念を「理性」の扱う対象とし、欲求をはじめさまざまな感情を「情念」の領域に分類した上で、「理性単独では、行為を生み出したり妨げたりすることができない」（T3.1.1.5：SBN457）と主張する。理性には、行為や意志の働きを生み出したり、それを妨げたりする能力がないと結論する際のヒュームの次の文言は、あまりに有名である。

理性は情念の奴隷であり、ただ奴隷であるべきである。つまり理性が、情念に付き従う以外の役目を申し立てることはできないのだ。(T2.3.4：SBN414)

動機づけという点に関する理性の無能力を指摘するだけでなく、ヒュームはさらに、理性によっては情念を正当化することも非難することもできないことを結論する際に、これまた有名に過ぎる次の例を用いて説明している。

自分の指を引っ掻いて傷をつくることよりも全世界の破滅を選ぶからといって、それは理性に反していない。とあるインド人が、つまり私の全く知らない人が、僅かでも不愉快になることを防ぐために、私が自分の身を完全に滅ぼすことを選ぶとしても、それは理性に反していない。同様に、自分でもその少なさを十分に分かっている善の方を、それより大きな善を捨てて選び、後者よりも前者の方に、より熱烈な愛情を抱くとしても、それは理性にほとんど反していない。(T2.3.6：SBN415)

以上から、理性が扱う対象である知識や信念の中に、道徳的なものも含めるとするならば、ヒュームが「道徳に関する知識や信念は、欲求を伴わない限り行為者を動機づけない」と考えていると解釈してよいと考えられる。そうすると、「信念―欲求モデル」を受け入れた上で動機づけに関するメタ倫理学的な問いに答える場合、ヒュームは「動機外在主義」を採っていると解釈するのが自然であるように見える。

ところが、ヒューム研究に立ち返ってみると「ヒュームは動機内在主義を唱道している」と解釈されることがある[4]。そのような解釈は、「道徳は実践的領域に含まれる」とするヒュームの主張を論拠としている。ヒュームは『人間本性論』第三巻道徳論の冒頭部分において、理性を基盤とした当時の道徳学説に対する批判を展開する。まず、理性によって道徳は発見されえないことが示された後、道徳とは実践的な領域に属するものであり、行為を生み出すものだと述べられる。しかし、理性は行為の動機づけに関してまったく無能力であり、理性単独で行為を引き起こすことはありえない。それゆえ、「道徳は、理性ではなく感情に基づいている」、そうヒュームは結論する（T3.1.1.4–6：SBN456–457）。

ところで、ヒュームにおいては、「道徳的評価を下すこと」は「道徳感情を抱くこと」に他ならない（T3.1.2.1：SBN470）。それゆえ、ヒュームに「動機内在主義」を帰す論者は、「道徳とは情念を引き起こし、行為を生み出したり妨げたりする」（T3.1.1.5：SBN457）というテクストを「道徳的評価を下しているとき、すなわち道徳感情を抱いているとき、行為者は必然的に動機づけられている」と読むのである。かくして「信念—欲求モデル」を受け入れても、「欲求」の側に分類される「道徳感情」が行為者を動機づけるという意味で「ヒュームは動機内在主義を採る」、あるいは「動機内在主義を提唱している」と解釈されることになる。

このように、ひとくちに「内在主義」「外在主義」といっても、メタ倫理学とヒューム研究とでは、それぞれの言葉で意味されている内容に違いを看て取ることができる。つまり、メタ倫理学では「道徳的な知識や信念が動機づけるかどうか」あるいは「道徳判断が動機づけるかどうか」で「内」「外」が区別され、ヒューム研究では「道徳感情そのものに動機づけの力があるかどうか」で「内」「外」が区別されている。この違いをおさえずに議論を進めることは、徒に読者を混乱させるだけである[5]。

そこでこれからの考察では、「内在主義」「外在主義」の意味を、ヒューム研究におけるものに限定することとする。すなわち、「内在主義」を「道徳感情を抱くとき行為者は必然的に動機づけられている」ということを意味し、「外在主義」を「道徳感情を抱いていても行為者が動機づけられるかどうかは偶然的だ」ということを意味するものとして用いることにする。（なお、メタ倫理学における「ヒューム主義」的な動機づけの議論については、次の「補章　「欲求」の捉え方——「ヒューム主義」に関する一考察」で取り扱う。）

二　道徳感情の正体？——伝統的な二つの解釈

以上の考察から、ヒューム研究における動機づけの「内在主義」「外在主義」について論じるにあたって、何よりも先に解明されるべきは「道徳感情」の正体だということが分かるだろう。ヒュームにおいて「道徳的評価を下すこと」とは「道徳感情を抱くこと」に他ならず、道徳感情それ自体の分析が適切に行なわれれば、おのずと「内在主義」「外在主義」論争にも決着がつくように思われるからである。

ところで、これまでのところ道徳感情は、『人間本性論』第三巻道徳論に先立って用意されている、感情や情念一般について論じた第二巻情念論との関連で考察されることが多かった。そして、道徳感情を情念論との関係で理解しようとする先行研究の解釈は、次のように大きく二つに分けることができる。

まず、古くはポール・アーダル［一九六六］が、道徳感情を、情念論で言われる「間接情念（indirect passion）」の一種と解釈した。間接情念の代表としてヒュームは、「誇り（pride）」と「卑下（humility）」、そして「愛（love）」と「憎しみ（hatred）」の四つを挙げており（T2.1.1.4 : SBN276）、前二者が「自己（self）」を対象とし（T2.1.2.2 : SBN277）、後二者が「他者（other person）」を対象とする情念だと説明される（T2.2.1.2 : SBN367）。さらに「誇り」と「愛」は、それ自体「快を伴う感覚（pleasant/agreeable sensation）」であり、「卑下」と「憎しみ」は、それ自体「苦を伴う感覚（painful/uneasy sensation）」であるとされる（T2.1.5.4 : SBN286, T2.1.6 : SBN331）。

以上の説明のうち特に、間接情念それ自体が「快苦の感覚」であるという点は、後に示す筆者の解釈にとって重要となるので、どうか頭の片隅に置いておいていただきたい。

ところでヒュームは、『人間本性論』第三巻道徳論の第三部において、「道徳（morals）の起源」を「心的性質によって引き起こされる愛や憎しみの起源」と言い換えている（T3.3.1.6 : SBN575）。それだけでなく、何より道徳感情である「是認（approbation）」と「否認（disapprobation）」を、「とてもかすかでほとんど知覚できない（imperceptible）愛や憎しみである」（T3.3.5.1 : SBN614）と述べている。「愛」と「憎しみ」とは、間接情念の具体的な呼び名であることから、道徳感情は間接情念の一種であると解釈できるわけである。[6] かくして、この解釈はヒューム研究において、標準的なものとなりつつあった。[7]

しかし近年、このアーダル解釈に疑義が呈されるようになる。先ほども見た通り、ヒュームは「道徳とは実践的領域に含まれるものであり、われわれの情念や行為に影響を及ぼすものだ」と述べている（T3.1.1.5 : SBN457）。先行研究においてこの記述は、「道徳感情を抱くとき、行為者は必然的に動機づけられている」ということを示したものと解釈されるのである。[8] ところで、間接情念そのものには、行為を引き起こす力が備わっていない（T2.2.6.3 : SBN367）。それゆえ、道徳感情を間接情念と解釈すると、道徳感情を抱いても行為者は動機づけられないことになり、つじつまが合わないことになる。

そこで、ヒュームの主張である「道徳の実践性」を重視したエリザベス・ラドクリフは、それ自体で動機づけの力を持つ「直接情念（direct passion）」こそが道徳感情であると主張する。[9] 従来の解釈に抗って、ラドクリフがこのような解釈を提出した背景には、お分かりの通り、メタ倫理学的なアイディアがある。つまり、「道徳感情と動機づけ」の関係を検討するにあたり、ラドクリフは、メタ倫理学における動機づけの「内在主義」「外在主義」の区別を踏まえているのである。

ところで、ラドクリフのようにメタ倫理学を古典研究に導入する試みはどの程度有用なのだろうか。もちろんメタ倫理学は現代のものであるから、ヒュームのような古典に当てはめることがそもそもの間違いだと言われるかもしれない。また、管見の限りメタ倫理学の諸概念は論者によって意味が微妙に異なり、安易に導入すると議論を混乱させる恐れもある。[10] それでも、ラドクリフのような試みはヒューム研究においてそれまで当然視されてきた解釈に一石を投じたのであり、道徳感情と動機づけとの関係を再考させるきっかけをもたらした。[11] このことは、メタ倫理学が古典を研究する上で有用な手段となりうることの一つの証左と言えるのではないだろうか。筆者は、古典研究にメタ倫理学的な知見を導入する試みをある程度評価しつつ、以下からは道徳感情の正体について、より掘り下げた考察をした上で、道徳感情と動機づけとの関係について整合的な理解を与えることを試みる。

三　義務感による行為の動機づけ

まずはヒュームが描く「行為の動機づけの場面」について確認しておこう。〈道徳感情を抱くこと〉から〈道徳的な行為の動機づけ〉が導かれるプロセスを考察するにあたり、本書は、ある人物が「義務感（sense of duty）」を抱くことで行為へと動機づけられる場面（T3.2.1.8 : SBN479）に焦点を当てる。義務感は、ヒュームによって「道徳性の感覚（sense of morality）」（T3.2.1.8 : SBN479）や「正と不正の感情（sentiment of right and wrong）」（T3.2.2.23 : SBN498）と言い換えられているので、道徳感情の一種と考えて差し支えなかろう。では、なぜ本書は「義務感［＝道徳感情］による行為の動機づけ」の場面に考察を限定するのか。その理由は、ヒュームにおいて〈道徳感情を抱くこと〉から〈道徳的な行為の動機づけ〉が導かれる事態が描かれるのは、この場面しかないからである。

ところで、この「義務感による行為の動機づけ」は、ヒューム自身が設定した道徳の区分、すなわち「自然的徳」と「人為的徳」の両方に当てはまるものとして描かれている。とはいえ、義務感による行為の動機づけが、自然的徳にも当てはまるということについては違和感を覚える人がいるかもしれない。なぜなら自然的徳においては、有徳な行為が生み出されるにあたって行為者がわざわざ道徳的評価を下す必要はなく、人間に生来的に備わる感情・動機[12]によって、それこそ「自然に」有徳な行為を遂行するからである。

しかしながら自然的徳においても、道徳的評価を下すことによって行為が引き起こされる場合がある。それこそが義務感による動機づけの場面である。

何らかの有徳な動機や原理が人間本性のうちに普通に見られる場合、その原理が自分の心に欠けていると感じる人は、そのために自分自身を憎み、その動機を持たずとも、ある種の義務感から、その行為を遂行し、実践によってその有徳な原理を獲得するか、少なくとも、その原理が自分に欠けていることを、できる限り自分自身に対して隠そうとすることがある。（T3.2.1.8：SBN479）

たとえば、親には自分の子どもに対する自然的愛情が備わっているものであり、親がその愛情によって自分の子どもの育児を行なうことは、普通に見られることである。こうした状況の下で、ある親が自分の子供の育児を放棄している場合、その親は非難されることになる。なぜなら育児放棄が、その親の自然的愛情の欠如を示しており、それは義務違反だからである（T3.2.1.5：SBN478）。この非難を受けて、育児を放棄していたその親が、自分の心にそういった愛情が欠如していることを感じたのなら、その親は義務感から行為を遂行するのである。

この「義務感」による動機づけのメカニズムは、人為的徳にも当てはまる。ヒュームによると、自然的徳とは異なり、有徳な行為を遂行する動機がもともと備わっておらず、人為的な工夫を導入しない限り遂行されないものが「人為的徳」である。この人為的徳の典型として、ヒュームは正義をあげており（T3.2.1.1：SBN477）、正義の場面で行為者を動機づけるものは「正義についての顧慮（regard to justice）」しかないと述べる（T3.2.1.17：SBN483）。一見すると、「正義についての顧慮」ということでヒュームが何を意味しているかが分かりにくい。だが、他の箇所でヒュームは「責務や義務の感覚（sense of obligation and duty）」こそが正義の場面で行為者を動機づけると語っている（T3.2.1.9：SBN479）ことに鑑みれば[13]、正義の場面で行為者を動機づけるものは義務感であると理解しても問題はないものと考えられる。

それでは、行為者が義務感によって動機づけられるとき、その行為者の心のうちでは、どのような事態が起こっているのだろうか。以下では先行研究の解釈を批判的に検討しながら、考察を進めていくことにしよう。

四　道徳感情と行為の動機づけ

ここからは、情念論との関係で道徳感情の正体について論じた先行研究の解釈を検討する[14]。その際、「内在主義」「外在主義」という区別に注意しながら考察を進める。具体的には、［1］ヒュームを内在主義として解釈し、道徳感情を間接情念だと主張する説［アーダルを代表とする］[15]、および［2］ヒュームを内在主義として解釈し、道徳感情を直接情念と主張する説［ラドクリフを代表とする］をそれぞれ批判的に検討した後、節をまたいでヒュームを外在主義として解釈する筆者の議論を提示する。

すでに触れたように、ヒュームは情念を大きく二つに区分している。一つ目は直接情念である。これは快苦の感覚から即座に、直接的に生じるものであり、「欲求」、「嫌悪」、「悲しみ（grief）」、「喜び（joy）」、「希望」、「恐れ」などが挙げられる。たとえば、熱湯に触れたとき、われわれは即座に手を引っ込める。このとき働いているのが直接情念である（T2.1.1.4：SBN276–277）。二つ目は間接情念である。間接情念は「誇り」、「卑下」、「愛」、「憎しみ」の四種類にまとめられ、快苦の感覚から生じる点は直接情念と同じだが、快苦の感覚が「自己」や「他の人物」という要素と結びついている点が直接情念とは異なっている（Ibid.）。以上を踏まえて、先行研究を検討していくことにしよう。

（1）「内在主義—間接情念」説

まず、ヒュームを内在主義的に解釈し、道徳感情を間接情念の一種と考える解釈を検討する。ヒュームの道徳論を考察するにあたり、情念論の分析を入念に行なった上で、その知見を道徳論に導入した研究者として有名なアーダル［一九六六］は、道徳感情を「穏やかな間接情念」として解釈する。この解釈が、テクスト上の表記（T3.3.5.1：SBN614）を根拠の一つとしていることはすでに見た通りである。それゆえここでは、その他の二つの根拠について確認しておこう。

ヒュームによれば、［a］道徳感情とは特定の快苦であり、これは主として人物の性格を熟慮することによって生じる（T3.1.2.4：SBN472）。さらに、前章で得られた知見を踏まえるなら、複数の人たちの間で一致するような道徳感情を抱くために、評価者は［b］性格の熟慮を、自身の利害を考慮から外した「一般的観点」に立っておこなわねばならない（Cf. T3.3.1.15：SBN581–582）。

以上の二つの根拠、すなわち［a］と［b］は、道徳感情が「穏やかな間接情念」であることと次のように符合する。まず［a］間接情念とは、先にも触れた通り、人物や人格と結びついてはじめて生じる、快苦の感覚を伴う情念である。これに対し、徳と悪徳とは、人格や性格に帰される性質のことであり、さらに徳と悪徳は、観察者がその性質を持つ人物を観察すると、快苦の感覚を抱かせるものでもある。「人格や性格と結びつくこと」および「快苦の感覚を伴うこと」は、間接情念が生み出される条件と合致しているので（T2.1.7.2 : SBN295, T3.1.2.5 : SBN473）、道徳感情を間接情念と解するための論拠の一つとなる。[16]

ところが、道徳感情を間接情念と解したとき、次の二つの問題が生じる。一つ目は間接情念がヒュームによって「激しい（violent）」情念に分類されている点である（T2.1.1.3 : SBN276）。[17] 情念論におけるヒューム自身のこの分類とは裏腹に、道徳論においてヒュームは、道徳感情が「一般にとても穏やかでもの静か（soft and gentle）なものである」（T3.1.2.1 : SBN470）と述べている。それゆえ、情念の激しさという点が、間接情念を道徳感情として解釈することを困難にさせると思われるかもしれない。

しかしながらこの問題は、［b］「性格の熟慮は一般的観点に立ってなされる」という条件によって解決される。すでに見た通り、道徳感情は主として、共感を介して獲得されるものである（T3.3.6.1 : SBN618）。だが、道徳感情が共感によって獲得されるとするなら、抱かれる感情は観念連合原理の影響を受けて変動してしまう。道徳というものが時と場合に応じて変動するというのはおかしな事態である。そこでヒュームは、「道徳を共感に基礎づけることが誤りである」とする［自身で想定した］反論に応じるために、共感に一般的観点という解決策を導入したのであった（T3.1.1.14-18 : SBN580-584）。本書の第三章第五節第四項にて確認した通り、一般的観点とは、社交や会話を繰り返すことで獲得されていく観点であり、この観点に立てば、すべての観察者が同じ判断をくだせるようになる（T3.3.1.30 : SBN591, T3.3.3.2 : SBN603）。そして、本章での議論において特に注目したいのは、一般的観点が「社交や会話」において定められていくという点である。

前章の第五節第四項で見たように、道徳的評価の基準の獲得を目指して一般的観点を探索する過程で、社交や会話においてわれわれ人間は「反省」を繰り返し行なうことになる。ここで、本書第二章第六節において指摘したこと、すなわち反省の遂行それ自体には、知覚がもつ勢いと活気とを弱める働きがあるということを思い出そう。そうすると、次のように解釈することが可能となる。すなわち、われわれ人間は社交や会話の場において、他者と感情を交流させることになるわけだが、その過程では反省が繰り返されるのであるから、共感を介して獲得されるところの当初は激しかった感情が、次第に穏やかなものとなっていく、このように考えることができるのである。

かくして、間接情念はヒュームによって、一般的に「激しい」情念に分類されるものではある。しかしながら、一般的観点が定められていく過程で、社交や会話において繰り返し反省がなされることを通じて、獲得される情念が穏やかなものになっていくと考えれば、道徳感情を「穏やかな間接情念」として解釈する道が開けてくるのである。この解決の道筋は、ヒューム自身が間接情念を激しい情念に分類したすぐ直後に、「この分類が厳密なものではまったくない」とし、激しい情念が穏やかなものに、そしてその逆もまたしばしば起こりうると留保をつけている（T2.1.1.3：SBN276）ことからも、妥当なものと考えられる。

しかしながら、道徳感情を間接情念と解釈する場合、われわれは二つ目の問題に、すなわち、間接情念それ自体には動機づけの力がない（T2.2.6.3：SBN367）という問題に突き当たる。道徳感情それ自体に動機づけの力がないとすると、ヒュームに「内在主義」を帰すことは不整合となる。そこで、内在主義を維持しつつ道徳感情を間接情念として捉える解釈は、間接情念に動機づけの力を接続する次のような解決策を与える。間接情念の中でも、愛と憎しみには、「善意（benevolence）」と「怒り（anger）」という「動機づけの力を持つ直接情念」が常に伴っている（T2.2.6.3：SBN367）。善意とは、「愛する人物の幸福を望む欲求」、ないし「その人の不幸に対する嫌悪」であり、怒りとは、「憎む人物の不幸を望む欲求」、ないし「その人の幸福に対する嫌悪」である

（T2.2.9.3：SBN382）。愛と憎しみは、善意と怒りという直接情念を常に伴い、これら直接情念が行為者を動機づけると考えることができる。かくして、動機づけに関する不整合は解消される。以上が、「内在主義―間接情念」説の概要である。

（2）「内在主義―直接情念」説

なるほど「内在主義―間接情念」説は、テクスト上の根拠も十分と思われ、また議論も整合的に見えるので、「内在主義―間接情念」説はもはや決定的なものであると思われることだろう。ところが、メタ倫理学的な知見を積極的に用いてヒュームの道徳論を読み解こうとするエリザベス・ラドクリフは、この「内在主義―間接情念」説に対して次のような批判を展開する。すなわち、愛や憎しみに随伴する善意や怒りによって行為者が動機づけられると解釈することは確かに可能である。ところで、「内在主義―間接情念」説が主張するところの動機とは「他者の幸福や不幸を目指す欲求」である。だが、「他者」に向けられる欲求によって、われわれはどのようにして「自分」の有徳な行為へと動機づけられたり、「自分」の悪徳な行為を差し控えたりするのだろうか[18]。このように批判した上でラドクリフは、本書も注目している「義務感による行為の動機づけ」が描かれた箇所に焦点を当てて、道徳感情の正体を探求し始める。二度目になるが引用する。

> 何らかの有徳な動機や原理が人間本性のうちに普通に見られる場合、その原理が自分の心に欠けていると感じる人は、そのために自分自身を憎み、その動機を持たずとも、ある種の義務感から、その行為を遂行し、実践によってその有徳な原理を獲得するか、少なくとも、その原理が自分に欠けていることを、できる限り自分自身に対して隠そうとすることがある。（T3.2.1.8：SBN479）

ラドクリフは、右記引用部において傍点で強調した「憎しみ」が、情念の対象が他者ではなく自分に向けられている点でヒュームの定義（T2.2.1.2：SBN329–330）にそぐわないと分析する。その上でラドクリフは、これが間接情念としての「憎しみ」ではなく、より正確に言えば「自己否認、自己非難」の感覚であると解釈する。そして「この自己否認の感覚こそが道徳感情であり、かつそれ自体で動機づける感情である」とし、意志を決定する穏やかな直接情念の中にそれにふさわしい感情を探る。その結果、「善に向かう一般的な欲（appetite）と、悪に対する一般的な嫌悪」（T2.3.3.8：SBN417）こそが道徳感情に他ならない、そのようにラドクリフは結論するのである。[19]

なるほど、「他者に向けられる善意や怒りによって、自分の行為がどのように導かれるのか理解できない」というラドクリフの批判はもっともなものと考えられる。また、直接情念がそれ自体で動機づけの力をもつことは「内在主義」をヒュームに帰すことと整合する。だが、ラドクリフの解釈は、次の点で不十分なものと考えられる。

ラドクリフにおいては、「善に向かう一般的な欲と、悪に対する一般的な嫌悪」という直接情念は、「善」と「悪」に関係することを理由に、道徳感情と解釈されている。[20] しかし、これは不適切な解釈である。ヒュームはさまざまな箇所で「善（good）」「悪（evil）」を「快（pleasure）」「苦（pain）」と置き換え可能なものとして用いている（T2.1.1.4：SBN276, T2.3.1.1：SBN399, T2.3.9.1：SBN438, T2.3.9.7：SBN439）。それゆえに「善」「悪」という表現だけから、ラドクリフの言う直接情念が道徳感情であるとは言い切れない。

そもそも直接情念とは、（1）人間本性にもともと備わっている欲求か、あるいは（2）快苦から直接生じる情念である（T2.1.1.4：SBN276–277）。だが、どちらを意味するにせよ、道徳感情を直接情念と解釈することは、道徳的評価の仕組みと非常に相性が悪い。というのも、本書第三章第五節で見たように、道徳感情とは、ひとの性格を眺めたときに獲得されるものであり、それが「第一の体系」のものであれ、「第二の体系」のものであれ、持続的な観察や反省的な作業を要する「時間をかけてようやく抱くことのできるもの」に他ならない（T3.3.1.3：SBN575, T3.3.1.5：SBN575）。したがって、熱いヤカンに触れただけで即座に発生するような情念を「道徳感情」として解釈することは難しいと考えられるのである。

かくして、間接情念と直接情念のどちらを道徳感情と解釈しようとも、どちらも問題点を抱えてしまうことが指摘できることから、どっちつかずのデッド・エンドへと行き着いてしまうのである。しかしながら、ここで少し頭を冷やして、そもそもの前提に目を向けてみよう。この行き止まりしかない結論へと至ってしまうのは、そもそもヒュームに「内在主義」を帰していたからである。つまり、内在主義を前提したままでは、道徳感情の正体がつかめないままだと考えられるのである。本書は、道徳感情の正体を情念論との関係で把握しようとする限り、ヒュームには「動機外在主義」を帰すべきであると考える[21]。

それでは、ヒュームに「動機外在主義」を帰すのだとしたら、道徳感情の正体は一体何であると解釈できるのか。そしてまたその場合に、道徳的行為の動機づけメカニズムはどのようなものとして描き出すことができるのだろうか。

五　判断の「動機外在主義」解釈

ヒュームに動機外在主義を帰すとき、最大の問題となるのは内在主義を主張しているように読める「道徳は情念を引き起こし、行為を生んだり妨げたりする」（T3.1.1.6：SBN457）というテクストである（以下ではこれをテクストXと呼ぶ）。だが、そもそもテクストXは、ヒュームが「理性主義的道徳説」を批判するための根拠として用いたものである。ヒュームがテクストXを通じて主張する必要があったのは、「理性単独では、行為を引き起こすことができない」ということにすぎず、これを「道徳的評価が、必然的に行為者を動機づける」という内在主義的な主張と捉える必要はない。ヒュームが「理性主義」を退けるためには、「必然的にせよ偶然的にせよ、理性単独では行為者を動機づけえない」ことを示せばよいだけである。もちろん「理性は行為を引き起こす点でまったく無能力である」（T3.1.1.6：SBN457）ことを示した情念論での論証（T2.3.3.1–4：SBN413–415）そのものの妥当性は論争点となるかもしれない。しかし、少なくともテクストXは、ヒュームに内在主義を帰す根拠にはならないと考えられる。

さらに、内在主義的な解釈は、ヒュームの倫理学理論が「徳倫理学の一種」であることが認められる場合には、極めて具合が悪い理解となってしまうように思われる。というのも、内在主義に従えば、道徳感情を獲得するだけで行為者は有徳な振る舞いへと動機づけられることになる。しかし、有徳な性格特性とは涵養に時間がかかるものなのであり[22]、そのために道徳感情が得られれば即座に行為へ至ることができると考えるのは、ヒュームの徳倫理学的側面にそぐわないのである[23]。

以上から、筆者はヒュームに外在主義を帰すべきであると解釈する。これを裏付けるために、道徳感情の正体について再度検討し、道徳感情と動機づけの関係についてさらに掘り下げた考察をおこなうことにしよう。

（1）道徳感情・共感・欲求

筆者は道徳感情の解釈について、アーダルの「道徳感情―間接情念」説を支持する。というのも、すでに見たようにアーダルの解釈はヒュームのテクストと符号しているだけでなく、道徳的評価の仕組みとも相性がよいだけでなく、ヒュームの倫理学理論の徳倫理学的側面と、「直接情念」説以上にうまく整合するからである。

したがって、筆者は道徳感情を、共感を介して獲得される「穏やかな間接情念」と解釈する。

では道徳感情を抱くことは、どのようにして行為の動機づけと繋がるのか。間接情念そのものに動機づけの力がないのに加え、ラドクリフ［一九九六］の批判が妥当なものと考えられるので、「間接情念に常に伴う善意や怒りが行為者を動機づける」という先の案は受け入れられない。そこで筆者は、先ほど暗示していたことだが、間接情念それ自体が快苦の感覚であることに着目する（T2.1.5.4 : SBN286, T2.2.1.6 : SBN331）。ヒューム哲学において、動機づけに深く関わるものは「快苦の感覚」であり、それは道徳においても同じだと述べられている（T3.3.1.1 : SBN574）。人間は快苦を実際に感じるか快苦の見込みを得るとき［以下では一括して「快苦の知覚」と表記］、行為へと突き動かされる（T2.3.3.3 : SBN414）。ただしその場合、行為者を動機づけるのは〈快苦の知覚そのもの〉ではなく、快苦の知覚が引き起こす「快を取り込もうとする欲求」ないし「苦に対する嫌悪」［一括して「欲求」と表記］なのである（T2.3.3.7 : SBN416–417）。これらは直接情念であり、それゆえ道徳において行為者を最終的に動機づけるものは直接情念だと筆者は解釈する。行為者を動機づけるものを直接情念と解釈する点で、本書はラドクリフと軌を一にする。しかしながら筆者は、「快苦の感覚」と「動機づけの直接情念」を同一のものと見なす点でラドクリフは誤っており、それに伴い、当該の直接情念を「道徳感情」と解釈することもできないと考える。ヒュームによれば、「快苦の感覚」とそれが引き起こす「欲求」とは別個のものなのであり、快苦の感覚それ自体が行為者を動機づけることはないからである（T2.2.6.6 : SBN368）[24]。このことは次のテクストによっても裏付けられるだろう。

ある人に不快感を与える何らかの事物が現れるとき、その人に共感することによって私は苦しい（pain）否認の感情を獲得することができる。だからといって、彼の安楽のために、自分自身のいかなる利益も、すすんで犠性にしようとは思わないだろうし、いかなる自分の情念も、すすんで断ち切ろうとは思わないだろう。(T3.3.1.23 : SBN586)

ここで言われている「私」は、苦の感覚をもつ否認の道徳感情を抱いている。それにもかかわらず、「私」は一切動機づけられていない。つまり、苦の感覚を抱いても、それによって「欲求」が引き起こされない場合には行為者が動機づけられることはないのである。したがって、「道徳感情それ自体に備わる快苦の感覚」と「欲求〔直接情念〕」との間のつながりは必然的なものではなく、偶然的なものに過ぎないと結論することができるだろう。

まとめると、本書は道徳感情を、共感を介して獲得される「穏やかな間接情念」と解釈する。間接情念それ自体は快苦の感覚を伴っており、これが欲求〔直接情念〕を引き起こす。それゆえ行為者は道徳感情ではなく、この欲求〔直接情念〕によって動機づけられる。かくして、知識や信念が、それ自体では行為者を動機づけないことはもちろんのこと、道徳感情すら、それ自体では行為者を動機づけないことになる。行為者が動機づけられるためには、必ず欲求が必要となる。以上から本書は、ヒュームに「外在主義」を帰すのが妥当であると結論する。(25)

(2) 行為の動機づけと共感――徳倫理学的な動機づけのメカニズム

ヒュームにおいては、ある人が道徳的評価を下すとしても、その人が必然的に動機づけられるわけではないことが明らかになった。つまり、道徳感情と動機づけとの関係は、あくまで偶然的なものにすぎないのである。ところで、道徳的評価を下して実際に行為に至る場合(T3.2.1.8 : SBN479)もあれば、行為に至らない場合

（T3.3.1.23：SBN586）もある。これらの間には、どのような違いがあるのだろうか。最後にこの点について掘り下げて考察しておくことにしよう。

あらためて「義務感による動機づけ」の場面を思い出そう。義務とされている行為を履行しない人物Aは、義務違反を理由に、まわりの人々によって憎まれ、そして非難を受けることになる。このような状況の中で、Aが共感を介してまわりの人々から受け取る憎しみの情念〔道徳感情〕は、最初のうちは「穏やかな苦を伴う間接情念」である。しかし、この場面で非難されているのはA自身に他ならず、Aは「穏やかな苦を伴う間接情念」を抱いたまま、「自分自身」について熟慮するようになる。ヒュームによれば、共感が働くときに「自分自身との関係」が考慮に入ると、抱かれる知覚に驚くべき変化がもたらされる。

> 共感では、観念から印象への明らかな転換がある。この転換が生じるのは、対象と自分達自身（ourself）との関係からである。（T2.1.11.8：SBN320）

ヒュームは共感が働く際の「観念が印象に変わる条件」として、「自分自身との関係」というものを挙げている。これが加わると、観念が印象にまで転換する、すなわち想い抱かれている知覚の活気が強まるのである。そうすると、われわれが道徳的評価を下す場合も、「自分自身との関係」が考慮に加わることで、われわれが抱く感情の活気がより強まると解釈できる。

もちろん、いくら活気が強まろうとも、道徳感情それ自体が直接的に行為を引き起こすことはない。大切なのは、道徳感情の活気が強まると、その苦の感覚も、一層強烈なものになるという点である。この強烈な苦の感覚を抱き続けることに耐えきれなくなったとき、行為者は苦を回避しようと「嫌悪〔直接情念〕」によって動機づけられる形で義務的行為を遂行する、このように理解することができるだろう。

なるほど、「自分自身との関係」が考慮に加わると、本章第四節第一項の［b］で見た「一般的観点」の議論と齟齬を来すではないか、と反論されるかもしれない。というのも、一般的観点を採用する人は、その観点に立つことによって自分の利害を度外視することになる（T3.3.1.17：SBN582）、言い換えると「自分自身との関係」を考慮から外すことになるわけだが、ここで再び「自分自身との関係」が考慮に加わることで、せっかく一般的観点を採用したプロセスが台無しになってしまうのではないかと思われるからである。

この反論に対しては次のように応じることができるだろう。この場面でAが抱く「憎しみ」はもともと、Aのまわりにいる人々［＝身近な人々］が抱いていたものである。当該の道徳的評価を下す際、そのまわりの人々はすでに「一般的観点」を採用していると言える。したがって、その後になってまわりの人々から当該のAが共感によって獲得する道徳感情は、仮に「自分自身との関係」が考慮に入ることで活気が強まっても、「道徳感情」であることに変わりはないと考えられるのである。以上から、本書の解釈は、「一般的観点において評価者自身の利害が考慮から外される」（T3.1.2.4：SBN472, T3.3.3.2：SBN602）という本章第四節第一項での議論に抵触しないと考えられる。

さらに、本書が主張する「活気の強まった間接情念」は、「激しい間接情念」と同じもののように思われ、そのために道徳感情の特徴とされる「穏やかさ」という条件に抵触するのではないか、と反論されるかもしれない。だが、通常は穏やかな美的感覚が、ときに激しいものに転じることがあるように（T2.1.1.3：SBN276）、一般には「穏やか」な道徳感情が「激しい」ものに転じるとしても、それが「道徳感情」であることには変わりがない、つまり「活気の強まった道徳感情」というものがありうると考えられる。

さて、以上のように解釈できるものの、非難された人が実際に義務的な行為を遂行するかどうかは、まわりの人々からの非難を自分に向けられたものとしてきちんと受け止めるか否かによるところがあり、それはまさに、当人の性格次第と言える。自身がしたことに対する周囲からの非難を、自分のものとしてきちんと受け止める性格［ひとことで言うならそれは「責任感」という徳であろう］を、あるいは非難と密接に関係している「名誉の感情」を抱く気質を、幼少の頃から涵養していくことがわれわれ人間にとって重要だとするヒュームの議論（T3.2.2.26：SBN500–501）は、まさに徳倫理学的な動機づけの仕組みについて語っているものとして理解することができるだろう。

*

ヒューム研究においてはこれまで、ヒュームが動機内在主義を主張していると解釈されることがあった。しかし、一見すると内在主義的に解釈することができそうな「道徳は情念を引き起こし、行為を生んだり妨げたりする」（T3.1.1.6：SBN457）というテクストは、「内在主義」を標榜しているものと読む必要がなく、むしろヒュームには「外在主義」を帰さなければ、情念論との関係で道徳感情の正体を整合的に解明することができない。本書では、道徳感情を「間接情念」と理解しつつも、それとは別に、動機づけの役割は「直接情念」が担うと解釈した。「間接情念」それ自体に動機づけの力はないわけだが、「間接情念」が「快苦の感覚」であることに着目すると、その快苦によって引き起こされる「直接情念［「欲求」と「嫌悪」］」によって行為者が動機づけられることになると解釈できるからである。これこそ、ヒュームのテクストに沿った整合的な解釈と考えられる。

さらに本書は、共感の際に「自分自身との関係」を考慮に入れるという点が、道徳感情と動機づけを架橋する際のもう一つの鍵となるという解釈を提出した。道徳的評価の対象が他者なのか自分自身なのかに応じて、さらに言えば、まわりの人々からの非難を自分に向けられたものとしてきちんと受け止めるか否かに応じて、行為者が動機づけられるかどうかが決まる。言い換えると、道徳感情を抱いて実際に行為に至る場合と至らない場合との違いは、道徳感情の活気の強さに求められるのである[26]。このように、「外在主義」として行為の動機づけの仕組みを読み解くことは、間接的に、ヒュームの倫理学理論が「徳倫理学の一種」であることを浮き彫りにするものでもあると思われる。

ところで、このような結論に至った背景には、ヒュームにメタ倫理学的な知見を導入した先行研究の存在があった。ラドクリフらによって、ヒューム研究ではこれまで疑問視されなかった点に一石が投じられ、これによって道徳感情に関する従来の議論が実は十分に検討されたものではなかったことが浮き彫りとなる。これは、メタ倫理学が古典研究に役立ちうるものであることを示す一つの証左と思われる。確かに、メタ倫理学はその特徴として議論を単純化、形式化しすぎる傾向を持ち、安易にメタ倫理学の概念や手法を導入することは議論を徒に混乱させることに繋がりかねない。だが、メタ倫理学の概念や手法を適切に用いることができるのならば、古典研究のみでは見落とされがちな点に光を投げかけることができると思われる。本章は、ヒュームの倫理学理論の考察を通じて、古典研究に対してメタ倫理学がもつ有用性の一端を確認しようとするものでもあった。

註

（1） 厳密に表記するならば「判断の動機内在主義」および「判断の動機外在主義」となるであろう。

（2） 伊勢田［二〇一二］三五―三六頁。

（3） Cf. Smith［1994］pp. 7–8 : Miller［2003］p. 7, etc.

（4）たとえば、久米［二〇〇六］一頁を見よ。

（5）たとえばPersson［1997］は、「信念から欲求（情念）を経て動機づけへと一連のつながりがある」という意味で「内在主義」を用いているが、それがメタ倫理学における「内／外在」なのか、ヒューム研究における「内／外在」なのか判別がつかない。

（6）Árdal［1966］pp. 109–123.

（7）たとえば神野慧一郎も、アーダル解釈を採用している（神野［一九九六］第三章第二節）。

（8）たとえば、Radcliffe［1996, 2006］；久米［二〇〇六］などを参照。

（9）Radcliffe［1996］p. 397.

（10）Korsgaard［1996］；Smith［1994］；Miller［2003］；田村［二〇〇四］；Botros［2006］などを参照。

（11）たとえば、道徳的な行為の動機づけに関してヒュームを内在主義的に解釈する代表的な研究として以下がある。Mackie［1980］；Darwall［1983］；Coleman［1992］；Radcliffe［1996, 2006］；Persson［1997］；Baillie［2000］；久米［二〇〇六］。他方、外在主義的に解釈する代表的な研究として以下がある。Brown［1988］；Baier［1991］；Darwall［1995］（ダーウォルは一九八三年の著書から解釈を変えている）；Schauber［1999］；Kalt［2005］；Botros［2006］.

（12）自然的徳とは、程度の差はあれ、ほとんどの人間に生来的に備わっている心の特質である。具体的には、親の子に対する愛情、困窮者に対する善意や人間性などである（T3.3.1.12–13；SBN579–580）。

（13）『道徳・政治・文芸論集』では、「人為的徳は、もっぱら義務感によって引き起こされる」と明確に述べられている（EMPL pp. 479–480）。

（14）道徳感情の正体は、ヒューム研究の黎明期から二一世紀に入った現在に至るまで、重ねて論じられてきた問題である。たとえばÁrdal［1966］pp. 11, 109–23；Brown［1988］pp. 69–87；Darwall［1995］p. 289；Baillie［2000］pp. 139–142らは、道徳感情を間接情念と解釈する。これに対し、Kemp Smith［1941］pp. 167–168；Hearn［1973］pp. 288–292；Radcliffe［1996, 2006］らは、道徳感情が直接情念であると主張する。

（15）正確に言うと、アーダルはメタ倫理学的な知見を踏まえているわけではない。メタ倫理学的な知見の本格的な導入はブラウン［一九八八］を嚆矢とし、ラドクリフ［一九九六］によって大きく展開された。

(16) たとえば、伊勢［二〇〇五］二〇九―二一二頁を参照。

(17) 情念が激しいものとなる原因として、ヒュームは「対象（特に善悪）のわれわれに対する位置」を指摘する。「同じ善は、近くにある時は激しい情念の原因となり、遠く離れているときは穏やかな情念のみを生み出す。」そして対象の位置を変えることで「穏やかな情念と激しい情念を相互に転換させることができる」と言われる（T2.3.4.1：SBN418）。

(18) Radcliffe［1996］p. 403.

(19) Radcliffe［1996］pp. 396–397.

(20) Radcliffe［1996］pp. 397–398.

(21) 繰り返しになるが、「動機外在主義」というときに意味しているものは、メタ倫理学の「信念-欲求モデル」におけるそれではなく、あくまでヒューム研究におけるそれであることに注意されたい。つまり、「外在主義」を「道徳感情を抱いていても行為者が動機づけられるかどうかは偶然的だ」ということを意味するものとして理解されたい。

(22) Cf. Hursthouse［1999］pp. 59–62.

(23) Cf. Kalt［2005］p. 157.

(24) これに関する詳しい説明は Kalt［2005］p. 148を参照。

(25) ヒュームに「外在主義」を帰す論考は他にも複数存在する（Brown［1988］, Baier［1991］, Darwall［1995］, Schauber［1999］, Kalt［2005］, Botros［2006］）。それらと本書の解釈との違いを簡潔に述べておくなら次のようになる。まず、ブラウン［一九八八］は、道徳感情を間接情念と考えるが、動機を「幸福への欲求」と解釈する。だがカルト［二〇〇五］の批判にあるように、「幸福への欲求」といった漠然としたものがヒュームの情念論の枠組みの中にはないため、この解釈を受け入れることはできない。次に、バイアー［一九九一］は道徳感情を間接情念とは解釈せず、また動機を自然的な感情だとしているが、これが直接情念を指しているのかその他のものを指しているのかは不明である。ダーウォル［一九九五］は動機を「規則的責務の感覚」とする。だが、テートが指摘するように、これはヒュームにない要素であり受け入れがたい（Tate［2005］pp. 114–117）。シャウバー［一九九九］は、ひたすら内在主義的解釈を退けることに徹しており、積極的な解釈を提示していない。カルト［二〇〇五］は、動機を欲求とする点で本書と同じだが、道徳感情を「自己否認の感覚」とするだけで、「間接情念」「直接情念」という形で解釈しない点で不十分である。最後に、ボトロス［二〇〇六］は道徳感情を間接情念とし、動機を快苦に関わる欲求としている点で本書の解釈に最も近い。ただし、本書が次の第四章第五節第二項でおこなうような、外在主義的な動機づけの仕組みに関する掘り下げた考察がなく、その点が本書との最も大きな違いと言える。

(26) アーダルの「道徳感情─間接情念」説を、仮に「外在主義」として理解するとしても、本書のように、道徳感情の活気の強さに応じた行為の動機づけの成否は説明できない。その意味で、本書の解釈の方がアーダル流「道徳感情─間接情念」説よりも優位であると言える。

補章　「欲求」の捉え方――「ヒューム主義」に関する一考察

前章では、メタ倫理学での議論や枠組みは、ヒューム研究を行なうにあたり、いかなる功罪を持つのかという観点から考察を展開した。その結果、ヒュームのような古典研究に対してメタ倫理学は、一定程度の有用性を持つことが確認された。これとは逆に本章では、ヒューム研究の観点から、メタ倫理学上の議論に対して、何か指摘できる点があるかどうかを検討してみることにしたい。

先述したように、メタ倫理学における人間の心理に関する標準的な理解、すなわち「信念―欲求モデル（belief-desire model）」は、マイケル・スミスの『道徳の中心問題』（*Moral Problem*, 1994）の影響もあってか、そのモデルを採用する論者や研究のことを「ヒューム主義（Humeanism）[1]」と呼ぶことが多い[2]。この「ヒューム主義的な」という名を冠する「信念―欲求モデル」に共通しているのは、次の二点である。

第一に、信念と欲求とは別種の存在だとする点で共通する[3]。第二に、信念には、それ自体に動機づけの力がない、欲求の助けなくして行為を動機づけることはできないとする点で共通する。

他方、そのモデルの内実、特に［A］欲求の内実、および［B］信念と欲求との間の関係性については、論者によって捉え方がまちまちである。具体的には、［A-1］欲求を、命題的内容を持つものとして特徴づける

【表-1】

「信念–欲求モデル」における欲求は、	［B-1］ 認知的状態（信念）によって引き起こされる。	［B-2］ 認知的状態（信念）とは独立・先行して存在する。
［A-1］ 命題的内容を持つ。	M・スミス［1994］	M・バリー［2007、2010］
［A-2］ 快への欲／苦に対する嫌悪。	M・M・カールソン［2006］	N・シンハバブ［2009］

場合と、[4]［A-2］欲求を「快への欲[5]・苦に対する嫌悪」というある種プリミティヴなものとして捉える見解とにわかれる[6]。また、［B-1］信念に欲求を引き起こす影響力を認める立場と［B-2］認めない立場の間でも、対立が認められる。

以上の［A］と［B］それぞれの主張を組み合わせることで、ヒューム主義的な信念―欲求モデルは、大きく次の四パターンに分類することができる（【表-1】を参照）。以下では、考察に値する重要度という観点から、四つの立場すべての主張について考察はせずに、［A］の相違点に焦点を絞ることにする。その際、［A-1］の代表的見解としてマイケル・スミスを、［A-2］の代表的見解としてM・M・カールソンを取り上げる。

一　欲求の命題主義的な捉え方とその問題点

ヒューム主義的信念―欲求モデルでは、大雑把に言って〈〝手段Aによって目標Gが達成される〟という信念〉と〈目標Gへの欲求〉とが、何らかの仕方で結びつくことで行為が動機づけられる、と説明される。

この「信念と欲求との結びつき」に関して、たとえばマイケル・ス

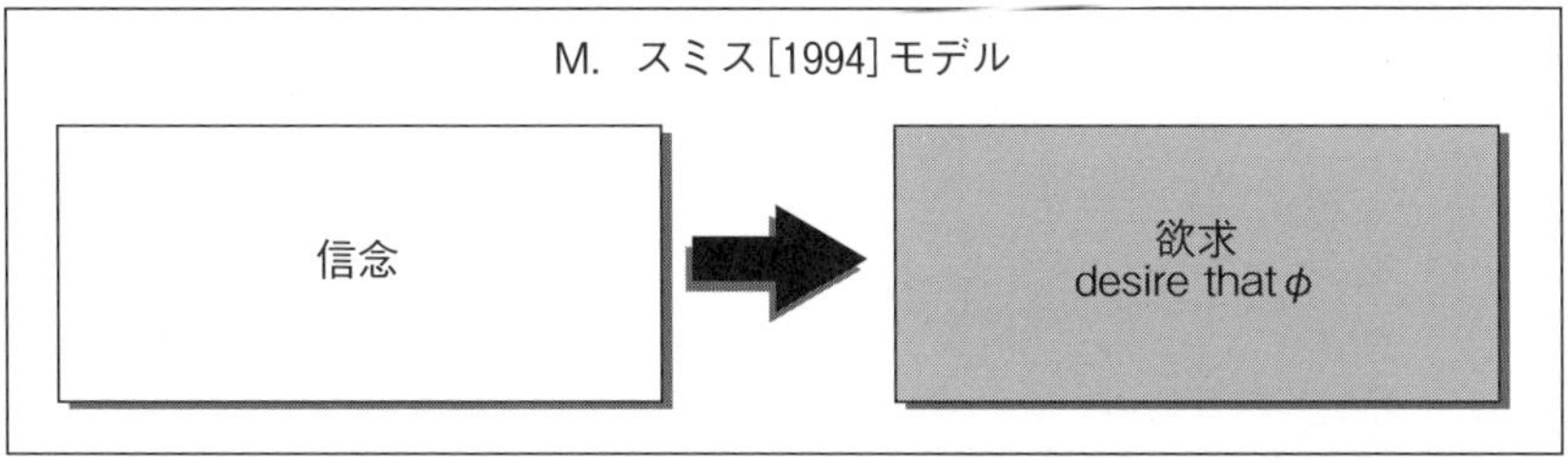

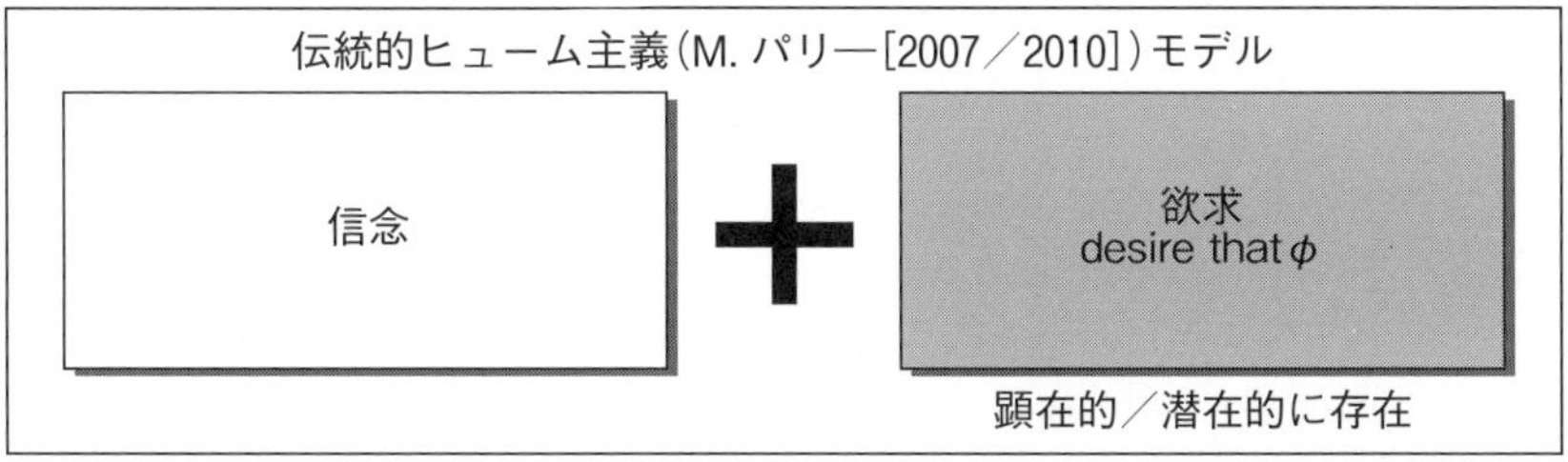

ミスは信念が欲求に及ぼす影響を、すなわち欲求が信念によって引き起こされることを認める一方で、M・バリーは、それを認めない[7]（上図を参照）。

とはいえ、その論争如何にかかわらず、両者の信念—欲求モデルが共有する点、すなわち「欲求の命題主義的な捉え方」は「信念—欲求モデル」を支持／維持する上で深刻な難点を抱えることになる。そこで、以下ではその難点について、マイケル・スミスの議論を検討の俎上にのせながら、確認することにしたい。

(1) マイケル・スミスによるヒューム主義的信念—欲求モデル

マイケル・スミスはまず、ヒューム自身の欲求の捉え方について検討し、これを「強い現象論的な捉え方[8]」と位置づけた上で退ける。その際にマイケル・スミスが挙げる理由は、［1］欲求の本質が現象論的性質を持つことのみに帰されているために、自分の欲求を誤認すると[9]いう事態を説明できないこと、および［2］欲求が命題的内容を持つことを説明できないこと、以上の二つである[10]。

そこでマイケル・スミスは、「ヒューム主義」の大きな枠組み、すなわち「信念―欲求モデル」は維持しつつも、欲求については、それを「一定の条件下で一定の仕方で行為する傾向性（disposition）」として捉えるという見解を打ち出す[11]。このときマイケル・スミスは、上記の［1］欲求の誤認可能性ということ以上に、［2］欲求が命題的内容を持つということの方を、欲求理解にとって、より重要だと主張する。そこで、こうしたマイケル・スミスの欲求理解を、本書では「命題主義的な捉え方」と呼ぶことにする。

ところで、マイケル・スミスにおいて「欲求が命題的内容をもつ」は、「欲求が信念の要素を含む」ということと同義で用いられている[12]。しかし欲求に信念の要素を含ませてしまうと、欲求と信念との違いが不明瞭になるという重大な懸念が生じる。それは、「信念と欲求とが別種のものである」という、ヒューム主義的信念―欲求モデルの根幹を揺るがす懸念である。マイケル・スミスはこの懸念に対し、欲求と信念にはそれぞれに異なる「適合の向き（directions of fit）」があると考えることで、それらの区別を維持し続けることが可能だと主張する。

マイケル・スミスの説明によると、「pでない」という内容を持った知覚が現れた場合、「pである」という信念は存在しなくなる傾向がある。これに対し、「pである」ことへの欲求は、「pでない」という内容を持った知覚が現れたとしても消え去ることはなく、欲求主体をpの実現に向かわせながら存在し続ける傾向がある。これが「適合の向き」の考え方である（次頁の図「「適合の向き」による区別」を参照）。「適合の向き」の違いによって信念と欲求とを見分けることで、上記の懸念は払拭されることになる、そのようにマイケル・スミスは主張する[13]。

「適合の向き」による区別

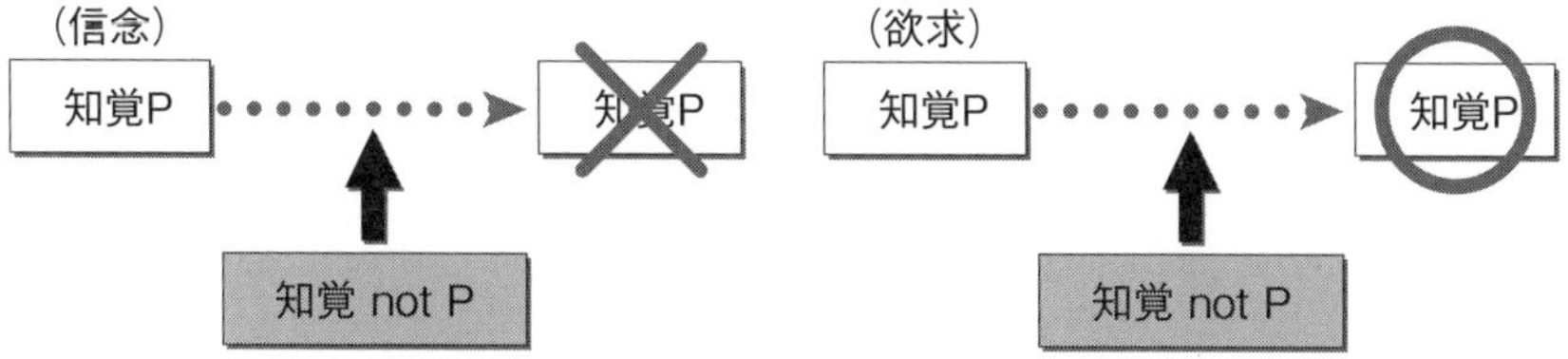

（2）「適合の向き」の難点

命題主義的な欲求の捉え方によって信念との区別がつかなくなるという懸念を、マイケル・スミスは「適合の向き」という考え方によって払拭しようとする。しかし、彼の「適合の向き」についての捉え方は、いくつかの点で、信念と欲求の関係についてうまく説明できていないとされる[14]。まずは、河島一郎による批判について見てみよう。河島の批判は、マイケル・スミスが言う〈「pでない」という内容を持った知覚（以下「¬pの知覚」と表記する）〉ということで、何が意味されているのかに焦点が当てられる。

第一に、「¬pの知覚」が、「信念¬p」を生み出す状態なのであれば、「信念pは信念¬pとは両立しないのに対し、欲求pと信念¬pは両立可能である」というように、信念を持ちだすことで「適合の向き」の違いを説明することが可能になる。ところでこの説明では、信念を分析するために「信念の相互関係」に訴える一方で、欲求を分析するためには「欲求の相互関係」ではなく、欲求とそれ以外のもの（ここでは「信念」）との関係を持ち出している。しかし、信念の場合に信念の本質的特徴を持ち出して説明するのであれば、欲求の場合にも、欲求の持つ本質的特徴に訴えなければならないだろう[15]。それゆえマイケル・スミスの説明は、信念と欲求の「適合の向き」が逆向きであることを適切に説明するようなものとは言えないので失敗しているというのである[16]。

第二に、第一のパターンとは異なり、「¬pの知覚」が「信念¬p」を含意するものではないとする。しかしその場合、信念とは独立に、何らかの知覚が「¬p」という内容をもつと考えることはそもそも困難であるし、その知覚が「¬p」という確定した内容をもたないとしても、それがpという確定した内容をもつ信念と両立不可能な関係に立つということも理解し難い。結局、第二のパターンでは、信念を含意しないにもかかわらず、信念の命題内容に対して可感的であるような内容が知覚に備わっているという不可解なことを認めねばならなくなる。以上の二パターン双方において、「適合の向き」の説明がうまくいっていないことから、河島はマイケル・スミスの説明が失敗していると断じる。[17]

さらに、マイケル・スミスの「適合の向き」の説明に対しては、別の点に着目した批判もある。マイケル・スミスによれば、「pでない」という内容を持った知覚が現れるとしても、「pである」という知覚が存在し続ける傾向を持つのであれば、その知覚は「欲求」と認定されるのであった。[18] しかしソーベルとコップは、知覚「pでない」が現れると存在しなくなってしまう傾向をもつような欲求が存在することも可能であろうと批判する。

たとえば、関西在住のとある人物（以下では「M氏」と呼ぼう）は、自分が某野球チームTの熱烈なファンであると公言しているとする。そして、M氏は野球チームTが試合に勝って欲しいと常日頃から思っている。ところで、M氏がどのチームを応援するかは、チームそれぞれの直近の勝ち負けに応じてコロコロ変わるものとしよう。そうすると、野球チームTが試合に勝たなくなることで、M氏の欲求は、存在しなくなる傾向をもつと言える。[19]

さらに、ソーベルとコップによれば、信念についても「適合の向き」という考え方ではうまく説明ができないという。たとえば、「今日雨は降らない」と私が確信しているとしよう。ところが私は大量の真っ黒な雲が近づいてくるのを見て、雨が降りそうだということに同意するとする。しかし、目の前の現象が、持っていた確信に反していることを私が認めるのだとしても、それでも、私が自分の主張に自信を持ち続けることはありうることである。このとき私が、自分の信じていると考えているものを信じておらず、むしろ単に自分の主張が真であって欲しいと望んでいるに過ぎない、ということにはならないだろう。別の事例を出そう。私は、2＋2＝4であると確信している。そして、この確信を消し去ってしまうような傾向をもつ、新たな認知的状態など存在しない。しかし、"not P"という知覚が存在しないからといって、私が2＋2＝4を信じていない、つまり2＋2＝4という私の信念が「信念」ではないことにはならないだろう[20]。

かくして、信念と欲求双方について、いくつかの点でマイケル・スミスの「適合の向き」の考え方ではうまく説明できないように見える。もしマイケル・スミスが、これらの批判に的確に応じることができないのであるなら、欲求の「命題主義的な捉え方」は、信念と欲求の違いを不明瞭にしてしまうという致命的な難点を抱えこんだまま行き詰まることになるだろう。マイケル・スミスにおいてはこの難点を克服しない限り、「信念と欲求とは別個の存在である」という「信念―欲求モデル」の根幹の一つを維持することは難しくなると考えられるのである[21]。

二　ヒューミッシュモデル――欲求の快楽主義的な捉え方

「適合の向き」という考え方が破綻を来たすことが認められ、信念と欲求とを区別するものとして「適合の向き」以外の説得力ある議論が提示されないのであれば、欲求の命題主義的な捉え方が間違っていると考えざるを得ない。しかしそれでも、信念―欲求モデルを維持し続けようとするのであれば、命題主義的ではない欲求の捉え方なるものを探しださねばならない。そこで筆者は、信念―欲求モデルにおける欲求を「快への欲」

【ヒューミッシュモデル】

信念

Sの判断：〈Oには善（快）がある〉**［善（快）の存在］**

＋

〈Aすると、Oの善（快）を獲得／実現できるだろう〉**［目的―手段関係の把握］**

：
↓

欲求

Sは、Oのうちにある善（快）を獲得／実現したいと欲求する。

↓

Sは、Aすることを欲求する。

：
↓

【行為】

SはAをする。

「苦に対する嫌悪」として捉えるM・M・カールソンの研究に着目する。

　カールソンは、マイケル・スミス流のヒューム主義的信念―欲求モデルや、それに批判的なジョン・マクダウェル、トマス・ネーゲルらの認知主義的動機づけモデルを斥けながら、「ヒューミッシュ（Hume-ish）信念―欲求モデル」こそが、それらよりも一層妥当な行為の説明を提出できると主張する。そして「あるものが快を持ち合わせている」という信念と、「ある仕方で行為することによってこの快が実現されるかもしれない」という信念によって、その快を求めようとする欲求が引き起こされ、この欲求によって行為が動機づけられるという枠組みを提示する[22]（上図「ヒューミッシュモデル」を参照）。

　カールソンは、行為や動機づけのメカニズムについて説明する次のことを重視する。すなわち、〈行為の理由〉と〈行為の動機〉と

郵 便 は が き

料金受取人払郵便

左京局
承認

7279

差出有効期限
平成28年
3月31日まで

606-8790

（受取人）

京都市左京区吉田近衛町69
京都大学吉田南構内

京都大学学術出版会
読者カード係 行

▶ご購入申込書

書　名	定　価	冊　数
		冊
		冊

1．下記書店での受け取りを希望する。

都道　　市区　店
府県　　町　　名

2．直接裏面住所へ届けて下さい。

お支払い方法：郵便振替／代引　　公費書類（　　）通　宛名：

送料　税込ご注文合計額３千円未満：200円／３千円以上６千円未満：300円／６千円以上１万円未満：400円／１万円以上：無料
代引の場合は金額にかかわらず一律200円

京都大学学術出版会
TEL 075-761-6182　学内内線2589 / FAX 075-761-6190または7193
URL http://www.kyoto-up.or.jp/　E-MAIL sales@kyoto-up.or.jp

お手数ですがお買い上げいただいた本のタイトルをお書き下さい。

（書名）

■本書についてのご感想・ご質問、その他ご意見など、ご自由にお書き下さい。

■お名前

（　　歳）

■ご住所

〒

TEL

■ご職業　　■ご勤務先・学校名

■所属学会・研究団体

■E-MAIL

●ご購入の動機

A.店頭で現物をみて　B.新聞・雑誌広告（雑誌名　）

C.メルマガ・ML（　）

D.小会図書目録　E.小会からの新刊案内（DM）

F.書評（　）

G.人にすすめられた　H.テキスト　I.その他

●日常的に参考にされている専門書（含 欧文書）の情報媒体は何ですか。

●ご購入書店名

都道府県　市区町　店名

※ご購読ありがとうございます。このカードは小会の図書およびブックフェア等催事ご案内のお届けのほか、広告・編集上の資料とさせていただきます。お手数ですがご記入の上、切手を貼らずにご投函下さい。

各種案内の受け取りを希望されない方は右に○印をおつけ下さい。　案内不要を明確に区別すること、および〈理由〉と〈動機〉との間の結びつきを妥当な仕方で説明できることとの二つである。カールソンが提示する右の図式では、信念ボックスが〈行為の理由〉を構成し、欲求ボックスが〈行為の動機〉を構成しているとし、さらに、この〈行為の理由〉が、善（快）をブリッジにすることで[23]、〈行為の動機〉を正当化し、さらにはそれによって帰結する行為も正当化するという[24]。

〈マイケル・スミス流の〉ヒューム主義モデルにおける行為の理由の本質は、〈その人が何かを欲求しているということ〉および〈ある行為を通してそれを獲得する方法について分かっていること〉に存している。しかしマクダウェルによると、ヒューム主義モデルは、なぜその行為が、するに値するものなのかについて明らかにしていない点で不十分である。なぜなら、誰かがあるものを単に欲しているということだけでは、それが〈追求に値するもの〉にはならないし、そのためにその欲求にしたがって行為したことが正当だとは評価できないからである[25]。

他方、カールソンによれば、マクダウェルが提出する認知主義的動機づけモデルも、〈行為者の理由〉が、〈その人が善と考えているもの〉とどのように結びつくのかを示し損ねており、結局動機づけのプロセスを説明する上で穴があると指摘される[26]。マクダウェル流に〈Aすることによって自分が目標Gを実現／達成できる〉と誰かが判断・認知［＝信念を持つと］しても、その人が、ふさわしい条件下（たとえば、ある徳を持つ）にいないのならば、〈行為の理由〉としては役に立たないことがある。なるほど、ふさわしい条件下にいる行為者［＝有徳な行為者］にとってその信念は〈Aすること〉を好ましい観点に置き、そのために行為を動機づけるだろう。しかしその同じ信念は、他の有徳でない行為者にとってみれば、有徳な行為者の場合と同じ働きをしないことがある。つまり〈Aすること〉を好ましい観点に置くことがないために、行為Aを動機づけることにはならないのである。かくして、マクダウェル流の行為者の理由（信念）は、それが指示する行為をうまく正当化することができない。その原因は、〈行為者の理由〉と〈善に向かって行為すること〉との間に結びつきがないからである[27]。

これに対し、カールソンの持ち出すヒューミッシュモデルでは、〈行為Aを遂行する行為者の理由〉は〈行為者が何らかの目標Gを善だと判断し、それとともにAすることで自分がGを実現／達成できると判断すること〉である。この信念（理由）は、善（快）の存在、およびその獲得手段を示しているが故に、動機（欲求）を引き起こし、行為を導くことが可能となる［妥当な動機づけのプロセスを提示］。それだけでなく、ヒューミッシュモデルにおいて〈行為者〉は、〈何らかの善を実現するため（ある悪を回避するため）に行為するもの〉なのであり、このことが、〈行為の理由〉によってその行為が正当化されることを意味する。なぜなら、〈その行為Aを好ましい観点に置く〉ことは〈その行為を、快を獲得するための手段として見ている〉ということだが、それは〈その行為を、善を獲得するための手段として見るべき〉ということだからである［行為と動機を正当化するプロセスを提示[28]］。

三　ヒューミッシュモデルの検討

以上のように、「信念―欲求モデル」において欲求は、カールソン流の快楽主義的な捉え方、すなわちヒューミッシュモデルを採用するのが妥当であるように思われる。とはいえ、ヒューミッシュモデルに全く問題がないのだろうか。もしかすると次の点に、疑念がもたれるのではないかと考えられる。すなわち、先ほどの図【ヒューミッシュモデル】の欲求ボックスの中には、少なくとも欲求が二つ登場している。このように、〈快それ自体への欲求〉と〈その快を獲得するための手段への欲求〉との二つを併存させる形で「欲求」とすること、言い換えると「欲求」を、複合的／重層的な構造をもつものとして描くことは、「信念―欲求モデル」における欲求の捉え方として問題になるのではないか、と。

このような疑念はおそらく、「信念―欲求モデル」の「欲求」が、マイケル・スミス流の「ヒューム主義」が示すような〈目標Gへの欲求〉や、プリミティヴな〈快への欲・苦の回避〉という単一のものとして捉えるべきだという前提に依拠することで生じるものと思われる。しかしながら、この前提が正しいということは、何らかの仕方で立証されているわけではなく、そのためにその前提に依拠しなくてはならないということにもならない。むしろ、信念ボックスの中で、［1］快の存在、および［2］それを獲得する手段についての認知が提示されているのだから、欲求ボックスにおいてもその両方に対応するように複数の欲求が要請されることになると言いうると思われる。

あくまで欲求を、〈快への欲・苦の回避〉という単一のプリミティヴなものと捉えることを基盤とするのであるならば、それ自体には快が含まれていない「手段」を欲求するというのは、奇異に聞こえるかもしれない。しかしながら、なるほど、快を得るための「手段」それ自体には快が含まれていないとはいえ、その「手段」は最終的に目指す「快」と、関連性を有してはいる。この「快」との関連性という点で、プリミティヴな意味での欲求の発動が認められるとするならば、「手段を欲求する」という表現が許されてもよいのではないかと筆者は考える。しかしその表現の仕方はやはり改変が必要であり、「目指す快と関連性を有している手段を、その快のために欲求する」とする必要があるだろう。

とはいえ、そもそも、「手段を手に取る」、すなわち「行為を遂行する」ためには何らかの欲求を必要とすると考えることは、それこそが本章冒頭で述べた意味での「ヒューム主義的な捉え方」と言えるだろう。逆に、「手段への欲求」を認めずに、「直近の快苦にのみ動かされるような欲求」しか許容しないのであれば、何らかの手段を用いて目的を達成するというわれわれ人間の普通に見られる営みを説明できなくなるのである。

＊

メタ倫理学の議論において頻出する「信念―欲求モデル」は、論者によっていくつかの点で相違を見せる。本章では、その中でも特に、「欲求」の捉え方の違いに焦点を当てて考察を進め、欲求についての〈命題主義的な捉え方〉と〈快楽主義的な捉え方〉との二つを検討してきた。そして、前者（特にマイケル・スミスの議論）の説明のうちに登場する「適合の向き」に関して不具合が見られることから、(29) 後者を支持する道筋を得た。すなわち、「信念―欲求モデル」において欲求は、カールソン流の快楽主義的な捉え方、すなわちヒューミッシュモデルを採用するのが妥当である、そう本書は結論する。

ところで、カールソン流のヒューミッシュモデルは、「信念と欲求とが別種の存在である」ことを認め、さらに「信念には、それ自体に動機づけの力がなく、欲求の助けなくして行為を動機づけることはできない」とするために、「ヒューム主義」の本流をいくものだと言える。しかも、この二点に加え、欲求を快楽主義的なものとして捉えている点は、ヒュームのテクストに一層沿ったものであるために、いわゆる「ヒューム主義」以上に「（真正の）ヒューム主義」であるとさえ言えるようにも思われる。

しかしながら、実はこのヒューミッシュモデルは、ネーゲルが言う意味での「反ヒューム主義（Anti-Humeanism）」の要素を持ち合わせてもいる。(30) すなわち、ヒューミッシュモデルでは、「認知（信念）」に「欲求を引き起こす力」が認められる点が「反ヒューム主義的」なのである。このことについてネイル・シンハバブは、「欲求が、実践的推理を「理性は情念の奴隷である」というヒュームの有名なフレーズで述べられているのは、「欲求が、実践的推理を行なうにあたって必要不可欠となる前提条件である」と解釈し、逆に、仮に欲求が「認知（信念）」によって変えられてしまうのであれば、理性は情念の奴隷というよりもむしろ、情念の主人になってしまうとする。それゆえ、「認知（信念）」に「欲求を引き起こす力」を認めることは「反ヒューム主義的」だと特徴づける。[31]

だが、シンハバブをはじめ、ネーゲル流の「反ヒューム主義」的理解は、「理性は情念の奴隷である」というフレーズの辛辣さに、ただ踊らされてしまっているだけのように筆者の目には映る。というのも、ヒュームは、信念によって欲求が引き起こされることを明らかに認めており（T1.3.10.3 : SBN119）、また理性（信念）によって情念が消えてしまうことについて、具体例とともに次のように述べるからである。

> 想定されているものが偽であることを、あるいは手段が不十分なものであることを把握するやいなや、われわれの情念は、まったく対立することなくわれわれの理性に屈する（our passions yield to our reason）。私があるフルーツを素晴らしい風味を持つものだと考えて欲求するとしよう。しかし、あなたが私に、私の間違いを納得させてくれる場合にはいつでも、私の切望は消え失せるのである。（T2.3.3.7 : SBN416）

「理性は情念の奴隷である」と宣言された三段落後で、ヒュームは「情念は理性に屈する」とも述べる。後者の言を、前者の言と同様の重みでもって受け止めるならば、「認知（信念）」に「欲求を引き起こす力」を認めることは、ネーゲル流の「反ヒューム主義」ではあっても、ヒュームに由来するという意味での「ヒューム主義」なのである。

以上に見てきた通り、メタ倫理学においては、今現在も様々な「ヒューム主義」と「反ヒューム主義」についての解釈が提出され続けている。そしてそれはもはや、ヒューム自身のテクストを離れて論じられている感さえある。しかしそのためにかえって議論が混乱を来し、有益な結論が導かれないままであるように思われる。それゆえ、ヒューム研究の観点から、メタ倫理学における「信念—欲求モデル」、すなわち「ヒューム主義」をめぐる議論に、あえて何か指摘するのであれば、それは結局のところ「まずはヒュームのテクストに帰れ」ということ以外にはないと考えられる。

註

（1）マイケル・スミスのヒューム主義とヒュームの実際に論じていることとの比較検討については、すでに奥田太郎が論じている（奥田［二〇〇四］）。また、倫理学研究における「ヒューム主義」の歴史的変遷についても、同じく奥田が綿密なサーベイを行なっている（奥田［二〇一〇］）。

（2）「ヒューム主義」は、（a）道徳的な行為の動機づけに関する「信念—欲求モデル」という意味で用いられる場合と、（b）道徳的評価の認知性に関する「非認知主義」を指す場合のどちらかであることがほとんどだが、その他にも（c）「実践理性に関する道具主義」を意味する場合（Millgram［1995］）、「is-ought gap」を示す場合、さらには「ありとあらゆる「間」に注目し、そこにおいて垂直的な平均台を打ち立てるような「建設的哲学」の態度をとること」（中村［二〇〇八］）と解される場合もある。本書では一貫して、（a）の意味で「ヒューム主義」を用いる。

（3）本書第一章でも見た通り、ヒュームは人間の心に現れるものを「知覚」と呼び、それを「印象」と「観念」の二つに分けるが、このうち「観念」の区分内に「信念」が含まれる。他方、「欲求」は「印象」に属するものとされる。信念とは、印象を表象（再現）する性質をもち、それゆえ信念の内容は真偽の対象となるので理性的な批判を受けうる。これに対し、欲求とはそれ自体が原初的（original）な存在であって、何かを表象するという性質を持たず、それゆえに真偽の対象とならないので理性的な批判を受けない（T2.3.3.5 : SBN415, T3.1.1.9 : SBN458）。

（4）メタ倫理学において「信念—欲求モデル」が引き合いに出されるほとんどの場合、ある主体に欲求を帰属させるとき、「Sは pを欲求する（S desire that p）」という形で述べられることが多く、その場合の pは文である。“desire to do”という不定詞形で欲求に言及される場合も、その欲求を“desire that φ”という形にパラフレーズすることを認めるのであれば、不定詞形で言われる欲求も命題主義的に捉えられていると考えてよいだろう。たとえば、動機づけをめぐる議論を取り扱う田村圭一［二〇〇四］は、「外在主義」について説明する文脈で、「ヒューム主義（信念―欲求モデル）」と「外在主義」とを親和的なものとして捉えながら、（おそらくは）「信念―欲求モデル」のもとで考えられた「欲求」の例として、「子供を虐待しない欲求」というものを挙げる（田村［二〇〇四］六〇頁）。この欲求は、"desire that p" の形で、つまり命題主義的に捉えられている。（Smith［1994/2006］p. 107（一四三頁）も参照せよ。）

（5）原語は "desire" だが、「信念―欲求モデル」で捉えられるものとしての「欲求」との区別をつけるために、本章では「欲」と表記する。

（6）これらの他に、たとえばドナルド・デイヴィドソンのように、欲求を「賛成的態度（pro-attitude）」として捉えるやり方もあるだろう（Davidson［1980/1990］pp. 3-4（三頁））。今回検討するのはヒューム主義に関するものなので、デイヴィドソンの「賛成的態度」という捉え方についての検討は別稿に譲りたい。

（7）詳しくは Barry［2007, 2010］を参照。

（8）「強い現象論的な捉え方」とは、「欲求は刺激感覚と同様に、まったく本質的に一定の現象的内容を持つ状態にほかならないという見解」と説明される。具体的には、私が欲求を持っているとき、私は身体的な刺激感覚に似た心理的感覚を持っている。そして、欲求とはそのような感覚のみによって知られるという捉え方のことを指す（Smith［1994/2006］p. 105（一四〇頁））。

（9）他の言い方をすれば、「私はφ《ファイ》したい」という欲求の命題文は、それが行為として発現する時点における現象論的な現れ方とは別に、その後の時点になって真偽が分かるものになるということである。「私は音楽家になりたい」という欲求が、母が死んだのち、それが本当は偽であったことが分かる男の例をマイケル・スミスはあげている（Smith［1994/2006］pp. 106-107（一四二頁））。

（10）Smith［1994/2006］p. 107（一四三頁）。しかしながら驚くべきことに、欲求が命題的内容を持つ点について、マイケル・スミスはマーク・プラッツの議論を踏襲するのみで、その妥当性については検討がなされていない（Cf. Platts［1979］p. 76）。

(11) 詳しく述べれば、φ《ファイ》したいと欲求することは、条件Cにおいてはψ《プサイ》を行なう傾向性、条件C′においてはχ《カイ》を行なう傾向性などの、様々な傾向性の集合を持つことであり、しかも条件CやC′が成り立つためには、主体はなによりもまず、当の欲求とは異なる一定の他の欲求と、さらに目的-手段に関する一定の信念を持ち合わせていなければならない、という捉え方である（Smith［1994/2006］p. 113（一五一頁））。

(12) そもそも「欲求が信念の要素を含む」とは、マイケル・スミスが引いてくるプラッツの指摘である。プラッツが「欲求が信念の要素を含む」ということで意味していることは、欲求が信念の「適合の向き（心的状態→世界）」を持つということであった（Smith［1994/2006］p. 112（一四九―一五〇頁））。だが、後述にて問題となる点だが、マイケル・スミスが「欲求が信念の要素を含む」と述べる箇所では、「pである」という信念と「pである」という欲求との違いは「適合の向き」によって説明されている（Smith［1994/2006］p. 115（一五三頁））。それゆえ、マイケル・スミス自身の説明においては、「欲求が命題的内容をもつ」とは「欲求が信念の要素を含む」を意味していると考えられる。

(13) Smith［1994/2006］p. 115（一五三頁）.

(14) Sobel & Copp［2001］, Coleman［2008］, 河島［二〇一〇］等。

(15) この点について河島は、Humberstone［1992］の *mutatis mutandis* 論法を援用している。

(16) 河島［二〇一〇］六三―六四頁。

(17) 河島［二〇一〇］六四頁。

(18) Smith［1994/2006］p. 115（一五三頁）.

(19) Cf. Sobel & Copp［2001］p. 48.

(20) Sobel & Copp［2001］pp. 47-48. ソーベルとコップの議論を継承しながら、「適合の向き」をさらに批判したものとして、Coleman［2008］を参照。

(21) このことは、ともすれば「信念―欲求モデル（ヒューム主義）」それ自体が間違っているという結論を導くことに繋がるかもしれない。そしてその結果、メタ倫理学における動機づけの議論を「反ヒューム主義」へと傾かせる流れに棹さすことにもなりかねない。マイケル・スミスが擁護する「信念―欲求モデル」を批判することで、反ヒューム主義の優位を示そうとする論考は数多く見られる。たとえば、G・F・シェーラーは、マイケル・スミスの「信念―欲求モデル」では、信念と欲求が「適切に関係づけられて」いなければならず、それらが「動機づけ理由」を構成するために、行為者はそれら一組の信念と欲求をひとまとめにしなければならないとする。しかし、この「ひとまとめにしなければならない」という点は、行為者が自分の欲求に気がついていなければならないことを含意するが、それでは「欲求の誤認可能性」と矛盾するがゆえに、「ヒューム主義」は退けられるべきと論じる（Schueler［2009］）。

（22）なお、カールソンの見解の紹介に当たっては、今回の考察に沿うように、用語の変更などを適宜施している（例：「認知（cognition）」→「信念（belief）」など）。

（23）カールソンは、ヒュームが快（pleasure）を善（good）と同一視していることを前提しながら議論を進めている。だが、ヒュームが「善＝快」と言っているときの「善」はかなり広い意味で用いられており、それを「道徳的な善」を直に意味しているものとして扱うことの是非については、更なる考察を要するだろう。

（24）Karlsson［2006］p. 250.

（25）McDowell［1978］pp. 13–29, McDowell［1982］pp. 301–305.

（26）Karlsson［2006］p. 253.

（27）Karlsson［2006］p. 251.

（28）Karlsson［2006］pp. 246–253.

（29）もちろん、本書で紹介した批判は、現時点ではマイケル・スミスの「適合の向き」の考え方にのみ当てはまるものである。マイケル・スミスの「適合の向き」の考え方は、そのアイディアの祖とされるアンスコム（Anscombe［1957］）や、アンスコムを受け継ぐサール（Searle［1979］）のものとは異なる可能性があり、彼女らの「適合の向き」の考え方については、改めて検討する必要があるだろう。そしてまたアンスコム、サール、マイケル・スミスとはまた異なる「適合の向き」の考え方が存在する可能性もあり、それらについても今後検討が必要であろう。

（30）Nagel［1970］

（31）Sinhababu［2009］pp. 465–466.

第三部　徳の区分——人為と自然

第五章　人為的徳論

　これまで扱ってきた「道徳的評価の仕組み」と「道徳的な行為の動機づけのメカニズム」は、ヒュームの倫理学理論全体を貫くような論点であるのはもちろんだが、功利主義であれ義務論であれ、規範倫理学理論であるならば、何らかの仕方で論じられてしかるべき共通の論点であると言えるだろう。これに対してここからは、ヒュームの「徳の議論」そのものに焦点を合わせることにしたい。「徳の倫理学者」としてのヒュームは、徳そのものについてどのように論じているのだろうか。

『人間本性論』においてヒュームは一貫して「徳」について論じている。しかし「徳」は、その特徴に応じて大きく二種類のものに分けられ、そしてそれぞれに対して異なる「部《パート》」が割り当てられて詳しく考察されている。具体的に述べると、道徳論第二部では「人為的徳（artificial virtue）」について、第三部では「自然的徳（natural virtue）」についてそれぞれ考察されている。本書でもヒュームのこの徳の区分に応じて、それぞれの重要かつ特有な論点について、別々に考察することにしたい。なお、ヒュームが執筆した順にしたがい、本章において「人為的徳」論を、次章において「自然的徳」論を取り上げ、それぞれに固有の論点について考察することにしたい(1)。

一　ヒュームのコンヴェンション論と「利益」の問題

アリストテレスに由来するとされる「徳倫理学」は、たとえばアラスデア・マッキンタイアらを中心に見直しが進められ[2]、現在では「義務論」や「功利主義」に対抗しうる理論として広く認められている[3]。そしてヒュームの倫理学理論も、ここまでの議論から浮かび上がってきたように、「徳倫理学」の系譜上に位置づけられるのが適切であると考えられる。もちろんヒュームは、「開花完成すること（flourishing）」や「エウダイモニア（*eudaimonia*）」などの概念に触れることがないので、それらの概念を理論の基軸に据えるアリストテレス流の徳倫理学とは、ある意味で別のものだと言えるだろう[4]。しかしながらヒュームは、道徳的な善悪について「有徳な」「悪徳な」という言い方をするのをはじめ、何より、われわれ人間が道徳的評価を下すにあたっては、行為者の「性格」やそこから引き出される「動機（motive）」に焦点を当てるという点を繰り返し強調している。この後者の「性格」に焦点を当てるという側面は、現代の徳倫理学のほとんどの諸理論と共通するものであることから[5]、仮にこの「行為者中心的／基底的（agent-centerd/based）」な側面を「徳倫理学」の中心的な特徴と見なすことができるならば、ヒュームの倫理学理論を「徳倫理学」の系譜に位置づけるべきという理解は、極めて自然なものだと思われる。さらに、ヒュームの倫理学理論には、現代の徳倫理学が論じない「徳の起源論・生成論」が見られる。したがってこの点においてヒュームの倫理学理論は、現代の徳倫理学にはない奥行きを備えたものであると言えるかもしれない。

そのようなヒュームの「徳」論では、とりわけ「人為的徳」の考察に、紙幅の最大部分が費やされている。ヒュームによると、もともと人間本性には備わっておらず、人間が何らかの人為的な工夫を施さない限り生じない徳が存在するのであり、それがヒュームにおいて「人為的徳」と呼ばれるものに他ならない。こうした人為的徳の典型として、ヒュームは「正義（justice）」を挙げている（T3.2.1.1：SBN477）。周知の通り、このヒュームの正義論は、F・A・ハイエク（Friedrich August von Hayek, 1899–1992）の「自生的秩序（spontaneous order）」論やゲーム理論などといった現代の議論に大きな影響を及ぼした。そのようなヒュームの正義論では、次のように議論が展開されている。

われわれ人間が「幸せな暮らし（well-being）」を営むためには社会を必要とし、その社会は正義によって維持される。ヒュームにおける正義とは、基本的なものに「所持物の安定」、「同意による所持物の移転」、そして「約束の履行」に関する諸規則が挙げられており（T3.2.6.1：SBN526）[6]、この「正義」の諸規則を打ち立てる際に登場するのが「コンヴェンション（convention）」である。ヒュームにおけるコンヴェンションは、「ある種の利益感覚」にすぎず、その言葉が通常意味するところの「約束（promise）」の性質をもたないとされる。むしろコンヴェンションこそが約束を、あるいは約束を含めた正義（およびその諸規則）を生み出すための基盤になるのであり、そのことをもってヒュームは、トマス・ホッブズ（Thomas Hobbes, 1588–1679）やジョン・ロックを代表とする社会契約論を斥ける。

ところが、このようにヒューム自身が社会契約論を批判しているにもかかわらず、先行研究において、ヒュームが実際に提示している議論の中には理性主義的・契約論的な要素が認められると解釈されることがしばしばある[7]。たとえばデイヴィッド・ゴーシエは、ヒュームがあらゆる形態の契約論を否定しているわけではないと解釈した上で、彼の正義論がもつ合理的性格を強調しながら、ヒュームを「仮説的契約論者」として特徴づける[8]。

このように、ヒュームの正義論が、ある意味で自家撞着を犯しているものとして解釈されてしまう原因の一端は、筆者の見るところ、「利益（interest）」や「効用（utility）」といった言葉をヒュームが極めて曖昧に用いていることにある。ヒュームの言葉遣いが曖昧であるがゆえに、たとえば『道徳原理の探求』において正義の唯一の起源とされる〈公共的な効用（public utility）〉が具体的に何を意味しているのか、それは『人間本性論』におけるコンヴェンションを説明する際に言及される〈共通する利益（common interest）〉や、正義に伴う道徳的是認の源泉とされる〈公共的な利益（public interest）〉と同じものなのか、それとも異なるものなのかといったことの理解が妨げられているのである。[9] そしてこの状態を放置したままでは、ヒュームの倫理思想に対する誤解を招くだけでなく、「ある種の契約論者」とか、ハイエクが批判した設計主義に繋がるような意味での「功利主義」の祖といったレッテルをヒュームに付すことを許してしまうことにもなりかねない。[10]

そこで本章では、そうしたレッテルが貼られることによってヒューム哲学の独自性が矮小化されることを防ぐとともに、彼の議論を正確に理解するための素地を作ることを目指し、ヒュームの正義論について、とりわけコンヴェンションの形成の議論に焦点を合わせて考察することにしたい。特に以下では、〈自己利益（self-interest）〉、〈共通する利益（common interest）〉、〈公共的な利益（public interest）〉、そして〈公共的な効用（public utility）〉といった言葉に注目し、それぞれが意味する内実を明らかにすることを目指す。まずは次節で、コンヴェンション形成の背景を概観することから始めることにしよう。

二　コンヴェンションの形成とその背景

まずは正義が形成されるまでの経緯・背景について概観しよう。ヒュームによれば、自然によって人間には、〈数多くの不足物〉と〈数多くの必要物〉とが背負わされているだけでなく、これらの不都合を救済するための手段として、人間に対しては貧弱なものしか与えられていない。この人間の欠点ないし虚弱さを補うものが「社会」である。社会において人間は、(1)ばらばらの「力(force)」を束ね合わせることで「力強さ(power)」を増大し、(2)労働の分業によって自分たちの「能力(ability)」を増幅し、そして(3)互いに援助し合うことによって運命や偶然に翻弄されにくくなる。以上の三点、すなわち「力」の増大、「能力」の増幅、そして「安全(security)」の増強によって、社会は「有益なもの(advantageous)」となる(T3.2.2-3:SBN484-485)。

さて、虚弱な人間にとって必須であるところの「社会」を形成するためには、実際に「社会が有益であること」だけでなく、「人々が社会の有益さに気がつくこと」が必要になる。とはいえ、われわれ人間にとっては幸運なことに、社会形成への道筋は自然に用意されている。すなわち男女の結合、そして男女間にもうけられる子供によって構成される「家族」という最小社会において、人々、特に子供は、社会の有益さに気づくようになるのである(T3.2.2.4:SBN486)。

しかし、家族や親戚そして親しい友人たちだけからなる小規模な社会がそのまま、大規模な社会へと発展することはない。この発展を阻害する要因は、(A)〈利己性(selfishness)〉および限られた範囲にしか働かない〈気前のよさ(generocity)〉[=人間の自然的気性]と、(B)財を所持することの不安定性およびその希少性[=人間が置かれる外的事情]、以上の二つである。これらの要因のために、家族や親戚そして親しい友人たち以外の、見知らぬ他人との間で社会を形成しようとすると、われわれ人間は困難に直面するのである(T3.2.2.5-7:SBN486-487)。自分たちの情念や気質を恣にしておくのであれば、われわれ人間は「限られた気前のよさ(limited gererocity)」の及ぶ範囲内でしか「社会」を維持できないのである。とはいえ、この困難を救済する策も、やはり自然に、われわれ人間のうちに与えられている。すなわち、われわれ人間はこの困難に直面すると、判断力や知性をもちいて反省することによって、それまで向いていた情念の方向を変更するようになる。そしてそのことを通じて、人間は先の困難の救済策を、すなわちコンヴェンションを獲得することになる（T3.2.2.9：SBN489）。

コンヴェンションとは〈共通する利益の一般的な感覚（a general sense of common interest）〉にすぎない。この感覚を、その社会の成員すべてが互いに対して表明し合うのであり、この感覚に誘われた成員たちは、特定の諸規則によって自分の振る舞いを規制するようになる。（T3.2.2.10：SBN490）

コンヴェンションはさらに、われわれの間で「感覚」が「一致すること（agreement）」[11]（T3.2.2.10：SBN490）とも言い換えられており、このコンヴェンションが形成されることで正義と不正義の考えが生じ、それとともに所有、権利、そして責務の考えも生じる（T3.2.2.11：SBN490）。以上からヒュームは次のように結論する。

かくして、自己利益は正義をうちたてるための原初的な動機である。これに対して、公共的な利益への共感は、正義の徳に伴う道徳的是認の源泉なのである。（T3.2.2.24：SBN499–500）

ヒュームによれば、〈自己利益〉が原初的な動機となって、「正義」がうちたてられることになるわけだが、しかしその間には「コンヴェンションの形成」という段階が挟まっている。つまり、個人が〈自己利益〉を追求していた状態から〈共通する利益〉を社会の成員たちが感覚する段階を経て「正義」の樹立に至るというプロセスが描かれている。他方で、正義が樹立された後に、正義の徳が発揮されることに対して道徳的是認が与えられることについては、「公共的な利益への共感」という別の説明が与えられている。このように『人間本性論』における正義論には「利益」に関して、〈自己利益〉、〈共通する利益〉、そして〈公共的な利益〉という三つのタームが登場する。しかし、それぞれはどのような内実を持つものであり、それぞれの関係はどのようなものなのだろうか。

これらの問いについて考察するにあたり、以下からは次の区別を導入して分析を行ないたい。すなわち、その利益が「誰」にとってのものなのかというレベルの区別と、その利益の「内実」はどのようなものなのか、ひと言で「何」のレベルの区別である。[12] これらの区別を導入した上で、まずは〈自己利益〉と〈共通する利益〉について考察することにしよう。

三 〈自己利益〉および〈共通する利益〉とは何か？

(1) 〈自己利益〉と〈共通する利益〉

まずは〈自己利益〉について考察しよう。[13] 〈自己利益〉という言葉遣いからは、現代のゲーム理論などで言われるような、〈単一の人間が、合理的なやり方で追求するその人自身の利益〉というものを思い浮かべがちだが、そのように個人的なものだけを意味しているわけではないことに、まずは注意を喚起しておきたい。森直人が正しく述べている通り、ヒュームが正義の形成において念頭に置いている〈自己利益〉への欲求とは、「自分自身や自分の最も近しい友人たちのために財や所持物を獲得しようとするこうした貪欲さ（avidity）」（T 3.2.2.12：SBN491–492）に他ならない（森［二〇一三］七六頁、脚註2）。つまり、〈自己利益〉という言葉遣いとは裏腹に、それは〈個人一人の利益〉のみならず、〈その家族や友人など、その個人にとっての身近な人々の利益〉をも含むものなのである（T3.2.2.9：SBN489）。このように、ヒュームがここで考えている〈自己利益〉は、現代的な意味でのものとは、端から異なっていることにまずは注意しよう。

そうすると、「誰」にとってのというレベルで分析するならば、〈自己利益〉とは「行為者およびその行為者の身近な人々」にとっての利益として理解することができるだろう。そしてまた、〈自己利益〉を「何」のレベルで分析するならば、それは「財や所持物の増幅」(Cf. T3.2.2.12 : SBN492) に他ならず、それは所持物が「プラス」になることであるわけだから、〈自己利益〉を「積極的な利益」として特徴づけることができるだろう。

それでは、この〈自己利益〉を動機とすることで、どのようにしてコンヴェンションが、すなわち〈共通する利益〉なるものの一般的な感覚が社会の成員たちの間に形成されるようになるのか。別の問い方をするならば、〈共通する利益〉とは個々の〈自己利益〉の総和、すなわち個々の〈自己利益〉が寄り集まったものと考えてもよいのか。それとも〈共通する利益〉は、〈自己利益〉をベースにしながらも、何らかの異なる内実を加えられたものなのか。はたまた〈共通する利益〉と〈自己利益〉とは、「誰」にとってのレベルでも「何」のレベルでも、まったく異なるものなのか。

こうした問いに答えるにあたり〈共通する利益〉を、まずは「誰」にとってののレベルで分析してみよう。〈自己利益〉とは「個人およびその身近な人々」にとっての利益であった。これに対して〈共通する利益〉とは「身近な人々」の範囲を超えた「社会を構成する全成員」にとっての利益である (T3.2.2.9 : SBN489)。つまり、〈自己利益〉が「個人およびその身近な人々」に限定的なものであったのに対し、〈共通する利益〉の射程には、〈身近な人々〉だけでなく、彼らにとって「見知らぬ人たち (strangers)」が含まれることにもなるという点が異なっていると言えるだろう。

このように、〈自己利益〉と〈共通する利益〉の間には、「誰」にとってののレベルにおいて違いがひとまずは認められる。その一方で、それぞれの「内実」に関しては同じものだと言えるだろうか。すなわち、〈共通する利益〉を、同一の内実をもつ〈自己利益〉が寄り集まったものとして理解してもよいだろうか。

（2）〈共通する利益〉の内実

〈共通する利益〉の内実について考察するために、コンヴェンションが形成され始める場面について語られるテクストに、もう一度戻ってみよう。

> コンヴェンションとは〈共通する利益の一般的な感覚〉にすぎない。この感覚を、その社会の成員すべてが互いに対して表明し合うのであり、この感覚に誘われた成員たちは、特定の諸規則によって自分の振る舞いを規制するようになる。他人が財を所持し続けるままにしておくことは、他人が私に関して同じ仕方で行為するような場合に限り、自分にとって利益となるだろうということを私は見てとる。他人も、自分が自身の振る舞いを規制するときの同じ利益に気がつく。利益に関するこの共通する感覚が相互に表明され、両者に知られるようになると、この感覚は適切な決意と振る舞いを生み出す。（T3.2.2.10 : SBN490）

コンヴェンションが形成されるきっかけは、家族のような小規模な社会では問題にならなかった〈財の奪い合い〉という事態である。この不都合を経験した人間は、それが不快で苦痛なものであるために、それを回避したいと思うようになる。ヒュームによると、このとき人間は、自分の〈自己利益〉を追い求めようとする情念に対する「抑制（restraint）」を行なうようになるという。この「抑制」は、「他人の所持物に手を出さないようにする」（T3.2.2.9 : SBN489）という行動や、「他人が財を所持し続けるままにしておく」（T3.2.2.10 : SBN490）という行動として現れることになる。そして、こうした「抑制」行動が現れるようになると、われわれ人間は、他人も自分に対して同じように振る舞う限り、それが〈自分にとっての利益〉であることを、ほんの僅かに反省するだけで、見てとるようになるのである（T3.2.13：SBN492）。[14]

ところで、われわれが「抑制」行動をとっている限り、われわれの〈自己利益〉、特に「財」などが増加することはない。[15]それゆえ、先ほどの引用テクストにおける〈自分にとっての利益〉の内実は、〈自己利益〉のそれとは異なるものであると考えられる。さらに、この〈自分にとっての利益〉は、右記引用において「利益に関するこの共通する感覚」と関連づけて述べられているとおり、〈共通する利益〉と同義のものだと理解できるだろう。以上から、〈共通する利益〉の内実は、〈自己利益〉のそれとは異なるものであると筆者は解釈する。

そうすると、この場面で自分と他人とが一致して感覚するところの〈共通する利益〉の内実とは、具体的にはいったいどのようなものなのだろうか。それは、自分（および自分にとっての身近な人々）と他人（＝自分にとっての「見知らぬ人たち」）がそれぞれの財にお互い手を出さなくすることによって結果する「不都合や不快の回避」として理解するのが妥当ではないだろうか（Cf. T3.2.9：SBN489）。つまり、〈共通する利益〉およびその感覚とは、「財（快）の増大」や「財（快）の増大の見込み」などではなく、〈自己利益〉を恣にすることで生じた「不都合や不快の回避」、あるいはせいぜい言うことができるとして、それに伴う「財の所持の安定」を意味するものと考えられるのだ。

このように、〈共通する利益〉の具体的な内実には、基本的なところに「不都合や不快の回避」がある。その意味で〈共通する利益〉を、「消極的な利益」として特徴づけることができると思われる。[16]かくして、〈自己利益〉と〈共通する利益〉は、「誰」のレベルだけでなく「何」のレベルにおいてもまったく異なるものであるという結論に至る。そしてこの結論が正しいのであるのなら、〈共通する利益〉を、同一の内実をもつ〈自己利益〉が寄り集まったものであるとか、あるいはある人の〈自己利益〉が別の人物の〈自己利益〉と混合して変容したものであるなどと理解することはできないものと思われる。

では、このように理解できる〈共通する利益〉は、『人間本性論』のその他の箇所でしばしば見られる〈公共的な利益〉や、『道徳原理の探求』に頻出する〈公共的な効用〉とはどのような関係にあるのだろうか。以下、節をまたいで考察することにしよう。

四 〈共通する利益〉と〈公共的な利益〉

(1) 〈共通する利益〉と〈公共的な利益〉は同じものか?

〈公共的な利益〉とは、その言葉の意味からして「社会全体にとっての利益」を意味していると考えられる。他方で、〈共通する利益〉の説明の中に「社会の成員すべて」(T3.2.2.10 : SBN490)という表現があることに鑑みると、〈公共的な利益〉と〈共通する利益〉とは「誰」にとってのレベルにおいては同じものであると言えるだろう。すなわち、両者の「誰」とは、「自分と身近な人々」だけでなく、そうした身近な人々に入らない「見知らぬ人たち」をも含められていると考えることができる。しかしながら、これら二つの利益の「内実」も、同じようなものだと考えることはできるのだろうか。筆者はこの問いに「否」と答える。というのも、「それらの内実が異なる」と、すなわち〈共通する利益〉と〈公共的な利益〉とは異なるものであると理解しない限り、すなわち〈共通する利益の一般的感覚《コンヴェンション》〉によって正義の諸規則が樹立されるとされている一方で、「公共的な利益への顧慮は、正義の諸規則を遵守するためにわれわれがもつ最初の原初的な動機ではない」(T3.2.2.19 : SBN495)と断じるヒュームの主張とは明らかな齟齬を来してしまうからである。

以上から筆者は、〈共通する利益〉と〈公共的な利益〉は、「誰」のレベルでは同じであるとしても、「利益」

ということで意味されている内実が異なっているという意味で、別個のものと解釈するのが妥当であると結論する。[17] しかしそのことは、〈共通する利益〉とは異なる〈公共的な利益〉の内実を明らかにすることによって示されねばならない。では〈公共的な利益〉の内実とは、いったいどのようなものなのだろうか。そしてまた〈公共的な利益〉を、『道徳原理の探求』で見られる〈公共的な効用〉（EPM3.1：SBN183）と同じものとして理解してよいのだろうか。

（2）〈公共的な利益〉の内実

まずは〈公共的な利益〉の内実を分析しよう。ここで手がかりとするのは、次のテクストである［このテクストを以下では「問題のテクストA」と記す］。

A：〈公共的な利益〉というものは、〈正義の諸規則を遵守すること〉に自然と伴うものではない。そうではなく、〈公共的な利益〉がそれ［＝正義の諸規則の遵守］と結びつくのは、これらの諸規則を打ち立てるための人為的なコンヴェンションの後でしかない。（T3.2.1.11：SBN480）

〈公共的な利益〉は、コンヴェンションの後でしかもたらされない。それでは、コンヴェンションが形成された後に即座に生じるものは何であったか。それは「正義」である（T3.2.2.11：SBN490）。この「正義」はどのような役割を果たすのか。それは「社会」の維持である（T3.2.6.1：SBN526）。ところで、「社会」とは人間にとって有益なものだと言われていた。それでは、社会は人間にとって、どのような意味で有益なのか。それは、社会がわれわれの力を増大し、能力を増幅し、そして安全を増強するという意味で有益なのであった（T3.2.2.3：SBN485）。この有益さのおかげで、われわれの力や能力は増すわけなのだが、それは必然的に「財の希少性の改善」へと、すなわち「財の量の増加」に繋がるものである（T3.2.7：SBN488）。そしてこうしたことこそ、われわれが探し求めていた〈公共的な利益〉の正体と考えられるのだ。すなわち〈公共的な利益〉とは、〈社会が、その社会に住まう人間に対してもたらすところの利益〉を意味しており、その具体例としては「財の量の増加」が挙げられている、このように本書は解釈する。

このように、〈公共的な利益〉とは、具体的には「財の量の増加」を意味している。とするならば、「消極的な利益」として特徴づけた〈共通する利益〉に対して、〈公共的な利益〉を「積極的な利益」として特徴づけることができるだろう。

まとめよう。〈共通する利益〉と〈公共的な利益〉は、前者の説明の中に「社会の成員すべて」という表現がある一方で、後者は通常「社会全体」のことを意味すると考えられることから、「誰」にとってのレベルでは同一のものだと言えるだろう。しかしながら、右で考察したように、それらの具体的な内実は、ともに「財」に関係しているとはいえ、前者がその損失を回避するという意味で「消極的な利益」と言えるのに対し、後者はそれを増加させるという意味で「積極的な利益」と言えるのであるから、これら二つの利益はまったく異なったものだと言えるのである。

五　本解釈の検討

（1）〈公共的な利益〉と二つの社会

以上の考察を経ると、本書の解釈に対して、とりわけヒュームのテクストとの整合性という点で、いくつかの疑念が生じることになる。そこで、その疑念を払拭しながら、本書の解釈の妥当性を検証することにしよう。まず、問題となるテクストとして、次のものを取り上げよう［このテクストを以下では「問題のテクストB」と記す］。

B：〈自分自身の利益（our own interest）〉に対する関心と〈公共的な利益〉に対する関心によって、われわれは正義の法を定めた。（T3.2.2.20：SBN496）

ここに見られる〈自分自身の利益〉とは、〈自己利益〉と考えられる。そして、〈財の奪い合い〉という不都合の経験をきっかけに、人間がこの〈自己利益〉を抑制することによって〈共通する利益〉に気付くようになり、その利益感覚、すなわちコンヴェンションに基づいて正義を打ち立てるのであった。

しかしながら、ここではさらに〈公共的な利益〉に対する関心によっても正義の法が定められたと言われている。ところで、〈公共的な利益〉はコンヴェンションの後でしか、つまり正義が形成された後でしかもたらされないものだと言われていた（T3.2.1.11：SBN480）。それにもかかわらず、「問題のテクストB」で〈公共的な利益〉はむしろ、正義の法を定めるための前提となっている。これは本書の解釈にとって都合が悪いだけでなく、ヒュームの自家撞着ともとれてしまうのである。

この難点を解消する上で手がかりとしたいのが、「〈公共的な利益〉にわれわれ人間がいつの時点で気がつくのか」という問いである。この問いに対しては容易に、「人間が社会での生活を経験するときである」と答えることができる。そしてそう答えるときに注意したいのは、ヒュームのコンヴェンション論では、性質が決定的に異なる二種類の社会が登場しているという点である[18]。二種類の社会とはすなわち、コンヴェンションなしに形成・維持される家族などの「小規模な社会」と、コンヴェンションと正義なしには形成・維持されない「大規模な社会」のことである。まず前者から見てみると、人々が、社会における幼少期の教育によって、社会に由来する無限の有益さに気がつくようになり、さらには、交際や会話に対する新たな情緒を獲得するようになったとき、また、人々が社会における主要な争乱は、〈われわれが外的財と呼ぶもの〉と、〈それら財が一所におさまらず、ある人から別の人へと容易に転移してしまうこと〉に由来するということを観察してしまえば、人々は救済策を探し求め、可能な限り、これらの財を〈固定されて動かない恒常的な心身の有益さ〉をもった同じ基盤の上に置くことは間違いのないことである。こうしたことは、その社会の全成員によって始められるコンヴェンションという手段以外では成し遂げられえない。（T3.2.2.9：SBN489）

見知らぬ他人との間で、より大きな社会を形成するに先立ち、人間はみな家族という最小単位の社会での生活を経験する。それはつまり、コンヴェンションや正義の形成に先立って、社会が有益であることに、そして社会からもたらされる多くの利益に、人間がみな、家族社会において気づくということを意味している。[19]

そうすると「問題のテクストB」は、次のことを言っているものとして理解することができる。すなわち、正義を打ち立てるにあたっては、（1）見知らぬ他人との間で一致するところの〈共通する利益〉に気がつくことと、（2）家族のような小規模な社会がもたらすところの〈公共的な利益〉に気がつくこととの二つが必要になるのだ、と。そしてそう理解したとしても、〈公共的な利益〉はコンヴェンションの後でしか、つまり正義が形成された後でしかもたらされないという「問題のテクストA」（T3.2.1.11：SBN480）とは齟齬を来さない。なぜなら「問題のテクストA」で言われている〈公共的な利益〉とは、それが登場する文脈にある「文明化された状態」（T3.2.1.9：SBN479）などの言葉からも分かるとおり、コンヴェンション成立後の〈大規模な社会がもたらす利益〉を意味するのであって、家族のような〈小規模な社会がもたらす利益〉を指してはいないからである。

ところで、親密圏としての「家族」に対し公共圏としての「社会」が考えられるような、いわゆる「公私二元論」の観点からすれば、本書のように、家族社会がもたらす利益のことを〈公共的な利益〉と呼ぶことは、なるほど奇異に聞こえることだろう。しかし、ヒュームが「社会」の最小単位を「家族」に見ていることに鑑みれば、家族社会がもたらす利益を〈公共的な利益〉と呼んでも差し支えないと考えられる。そしてまた、そうすることによってしか、ヒュームのテクスト上の縺れを整合的に解くことはできないと思われるのである。

かくして、ヒュームのコンヴェンション論を読み解く上では、「社会の規模」の区別というものが重要な鍵となる(20)。そしてこの区別を踏まえると、〈小規模な社会がもたらす公共的な利益〉と〈大規模な社会がもたらす公共的な利益〉それぞれの果たす役割の違いが、次のように浮き彫りとなる。つまり、前者は、コンヴェンションや正義を形成するために気付かれる必要があるものなのに対し、後者は、人間が大規模な社会を形成した後になるまでは経験しえないものであるために、気付かれることも目指されることもないものなのである。

> それゆえ、当然のことながら、各個人の利益を含んでいるこの［正義の］体系は、公衆にとって有益となるのである。とはいえ、その体系は、それを発明した者によって、そうした目的［＝公衆にとっての有益さ］のために意図されたものではないのだけれど。（T3.2.6.6 : SBN529）

〈大規模な社会がもたらす公共的な利益〉は、われわれ人間がコンヴェンションの形成を始め、正義を形成して大規模な社会を維持することによって、結果として人間にもたらされるものに過ぎないのであって、この〈公共的な利益〉を目指してわれわれはコンヴェンションの形成を始め、それによって正義を形成したのではない。〈家族社会〉がもたらす〈公共的な利益〉は、われわれ人間が見知らぬ他人との間でコンヴェンションの形成を始めるための必要な前提である一方で、〈正義によって維持される社会〉がもたらす〈公共的な利益〉

とは、正義が形成された後でしかわれわれ人間には経験しえない、発案者の意図せざる結果なのである。

（2）〈公共的な効用〉とは何であったのか？

最後に、前節でペンディングにしていた問い、すなわち「〈公共的な効用〉の内実はいかなるものか」という問いに答えることにしよう。その問いは、「次の『道徳原理の探求』からの引用をどのように理解すべきか」という問いとして言い換えることができるものでもある。

〈公共的な効用〉こそが正義の唯一の起源である。そしてこの徳［＝正義］によって生じる〈有益な諸帰結〉について反省することが正義の美点の唯一の根拠なのである。（EPM3.1：SBN183）

これまでの考察を踏まえれば、正義の原初的な動機は〈自己利益〉に他ならず、これを「抑制」することで気がつかれることになる〈共通する利益〉にもとづいて、正義が樹立される。それゆえ、この箇所の〈公共的な効用〉は〈共通する利益〉を意味していると考えてよいだろう。なお、当然のことながら筆者は、〈公共的な効用〉を〈自己利益〉と同一のものとして解釈しない。その理由は、「公共的な（public）」というフレーズの意味が「自己利益」という言葉にそぐわないからである。

ところで、繰り返しになるが、ヒュームは『人間本性論』において、われわれが（1）〈共通する利益〉に気がつくことと、（2）家族社会がもたらす〈公共的な利益〉に気がつくこと、この両方がコンヴェンションの形成を始めるにあたっては必要だと述べていた。つまり、正義の起源の中に、「家族社会がもたらす」という限定がつくとはいえ、〈公共的な利益〉を含めることができるかもしれない。そうすると、上記引用テクストの〈公共的な効用〉とは、〈共通する利益〉と〈公共的な利益〉の二つが重ねて意味されていると解釈することができるかもしれない。

しかし筆者は、この解釈を斥ける。その理由は以下のとおりである。『人間本性論』では、いわゆる「自然状態」や「黄金時代」などの考察を経ることで、正義が成り立つための「条件論」が提示されるのに加え、実際に正義がどのように生じてきたかを説明する「起源論」も展開されている。そして正義の起源論が存在すればこそ、家族社会がもたらす〈公共的な利益〉について理解することができ、そのために、〈公共的な利益〉を正義の起源のひとつに組み入れることが可能になると考えられる。

しかしながら『道徳原理の探求』では、正義成立の条件論が内容・分量ともに増やされているのと引き換えに、正義の起源論が完全に姿を消す。正義の起源論が存在しないのであるから、家族社会がもたらす〈公共的な利益〉というものについては、理解することがそもそも不可能になるし、そのために〈公共的な効用〉のうちに〈公共的な利益〉を含み込ませることもできないと考えられる。無論、〈公共的な効用〉という言葉遣いからは、大規模な社会がそこに住まうすべての成員にもたらすところの〈公共的な利益〉を想起するのが自然であるし、そうであるがゆえに、ここでのヒュームの言葉遣いは完全に彼の不注意であると苦言が呈されることもある。[21] しかしながら、「公共的な」というフレーズに惑わされず、『人間本性論』での精緻な議論をたどり、また『人間本性論』と『道徳原理の探求』における正義の起源論の有無という要素を勘案することによって、〈公共的な効用〉は、正義をうみだすコンヴェンションの形成が始められるときに抱かれる〈共通する利益〉のみを意味していると解釈するのが妥当であると考えられる。そしてこの解釈は、次の『道徳原理の探求』におけるテクストによっても裏付けられるであろう。

所持物を分離し区別すること、そしてこの分離が安定して恒常的であること、こうしたことは社会の諸利益によって絶対的に必要とされ、そしてそのために、こうしたことは正義と所有の起源なのである。（EPM App. 3.10n：SBN309n）

先に見たように、「財の所有の安定」とは〈共通する利益〉の内実であった。そしていま、このテクストからは、所持物の分離や区別の安定こそが正義の起源とされていることが見てとれる。以上から、〈公共的な効用〉は〈共通する利益〉を、いやそれのみを意味していると理解するのが妥当だと考えられる。

＊

ヒュームの正義論、特にコンヴェンション論は、彼自身の非常に曖昧な言葉遣いのために、読者をしばしば混乱へと導くものであった。そしてそのために、ヒュームには、「ある種の契約論」や「功利主義」といったレッテルが貼りつけられもしてきた。なるほど、ヒュームはコンヴェンションの形成が始められる条件として、〈自分自身の利益〉への関心や気付きと〈公共的な利益〉への関心や気付きとの二つを挙げている。そのために先行研究は、ここで言われる〈公共的な利益〉を〈大規模な社会がもたらす利益〉と理解し、さらにコンヴェンションの形成が始められるためには判断力や知性が用いられるとされる点を、ことさら強調して理解することによって、ヒュームが実は理性主義的で契約論的な、あるいは設計主義的功利主義のような物言いをしていると解釈してきたわけである。

だが、本章での考察が妥当であるのなら、コンヴェンションの形成が始められる場面において必要とされる〈公共的な利益〉は、〈家族社会がもたらす利益〉を意味する。そしてこの家族社会を維持するにあたり人間は、自然的な情緒に身を任せていて十分なのであって、判断力や知性をことさら発揮させずともよい。人間はそのすべてが家族という社会に生まれ落ちる。そこにおいて人間は、「社会というものが利益をもたらす」ということに気がつくことで「社会形成・拡大のインセンティヴ」を獲得し、社会の範囲を、あるいは他人との交際の範囲をさらに拡大しようとする。そのとき、仮に見知らぬ他人との間で意見や利害感の一致になかなか至らないとしても、家族社会で獲得されている「交際や会話に対する新たな情緒」のおかげで、そのような他人との交際をし続けることが可能となるのである。かくして、われわれ人間はそのような交際の中で、時間をかけて試行錯誤や失敗を繰り返しながら、〈共通する利益〉に気がつくようになる。つまりはコンヴェンションの形成が始まり、その結果、正義が形成され、そして正義に支えられる形で、拡大された社会は維持されることになる。

このようにヒュームの正義論では、「家族」が社会の原点として鋭く見つめられているだけでなく、道徳における「時間軸」という要素が重視されていると言えるだろう。[22] こうした道徳における家族や時間軸の重視という点こそ、ヒュームの倫理学理論が契約論や功利主義とは一線を画す点なのであり、かつ彼の正義論の本質をなすものと思われるのである。

註

(1) 普通の語彙感覚からすると、「自然的徳」が最初に、そして「人為的徳」がその次に論じられるべきと思われるかもしれない。しかしながら、ヒューム自身が道徳論において、(その重要性、あるいはヒュームが、自身の「人為的徳論」での洞察が優れていることを強調したいためか)「人為的徳」を先に論じている。本書でもヒュームの論述の順番にならい、まずは人為的徳論について考察する。

(2) MacIntyre [1984].

(3) Hursthouse [1991] esp., p. 223, Hursthouse [1999].

(4) Cf. Cohon [2006] pp. 256–257.

(5) Cf. Noddings [1984], Hursthouse [1999], Foot [2001], Swanton [2003], Slote [2007, 2010].

(6) もういちど確認しておくと、「正義」は「規則」それ自体のことを意味するが、しかし「正義」が人為的徳のひとつであるとされている通り、正義の諸規則を遵守する「性格特性」のことをも意味するものであり、その性格特性が行為者に認められる場合、その行為者は「正義の徳」を備える者として称賛の対象となる。

(7) 代表的なものにGauthier［1979］、新村［一九八七］などがある。

(8) Gauthier［1979/2002］p. 13（三三頁）。

(9) たとえば木曾好能や矢嶋直規は、〈公共的な利益〉と〈自己利益〉とが一致するものであると理解している（木曾［一九八五］一一四頁、矢嶋［二〇一二］二六二頁）。しかし〈自己利益〉と〈共通する利益〉そして〈公共的な利益〉は、後述するように、「誰にとっての」のレベルと、「中身」のレベルの両方が異なるものと考えられ、したがって〈公共的な利益〉は〈自己利益〉と一致するものであるとは言えないと思われる。彼らの理解は、これら二つの「利益」を混同したものだと考えられる。

(10) ヒュームを功利主義として解釈する代表的な研究に、Plamenatz［1967］：Harrison［1981］：新村［一九九四］：Rosen［2003］：Crisp［2005］などがある。これに対して、ヒュームを功利主義とする解釈に反対するものにWand［1962］：Botwinick［1977］：Sayre-McCord［1996］などがある。

(11) ゴーシエの解釈の影響を受けてか、本国におけるヒューム研究の代表的なものが、“agreement”に「合意」という訳語をあてることがしばしばある（たとえば坂本［二〇一一］七九頁）。しかしながら、何度も述べている通り、コンヴェンションに約束や同意の意味は一切なく、ましてある種の計算に基づく「合意」などという意味は含まれない。したがって“convention or agreement”（T3.2.10：SBN490）などに見られる“agreement”は、いみじくも下川［二〇〇二］がそう訳しているように、「一致（すること）」と訳すべきである。

げる次第である。

（12）これらの区別の導入については、日本哲学会の匿名レフェリーの方よりご助言いただいた。ここに記して感謝申し上

（13）〈自己利益〉についての筆者の解釈は、二〇一二年の拙稿から大きく変更されている。

（14）ヒュームは〈自己利益〉を抱いている状態から〈共通する利益〉が感覚されるに至るときには、「判断力ないしは知性による僅かな反省」のみで十分だと説明する（T3.2.2.9 : SBN489）。しかしながら、この段階には、そのような知的な反省・推論だけでなく、「共感」の働きも介在するのではないかという点を巡って、長い間、議論が重ねられてきた。たとえば、ラッセル・ハーディンはコンヴェンションの形成に際して共感は不要であるとした上で、「自己利益単独で十分に、われわれを協調させることが可能である」と結論する（Hardin［2007］p. 80）。また中村隆文は、「「そもそも個人に備わっていた共感能力がその効力・対象範囲を拡張し、結果としてコンヴェンションが形成された」というものではなく、むしろ、「コンヴェンションが形成されてはじめて、共感の効力・対象範囲が拡張された」」と見なすべきとし、「ボートでのオール漕ぎ」や「穀物刈り入れ」、そして「共有放牧地の排水作業」など、ヒュームの挙げる事例に触れつつ、「共感することによってそこでの共通利益の一般的感覚やそうした状況が確立したとは必ずしもいえない」と結論する。中村は、「ヒュームのコンヴェンション-正義論において、「広い共感」という事態およびその効能は事実認めざるを得ないにしても、それは不可欠な根幹というよりは、不可避的な付随現象としてみなす」というスタンスを打ち出している（中村［二〇一四］八〇―八一頁。ただし中村は、二〇〇六年および二〇〇七年の論考においてコンヴェンション形成における共感の作用について言及しており、自身の解釈を大きく変更している）。

これらに対して森直人は、コンヴェンション形成において共感が関与する可能性を、情念論での丹念な考察を通じて示そうとする。森が着目するのは、自己利益の方向がどのように変更されて、そしてどのような心的プロセスを通じてそれが一致するようになるのかという点である。これらを説明するものこそ、共感であると森は主張する。森によると、共感によってわれわれは「自分の利益を求める元々自分のものである情念と、相手の利益を求める、元々は相手の、しかし共感によってある程度まで自分自身のものとなった情念という、二つの情念をそれぞれの心のなかに宿らせる」のだという。そしてその二つの情念が一つの結合した情念となり、その結合情念に突き動かされてわれわれはコン

ヴェンションを形成するのだという（森［二〇一三］八九―九〇頁）。したがって森の解釈では、コンヴェンション、すなわち〈共通する利益〉とは、単なる〈共通した自己利益の総和〉なのではなく、〈他者の情念との情念間の相互作用を通じて変容した諸利益の結合体〉であることになる（森［二〇一三］九五頁）。

これに対して筆者は、ヒュームがコンヴェンション形成の説明に「共感」という語を一度も登場させてはおらず、むしろ「知性」「判断力」「反省」といった語を頻繁に用いて説明していることを重視し、コンヴェンション形成にあたって「共感」は関与しておらず、そこには知性的な推論のみが介在していると解釈する。そして知性的な推論しか介在しないがゆえに、〈共通する利益〉とは、〈自己利益〉を総和したものでも、〈情念間の相互作用を通じて変容した諸利益の結合体〉でもなく、それらとはまったくの「別もの」であると主張する。詳しくは本節での議論を参照されたい。なお、共感がコンヴェンション形成に関与しないことについては、共感について詳しく分析した次章での議論（特に註19）を参照されたい。

(15) 第七章で論じることになるが、ヒュームは「正義の諸規則」が定められる仕方と「社交や会話の場で通用する行儀の規則（the rules of good-breeding）」が定められる仕方をパラレルなものとして説明する（T3.3.2.10 : SBN597）。特に後者の場合、「誇りを示したいという欲求」が「抑制」され、社交に参加する人たちは一切誇りを示さなくなる。これにより、社交の参加者全員は、〈誇りを示すことによる快〉を得なくなる。しかしそのことによってこそ、社交や会話が快適なものに（この快適さは、誇りを示すことによって得られる快ではなく社交それ自体を営むことで得られる快適さである）、少なくとも不愉快なものにはならなくなるのである。これこそまさに、社交の参加者が「消極的な利益」を獲得する場面を描いているものと思われる（T3.3.2.10 : SBN597–598）。このように、「行儀の規則」が制定される場面でのヒュームの説明を傍証とすることができるならば、コンヴェンション形成にあたって〈自己利益〉が増えることはなく、むしろ「消極的な意味での利益が獲得されるだけだ」という筆者の主張は、より一層妥当性を増すものと思われる。

(16) 本書のように、〈共通する利益〉を「消極的な利益」として特徴づける解釈は、すでに伊勢俊彦によって示されている（伊勢［二〇〇五］二一五―二一六頁）。

(17) この点について、筆者と同じ意見なのがゴーシエである。(Gauthier [1979/2002] p. 17 (三七頁))
(18) 厳密に言えば社会の種類は三つである。三つ目の社会とは、「統治 (government)」が形成された後の政治的社会のことである。しかし、本書が取り扱っているコンヴェンション論の範囲内で言われる社会に政治的社会は入らないので、ここでは社会の種類を二つに限っておく。
(19) この点については、たとえば森直人が鋭く指摘している。(森 [二〇一〇] 三三―三四頁)
(20) 本書での解釈とは異なり、たとえば伊勢俊彦は「社会」ということで、その規模の大小を区別せず、ヒュームが「社会」ということで意味しているものを「大規模な社会」としてのみ理解する(伊勢 [二〇〇五] 二一六頁)。そしてその結果、ヒュームのコンヴェンション論には「飛躍がある」と理解されることになる(伊勢 [二〇一二] 九四頁)。しかし、「社会」の規模の大小に着目し、社会の大きさに応じた〈利益〉を区別するという観点に立てば、そのような「飛躍」が認められることにはならないと考えられる。
(21) たとえば Haakonssen [1981/2001] p. 26 (四八頁) を参照。
(22) この「時間軸」という要素については、本書第八章において再度考察を行なう。

第六章　自然的徳と共感

前章冒頭でも触れたことだが、「徳」概念を中心に議論が展開されるヒュームの道徳論では、「自然的徳」と「人為的徳」という大きな区分に応じて議論が展開されている。このうち、人為的徳、特に「正義」が論じられるのは『人間本性論』道徳論の第二部（以下「人為的徳論」）であり（次頁の〈表I-A〉を参照）、すでに前章にて、人為的徳論に関するひとつの考察を行なった。

ところで、主として自然的徳が扱われる『人間本性論』道徳論の第三部（以下「自然的徳論」）は、「一般的観点（general point of view）」や「共通の観点（common point of view）」、あるいは「身近な人々（narrow circle）」など、道徳的評価の仕組みを解明する上で重要な要素が散見される箇所である。そのため先行研究において、この「自然的徳論」は、『人間本性論』道徳論の第一部における「道徳的評価」についての議論を補強するためにのみ参照されることが多かった。筆者も先行研究と同様、「道徳的評価」を論じた本書第三章においては、「自然的徳論」を参照するだけに留めていた。

だが先行研究において、「自然的徳論」それ自体が主題として考察されることは、管見の限り少ないように思われる。その主な理由は、『人間本性論』では前章で論じた「人為的徳論」に紙幅の大部分が割かれているので、第三部の「自然的徳論」は『人間本性論』第三巻道徳論全体において、補足的位置づけの域を出ないと

ヒューム『人間本性論』の構成

巻	各巻のタイトル	部	各部の内容
第一巻	「知性について」（知性論／認識論）		
第二巻	「情念について」（情念論）		
第三巻	「道徳について」（道徳論）	第１部	道徳哲学一般（理性主義批判、道徳の一般性／実践性）
		第２部	人為的徳論（主として正義論）
		第３部	自然的徳論（利他的特性論）

〈表-A〉

思われるからだろう。(1)

しかしながら、『人間本性論』において少なからぬ議論が展開されている自然的徳論は、『道徳原理の探求』において後景に退いた人為的徳論にかわって中心に位置づけ直されている。ヒュームが「自伝（My own life）」において『道徳原理の探求』を、「歴史的、哲学的ないし文学的な自分の著作すべての中で、比較にならないほど最良のもの」（EMPL p. xxxvi）と評していることを考慮すれば、人為的徳論に負けず劣らず、ヒュームが自然的徳論を重視していたと考えることは、まったく根拠のないことではなかろう。逆に、道徳論第三部で語られる自然的徳論それ自体の重要性を何らかの形で示し得るのなら、第一部や第二部のみでは完結しえない新たなヒューム像を彫啄することに繋がることが期待される。

そこで以下からは、『人間本性論』道徳論第三部で語られている自然的徳論に光を当てて考察したい。このとき、自然的徳のうち「他者にとって有用な性格特性」(T3.3.1.30 : SBN591) に焦点を絞って検討する。『道徳原理の探求』の訳者である渡部俊明が言うように、自然的徳論が中心的に考察される『道徳原理の探求』での力点は、「共感」によって獲得される利他的感情の考察に置かれている。(2) 利他的感情とは、『人間本性論』で語られる自然的徳のなかでも、「気前のよさ (generosity)」「善意 (benevolence)」そして「人間性 (humanity)」と呼ばれる「他者にとって有用な性格特性」に関わる感情に他ならない。(3) それゆえ自然的徳の中でもとりわけ中心的な徳と考えられる「他者にとって有用な性格特性」を、本章では考察の対象として選ぶことにする。

一　自然的徳の特徴

自然的徳それ自体に焦点を絞った研究は、管見の限りほとんど見当たらない。とはいえ、自然的徳と人為的徳との区別については、少なからず考察されている。先行研究では、自然的徳と人為的徳とを区別する主要なものとして、それぞれの徳が向かう対象の範囲、それぞれの徳の動機、(4) そしてそれぞれの徳が及ぼす影響などが考察されてきた。(6) 本章では特に、「徳が向かう対象の範囲」に焦点を絞って考察することにしよう。(5)

ヒュームは「普遍的な人類愛」なるものを人間本性には認めないが、だからといって、いわゆるホッブズ流の利己主義的な人間観をとるわけでもない。つまり、ヒュームは利他的な性質が人間本性に生来的に備わっていることを認める (T3.2.5-6 : SBN486-487)。その代表は「人間性」「気前のよさ」「善意」などであるが、通常これらの性質は、家族、親戚、そして親しい友人などの「身近な人々」までにしか及ばない（T3.3.3.2：SBN602）[7]。たとえば、そのような徳の代表とも言える「気前のよさ」に対しては、しばしば「限られた（limited）」という形容詞が冠されることからも分かる通り、その及ぶ範囲は極めて狭い（T3.2.2.16：SBN494）。久保田顕二によれば、自然的徳は、その向かう対象が「特定の個人や集団」さらに言えば「近親者、友人や近隣の者だけ」に限られる。それゆえ、人為的徳の特徴は「一般的な」顧慮であるのに対し、自然的徳の特徴は「個別的な」顧慮と分析される[8]。

だがジェームズ・フィーザーやレイチェル・コーホンらは、こうした自然的徳の及ぶ範囲が拡張しうることを指摘する[9]。なるほど、ヒュームは「気前のよさ」の範囲が最大で祖国全体にまで広がりうることを認めているだけでなく（T3.3.3.2：SBN602）、われわれ人間が「全く見ず知らずの人を助ける」という描写をも行なう（T2.2.9.13：SBN385）。したがって、気前のよさや人間性などの自然的徳は「身近な人々」を越えて及ぶことが認められていると言える。では、自然的徳の及ぶ範囲はいかにして拡張されるのか。このメカニズムを解明するための準備を行なうことが本章の課題である[10]。

ところで、自然的徳の及ぶ範囲、及び他者への関心の範囲が「身近な人々」を越えて及ぶと言われるとき、ヒュームは「共感」という人間本性の原理が必要となることを明言している。たとえば、「共感がないのであれば、われわれは社会に対する拡張された関心をもつことはない」（T3.3.1.11：SBN579）と言われ、しかもこのときの共感の対象は、われわれの利害に全く関わりのない人物、すなわち「見知らぬ人たち」である（T3.3.1.26：SBN589）。それゆえ従来の研究は、共感の働きこそが、自然的徳の及ぶ範囲、及び他者への関心の範囲を拡張するものであると解釈してきた[11]。しかし筆者はこの解釈に疑義を呈したい。つまり、共感の働きだけではそのような範囲が拡張されえないと考えるのである。その理由はヒュームが共感に与えた説明を詳しく見ることで明らかとなる。そこで、共感の働きについて、次節で詳しく考察することにしよう。

二　共感と自然的徳の及ぶ範囲の拡張

(1) 二種類の共感

従来の研究では、共感こそが自然的徳の及ぶ範囲を拡張させるための十分条件だと考えられてきた。つまり、共感の「拡張的な働き」によって、他者への関心の範囲も「拡張」し、その結果、自然的徳の及ぶ範囲の「拡張」も説明できるのだ、と。しかし以下で見るように、共感の詳しい説明を見てみると、この解釈が妥当なものではないことが明らかになる。

共感原理の最初の説明は、『人間本性論』第二巻情念論の第一部第十一節「名声愛について」に見られる。共感とは「他者の傾向性や感情をコミュニケーションによって受け取る性向」(T2.1.11.2 : SBN316) であり、われわれは共感によって、他者が抱く感情と同じような感情を抱くことができるようになる。詳しく述べれば、共感は「類似」「隣接」「因果性」という観念連合の三原理の影響を受けてその働きが促される。そして働きが促された共感によって、当初抱かれている「観念」は「印象」に、すなわち感情そのものに転換する (T2.1.11.4–8 : SBN317–320)。この情念論第一部での説明が、共感の基本的な仕組みである。

ところで、このような共感の説明は、道徳論において共感が果たすべき役割を説明しないとして、次のように批判されてきた。上記の情念論第一部における説明に従うと、共感によって獲得されるのは、共感の対象となる人物が、観察されているまさにその時点で経験している一時的な心理的情緒ということになる。つまり、その場合の共感の対象は「ある人の現実存在している状態を瞬間的に切り取ったもの」なのであって、「通時的な存在としてのその人」ではない[12]。それゆえ、そのような共感は、ある種の「情動感染（contagion）」に過ぎず、それゆえヒュームは「他者への実践的関心」という、道徳にとって不可欠な要素を取りこぼしていると批判されてしまうのである[13]。

確かに、情念論第一部で説明される共感の働きは、「無意識的で機械的なプロセス」と解釈されることが多く[14]、共感がそのようなものでしかないのなら、上記の批判は的を射ていることになろう。しかしながら、ジェニファー・ハードも言うように、情念論第一部での説明は、共感という主題に関する決定的な要素と捉えられるべきではない[15]。というのも、ヒュームは情念論第二部に至り、共感を「制限された共感（limited sympathy）」と、「拡張された共感（extensive sympathy）」との二種類に分けており、情念論第一部での共感の説明は「制限された共感」の方だからである（T2.2.9.15：SBN387）。むしろ、道徳論において「徳に関するわれわれの感情は拡張された共感に依存する」（T3.3.1.23：SBN586）と述べられていることを考慮すると、道徳に関わるのは「拡張された共感」だと解釈するのが妥当と考えられるのであり[16]、これによって「他者への実践的関心」についても説明されるはずだという見通しを得ることができるだろう。

では「制限された共感」と「拡張された共感」とはそれぞれどのようなものだろうか。以下からは［1］それぞれの共感が獲得する感情・感覚の違い、及び［2］それぞれの共感が発動する際の条件の違いについて考察することにしよう。

（2）制限された共感と拡張された共感

まず［1］それぞれの共感によって獲得される感情・感覚の違いについて検討しよう。「制限された共感」は、今現在あらわれている感覚のみを対象とする（T2.2.9.7：SBN383）。それゆえ、目の前にいる人が仮に苦しんでいるのだとしたら、観察者は共感によって、その人と同じような苦を抱くことになる。これに対し、「拡張された共感」は今現在あらわれている感覚だけに制限されない。つまり「拡張された共感」が働くとき、観察者は想像力の働きによって観察対象者の過去や未来の状態にまで入り込み、今現在は抱かれていないけれど、その人が過去に持っていた・将来持つであろう感覚をも獲得するようになる。たとえば、ある人が苦しんでいる場合、拡張された共感が働くことで、観察者はその人が今現在抱いている苦痛だけでなく、その人が過去に持っていた・将来もつであろう「その苦痛を軽減したいという欲求」をも共有することで、道徳的な実践へと導かれる（T2.2.9.13：SBN385–386）。

では［2］それぞれの共感は、いかなる条件のもとで発動するのだろうか。ヒュームは共感が制限される条件として、共感によって最初に抱かれる知覚の活気の弱さを挙げる。たとえば、ある人が苦痛で表情をゆがめているとしても、その苦痛が弱い程度でしか観察者に伝わらないと、想像力の働きも弱くなる。それゆえ、観察者がその人の過去や未来にまで入り込むことはなく、結果として、当初の苦痛の感覚しか観察者は獲得しない（T2.2.9.12–14：SBN385–386）。このとき、観察者は苦痛の感覚を「制限された共感」を通じて受けとり、この苦痛を避けようとして、観察者自身がもつ嫌悪［＝苦を避けるよう動機づける気持ち］によって、おそらくはその場を離れることになるであろう。それゆえこの場合、「苦しんでいる人を助ける」という道徳的な実践に観察者が導かれることはないと考えられる。

逆に、最初に思い抱かれる知覚の活気が強い場合、共感は拡張されることになる。ヒュームによれば、「活き活きとした仕方でわれわれの胸を打つ現在の何らかの事情に助けられないのであれば、われわれはこの共感を未来へ拡張させることができない」（T2.2.9.14：SBN386）のである。かくして、共感の制限・拡張は、最初に思い抱かれる知覚の活気の程度に依存するのである（T2.2.9.15：SBN387）。

さて、以上の考察を踏まえ、共感の「拡張的な働き」により、〈他者への関心の範囲〉、及び〈自然的徳の及ぶ範囲〉が拡張されることになるのか、検討してみよう。「拡張された共感」というときの「拡張」は、「ある一人の人物の瞬間的な状態」から、「その一人の人物の過去や未来にまで及ぶ時系列的な状態」への「拡張」である。つまり、「拡張された共感」が「拡張」するものとは、「一人の人物における時間的な幅」なのであって、ここで問題としている「他者への関心の範囲」ではない。[17] なるほど、「拡張された共感」によって「他者への実践的関心」なるものが生じるのであり、そして何より、共感原理がわれわれ人間に備わっているからこそ、他者への関心の範囲拡大の可能性が担保されていると言える。しかしながら、関心の範囲拡大の可能性が共感原理によって担保されているとしても、それだけで「実際に関心の範囲が拡大すること」に繋がるわけではないし、何より、どのようなことが条件となって「実際に関心の範囲が拡大することになるのか」も説明されていないのである。

共感原理が人間に備わっているという条件だけでは、「他者への関心の範囲」が実際に拡大することにはならず、したがって「自然的徳の及ぶ範囲」の拡大ということも説明されないままである、そのように結論することができるだろう。[18] この結論により、自然的徳の及ぶ範囲の拡張を説明するには、共感の働きを考慮に入れることのみでは不十分であることが浮き彫りとなる。つまり共感原理は、自然的徳の及ぶ範囲を拡張するために必要であるとは言えるけれども、それだけでは不十分であり、さらに別の道具立てが必要になるのである。

*

本章では「自然的徳の及ぶ範囲」の拡張の仕組みを解明するという目的のもと、その手がかりと考えられる共感のメカニズムについて考察を進めてきた。ヒュームは『人間本性論』の情念論において、共感について詳しい説明を与えている。それによると、共感とはそれが最初に獲得される知覚の活気の強さに応じて、二種類の働き方をすることが述べられていた。

一つ目の働き方は「制限された共感」として説明されるものであり、これによって観察者は、観察対象に今現在あらわれている感覚のみを獲得する。仮にいま目の前で観察対象が苦しんでいるのだとしたら、その人物の苦痛のみを獲得するわけである。これに対して、二つ目の働き方である「拡張された共感」によって、観察者は、観察対象が今現在抱いている感情だけでなく、その人が過去に持っていた・将来持つであろう「その感情にまつわる欲求や嫌悪」をも共有する。観察対象が有する欲求や嫌悪を共有するために、この「拡張された共感」によって観察者は、自分以外の他人に対して、慈善的な行ないをするなどの道徳的な実践に導かれることになる(19)。

しかしながら、以上の共感の説明によっては、本章の冒頭においてその解明を目的とした「自然的徳の及ぶ範囲の拡張」という論点が説明されないままである。結局のところ、人間が、他者への関心を「身近な人々」以上の範囲にまで及ぼすようになるためには、共感の働きだけでは不十分であるということが、明らかとなったに過ぎない。

それでは、「自然的徳の及ぶ範囲の拡張」とは、共感以外のいかなる要素が導入されることによって、説明されるものなのだろうか。次章において明らかになるように、実は、この問いには『人間本性論』に留まっていたままでは答えることが難しい。すなわち、『人間本性論』での議論を抑えた上で、さらに『道徳原理の探求』や『道徳・政治・文芸論集』などの他の著作を横断することでようやく、「自然的徳の及ぶ範囲の拡張」を説明するために欠かせない道具立ての正体がはっきりと見えてくるのである。そこで、以下では部を分けて、上記の問いに答えを与えるべく、さらに考察を進めていくことにしよう。

註

（1）たとえば、神野慧一郎が『人間本性論』第三巻道徳論を考察するときに主として焦点を当てるのは、第一部の道徳心理学的な議論と第二部の人為的徳論のみである（神野［一九九六］一〇九―一四二頁）。

（2）渡部［一九九三］二四〇―二四一頁。「共感」の位置づけは、『人間本性論』と『道徳原理の探求』において異なっていると指摘されることがある（Selby-Bigge［1975］p. xxi）。本書ではこの点については触れないが、渡部［一九九三］、勢力［一九九九］五三頁脚註、及びVitz［2004］pp. 261–275の分析を受け入れて、「共感」を『人間本性論』第二巻で説明される「原理」として捉えることにする。

（3）本書では、これら三つを「他者にとって有用な性格特性」の代表として考察する。また以下では、「気前のよさ」「善意」「人間性」を交換可能なものとして扱う。というのもT3.2.2.16–19：SBN494–496, EPM3.6：SBN184–185, EPM9.12：SBN277, EPM9.21：SBN282において「気前のよさ」と「善意」が同じものとして記されており、またEPM2.5：SBN178, EPM3.28：SBN204, EPM5.18：SBN220, EPM9.20：SBN281において「善意」と「人間性」が同じものとして記されているからである。

（4）J・フィーザーは「自然的徳とは生まれつき備わっている性格徳性である」とする。他方、人為的徳とは、それを遂行するための動機が人間には生来的に存在しないものであるとされる（Fieser［1997］p. 382）。

（5）自然的徳を示す個別行為は、そのすべてが、影響を被る人に対して直接的に善をもたらす（T3.3.1.12：SBN579）。他方、人為的徳を示す個別行為が人を直接利することはない（T3.3.1.12：SBN580）。T・ポンコによれば、人為的徳とは、それが規則として遵守される場合に限り社会に利益がもたらされるものなのであり（Ponko［1983］pp. 46–58）、またR・コーホンによれば、人為的徳を示す個別行為は人を利するのではなく、正義という体系的な実践に寄与するものだという（Cohon［2006］p. 260）。

（6）こうした、自然的徳と人為的徳の区別を論じた先行研究を手際よくまとめたものとして、島内［二〇〇七］が有用である。

（7）本書では「身近な人々」として家族、親戚、そして親しい友人など、常日頃から利害関係を持ち、持続的に影響を及ぼし合うグループを意味するものとする（T3.3.2 : SBN602）。したがって、顔見知り程度であれば「身近な人々」に入らないと考える。

（8）久保田［一九九二］二六―二七頁。自然的徳の及ぶ範囲が家族、親戚そして親友に限られるという解釈としてはPenelhum［1988］pp. 251–276 : Capaldi［1989］pp. 204–205を参照。

（9）Fieser［1997］pp. 384-385, Cohon［2006］pp. 270–271.

（10）「自然的徳の及ぶ範囲」についてはÀrdal［1966］: Capaldi［1989］: Penelhum［1988］などが論じているが、それらをサーベイしているVitz［2002］pp. 271–295も含め、いずれも、自然的徳の及ぶ範囲がいかにして拡張するのかということを考察しない。

（11）たとえばFieser［1997］、Vitz［2002］、Cohon［2006］を参照。

（12）Cunningham［2004］pp. 237–239.

（13）たとえばMercer［1972］p. 21を参照せよ。

（14）Àrdal［1966］p. 45.

（15）Herdt［1997］p. 42.

（16）こうしたハードの主張とは対照的に、ジル・ドゥルーズは、その揺れの少なさを根拠に、「制限された共感」こそ、ヒュームにおける道徳的評価において基盤となる共感だと主張する（Deleuze［1991］pp. 41–42）。そしてA・S・カニンガムも、この主張を可能性ある解釈のひとつとして提示している（Cunningham［2004］pp. 244–246）。しかし、道徳的評価が持続的原理、すなわち性格を顧慮することから生じるという点をヒュームが繰り返し述べていることに鑑みれば（T3.3.1.4 : SBN575）、「拡張された共感」こそが道徳的評価に関係する共感だと解釈するのが自然だろう。

（17）同様の分析を行なう研究として、Cunningham［2004］pp. 242–243を参照。

（18）それにもかかわらず、情念論における「共感の拡張」が、「自然的徳の及ぶ範囲の拡張」として解釈されてしまうことが多い。たとえばVitz［2002］pp. 276–277を見よ。

（19）本章の議論に直接関係はしないが、前章の註14で触れた「コンヴェンション形成にあたり共感は関与しているか」という論点について、ここで付言しておきたい。本章での分析結果を踏まえると、共感には「制限された共感」と「拡張された共感」との二つの働き方が認められる。しかし、共感がどちらのやり方で働こうとも、「共通した利益の感覚」すなわちコンヴェンションの形成には至らないように思われる。

まず、コンヴェンションが形成される場面では、財の奪い合いという不都合が生じており、それゆえ行為者たちはその不都合による苦痛や不快を感じているはずである。その場面において、まずは「制限された共感」が働くとしてみよう。その場合、共感者は共感対象の「苦痛や不快」を自身の胸中に宿らせることになる。しかしながら、その苦痛の感じによっては、共感者自身の「嫌悪」の直接情念が引き起こされるため、共感者はその場を離れるか、あるいはその苦痛の発生源である共感対象を消し去ろうとするだろう。したがって「制限された共感」が働く場合、「共通する利益の感覚」が形成されるどころか、不都合な事態は解消されず、むしろ一層悲惨な事態を招くことになりかねない。

それでは、財の奪い合いという不都合が生じている場面で「拡張された共感」が働くとしたらどうなるだろう。本章で分析した通り、「拡張された共感」によっても、当初は共感対象が抱いているところの「苦痛や不快」が伝わってくることになるが、しかしそれにとどまらず、共感者はさらに、共感対象が過去や未来に抱いていた・抱くであろう「その苦痛を軽減したいという欲求」をも共有することで、道徳的な実践へと導かれることになる（T2.2.9.13：SBN385-386）。しかしながら、これはむしろ「コンヴェンションの形成」にとってはまずい事態と考えられる。というのも、そのときに実践されることは、まさに「利他的な振る舞い」に他ならず、自分の利益を投げ捨ててでも他人のために行動することになってしまう。だがそんなことでは「共通する利益」など形成されるわけもなく、その場合に結実するものは「他人の利益」でしかないからである。以上から筆者は、二つの「共感の働き方」に鑑みて、コンヴェンション形成時に共感が関与することはないと結論する。

第四部　「社交・会話」と「時間軸」

第七章　道徳と「社交・会話」

前章では、自然的徳論に焦点を当て、特に「自然的徳の及ぶ範囲の拡張」がどのようにして説明されるのか、検討してきた。その結果、「自然的徳の及ぶ範囲」、あるいは「他者への関心の範囲」が、共感の働きのみによっては拡張されえないことが判明した。本章ではこの結果を受けて、自然的徳の及ぶ範囲を拡張するための、共感とは別の道具立てを探し求めることにする。そしてこのとき、『人間本性論』を離れ、その他の諸著作、すなわち『道徳原理の探求』や『道徳・政治・文芸論集』のうちに、その道具立てを探求することにしたい。

このときに筆者は、その探求をはじめる手がかりとして、揺らぎがちな共感を補正するために「一般的観点」が導入される場面に、改めて注目する。そこでは具体例として、観察者が、自分の使用人に向いている自分の注意関心をローマ時代のマルクス・ブルータスへと向けかえることが描かれている（T3.3.1.16 : SBN582）。これは、観察者が自分の属する「身近な人々」から自分の関心を切り離し、その関心を、自分とは直接的な関わりのないところにまで拡張している場面を描いているものと理解できる。したがって、「一般的観点」の箇所で説明されている事柄を精査することで、他者への関心の範囲が拡張するメカニズムが明らかになるのではないかと思われるのである。まずはこの箇所の考察を手がかりとしながら、議論を始めることにしよう。

一　一般的観点の採用と社交・会話

前章でも確認したとおり、共感は身近なものや類似したものに対して、より強力に働く傾向をもつ。そのため、共感を道徳の基礎とするヒュームは、共感の偏りや変動を防ぐための仕組みを説明せねばならない。このときヒュームが導入するものこそ「一般的観点」であり、この観点を採用することで安定した道徳的評価を下すことが可能になるのであった（T3.3.1.15：SBN581–582）。このプロセスについて、ヒュームは以下のように述べている。

> われわれが、自分たち自身の利益、もしくは自分の友人たちの利益へ向かう性格の傾向のみから人物について判断するのであれば、われわれは社交や会話において、自分の感情に対する極めて多くの［意見の］不一致（contradiction）に出くわすだけでなく、自分たちの立場の絶え間ない変化から生じる不確実をも見出す。それゆえわれわれは、そのような大きな変動の余地を許さないような、美点（merit）と汚点（demerit）に関するある別の基準を探すのである。（T3.3.1.18：SBN583）

われわれの関心は当初、自分自身や自分の友人たちに向いているけれど、社交・会話の場において意見の不一致に出くわすことでそこから切り離され、変動を許さないような基準の探求へと向かう[1]。このときわれわれは、自分の関心を自分自身や自分の友人などの「身近な人々」を越えたところへ拡張させていると解釈できる。この場面でわれわれをそうさせるものは、社交・会話において出くわす意見の不一致である。不一致とはいかなるものも、われわれに著しい不快感をもたらすものであった（T1.4.2.36：SBN205）。それゆえ、この不快感を回避するために、われわれは自分の関心を自身の「身近な人々」を越えたところへと拡張させるのである。

ところで、われわれは意見の不一致に出くわすと、なぜ自分の関心を自身の「身近な人々」を越えたところへ拡張させるという行動をとるのだろうか。筆者がこの点を疑問に思うのは、この場合にわれわれが不快感を回避する手段として、次の二パターンを考えることができるからである。一つ目は［A］観察者が自身の「身近な人々」から関心を切り離し、自分とは異なる意見をもつ他人と、何らかの仕方で意見を一致させることで不快感を解消するという手であり、二つ目は［B］観察者が自身の「身近な人々」から関心を切り離さず、意見の不一致という不快が生じている「その場」から離れるという手である。どちらも、採用される可能性が開かれているにもかかわらず、ヒュームはわれわれが［A］を採用する場面しか描かない。そして、われわれが［A］を採用する理由については説明されないままである。つまり、ここにおいてヒュームは、何らかの説明を端折っていると考えられる。

では、どのようにしたら、この端折られていると思われる部分を補完できるだろうか。この補完作業を行うにあたり、筆者は、意見の不一致が生じる場の説明の中に登場する「社交」や「会話」というものに着目したい。一般的観点が採用されるとき、共感を介して意見や感情を取り交わす場が、必ずしも社交・会話である必要はないはずである。それにもかかわらずヒュームは、一般的観点や共通の観点などを導入する箇所で、必ず「社交」や「会話」に言及しているのである（T3.3.1.18 : SBN583–584, T3.3.3.2 : SBN602–603, T3.3.3.9 : SBN606）。このことから社交・会話というものに着目し、その役割について考察することで、端折られている部分を補完できるだけでなく、その考察は、本章の主題である他者への関心が「身近な人々」を越えて拡張するそのメカニズムを解明する際の重要な鍵になるとも考えられるのである[2]。そこで以下からは、考察の射程を『人間本性論』のみにとどめず、社交や会話についての言及が数多く見られる『道徳原理の探求』や『道徳・政治・文芸論集』にまで渉猟する範囲を拡大しながら、社交・会話について考察することにしよう。

二　ヒュームにおける「文明社会論」

本節では、これまでの『人間本性論』中心の考察から、『道徳原理の探求』や『道徳、政治、文芸論集』にも考察の範囲を広げることにする。ただし、複数の著作を横断的に考察するにあたっては、著作間の視点の違いに注意が必要である。『人間本性論』とは異なり、『道徳原理の探求』や『道徳、政治、文芸論集』では、野蛮な社会と文明化された社会とを対比する議論がなされ、また文明社会に見られる「奢侈（luxury）」や「勤労（industry）」についても考察されている。『道徳原理の探求』や『道徳、政治、文芸論集』のこのような性格を仮に「文明社会論」と呼ぶとするならば、『人間本性論』ではこの性格が見えにくくなっていると言えるだろう。(3) そして、この性格の見えにくさこそ、『人間本性論』と上記二著作とを同じ地平のもとで考察することを難しくしているものと思われる。だが、仮に『人間本性論』にも「文明社会論」の性格の一端を見いだしえるのなら、『人間本性論』と『道徳原理の探求』及び『道徳、政治、文芸論集』とを同じ地平のもとで考察することが可能になるだけでなく、『人間本性論』での議論を、『道徳原理の探求』や『道徳、政治、文芸論集』を用いて補うことが可能にもなると考えられる。そこで本節ではまず、『人間本性論』に「文明社会論」の性格を見いだすことができるのか、検討してみることにしたい。

（1）『人間本性論』における「文明社会論」

『人間本性論』に「文明社会論」の性格を見いだすにあたり、筆者はクリストファー・フィンレイの研究

［二〇〇七］を援用する。フィンレイは、人間の「社交性（sociability）」に着目し、それが『人間本性論』第二巻情念論と、第三巻道徳論第二部の人為的徳論それぞれにおいて、どのように現れているのかという観点から考察を展開する。フィンレイが問題とするのは、ヒュームが『人間本性論』内において描く人間像に食い違いがあるという点である。つまり、［α］第二巻情念論では、仮に何の利益が得られないとしても、「仲間との交際（company）」を愛し、社交・会話に興じる人間像が描かれている（T2.2.5.15 : SBN363）。他方、［β］第三巻道徳論の第二部「人為的徳論」では、ひたすら所有物の利益を追い求める人間像から出発した議論が行なわれている。ともに、ヒュームの描く人間像であるにもかかわらず、［α］と［β］は、ある意味で対照的なものと言える。それでは、なぜヒュームはこれほど異なる二つの人間像を描いているのか。フィンレイはこのように問題提起を行なう[4]。

この点を解決するためにフィンレイは、それぞれの人間本性が語られるときの「社会環境」に着目する[5]。そして［α］第二巻情念論での説明は、ヒュームが生きていた当時のヨーロッパに見られる社会を念頭に置いたものだと解釈する。つまり、正義の諸制度がすでに確立・維持されているだけでなく、商業や産業の発達、及び文化的な洗練が見られるような「文明社会」を念頭において、第二巻情念論での説明がなされていると主張する[6]。フィンレイによると、商業や産業が発達することで、物資的にも精神的にも人々の生活に余裕が生じ、その結果、狭い範囲にとどまっていた社交性が拡張する[7]。それゆえ、社交性に関するターム、すなわち「社交」「会話」「交際」などが頻出する第二巻情念論は、「文明社会」を念頭において語られていると解釈される。

これに対し、［β］「人為的徳論」において「起源」という主題のもとに探求される人間本性は、未開で洗練されていないものであるとフィンレイは解釈する[8]。そしてさらに、第二巻情念論と同じ「社交性」が認められる第三巻道徳論第三部の「自然的徳論」での説明は、「人為的徳論」で語られている議論を下敷きにした上で

フィンレイによる『人間本性論』の構造解釈

巻	各巻の内容	各部の内容	社会環境
第二巻	「情念について」 （情念論）		*「文明社会」* ・商業や産業の発達 ・文化的洗練、社交性 ・社交・会話・交際
第三巻	「道徳について」 （道徳論）	第２部 人為的徳論 （正義論）	*「野蛮で未開な社会」*
		第３部 自然的徳論 （利他的特性論）	*「文明社会」* ・商業や産業の発達 ・文化的洗練、社交性 ・社交・会話・交際

〈表−B〉

描かれたものだと結論する[9]。まとめると、上の〈表−B〉のようになる。

（2）社交・会話と「文明社会論」

以上のフィンレイの説は、『人間本性論』に「文明社会論」の性格を読み込もうとする点で、筆者にとって興味深い解釈である。だが、それはどこまで妥当なものと言えるだろうか。まずは道徳論第二部の「人為的徳論」の解釈について検討してみよう。

「人為的徳論」では、所有の規則や統治組織の起源が探求されるとともに、それらが社会の規模の拡大に伴って発展していくプロセスが描かれている。「人為的徳論」における考察のスタート地点で想定されている社会は、いわゆる「自然状態」のような段階である。そこで語られる人間像は、強い所有欲に突き動かされがちな存在であり、たとえ「気前のよさ」や「善意」などを持つとしても、それは「身近な人々」にしか及ばない、範囲の限られたものである（T3.2.2：SBN484–501, T3.2.7：SBN534–539）。利己性が強調されているこうした人間像は、正義の発展プロセスのうち社会の初期段階に見られるものでありながら、社会の規模が拡大するにつれて変化するとは言われない。したがって、フィンレイが主張する通り、人為的徳論で描かれている人間像は、未開で洗練されていない種類のものと言ってよいと思われる。

問題は、道徳論第三部の「自然的徳論」が、果たして「文明社会」を念頭において語られているのかどうか、という点である。フィンレイは、社交性を鍵として第三部にも「文明社会論」の性格を見いだしているが、それは社交・会話が「文明社会」に特徴的なものであるという前提があって初めて成立する主張である。したがって、フィンレイの主張を、社交・会話というタームの頻出を根拠に妥当なものと考えるのは論点先取を犯すことになる。しかも『人間本性論』には、社交・会話が「文明社会」に特徴的なものかどうかを確認できる議論がない。それゆえ、『人間本性論』にとどまっている限り、フィンレイ説の妥当性を検証することには難があると言えるだろう。そこで筆者は、『道徳、政治、文芸論集』に目を転じ、そこでのヒュームの記述を補助線として用いることにしたい。

ヒュームはエッセイ「エッセイを書くことについて」において人類を、獣のような生活を送っている人々と、精神活動に従事している上品な部類の人々とに分ける。前者は、野蛮な社会の住人、あるいは文明社会においては貧民層である。注目すべきは、後者のうちに「会話する人々(the conversible)」が含められる点である(EMPL p. 533)。坂本達哉によれば、前者の人々は「毎日のように生活に追われ、ゆとりある社交や知的な会話を楽しむ物資的基盤を欠いて」いるとされる[10]。これを逆に捉えると、「会話する人々」とは、「生活に追われることなくゆとりをもって社交や会話を楽しむ物資的基盤を確保している人々」ということになる。それゆえ、「産業や商業の発達による物資的基盤の確保」、及び「それにより生じる生活のゆとり」によって「社交や会話を中心とした生活」が生み出されるとヒュームは考えていると言えるから、社交・会話を「文明社会」を特徴づけるタームと見なしてよいということになる。そうすると、道徳論第三部「自然的徳論」で語られている人間本性、すなわち拡張されたものとして描かれる自然的徳は、社交・会話というタームの頻出を根拠として、「文明社会」を念頭に置いて語られていると解釈できることになる。

以上から筆者は、『人間本性論』第三巻道徳論の中でも、とりわけ第三部で語られている自然的徳論に「文明社会論」の性格の一端を見いだすことができると考える。以上を踏まえて次節からは、第三部の自然的徳論で語られる社交・会話についてさらに掘り下げて考察するために、『道徳、政治、文芸論集』や『道徳原理の探求』での議論を見てみることにしたい。

三　社交・会話と人間性の増幅

(1)『道徳・政治・文芸論集』における社交・会話

ヒュームはエッセイ「技芸の洗練について」において、社会が発展していくにつれて人々が「勤労」に精を出し、「知識」を豊富に蓄えるようになった結果、「人間性」が増幅するという一連のプロセスを提示する。筆者が注目するのは、「勤労」と「知識」が、最後には「人間性」という自然的徳の代表格と関係すると述べられている点である。まずは、このプロセスについて詳しく見てみることにしよう。

社会が正義の諸規則や諸制度によって安定し、人々が勤勉に働くことによって生活のために必要最低限の財が確保されると、余った財や時間が「学芸上におけるいくつかの洗練」(EMPL p. 270)にまわされる。[11] このような、財の確保とその結果もたらされる知識の増加により、会話のネタに事欠かなくなった人々は、孤独な状態にとどまっていることができなくなる。このことをヒュームは、「洗練された技芸が進歩すればするほど、人々はますます社交的になる」と表現する。[12] つまり、社会が文明化されればされるほど、人々の社交性が高まると言われていることが確認できる。社交性が高まることによって人々は街へと集い、知識を得たり交換したりすることを愛するようになるだけでなく、自分たちのウィットや暮らし方、衣服や家具における自分たちの趣味などを披露するようになる。かくして、社交・会話が繰り広げられる場であるサロンなどが至る所に作られるようになり、その結果、われわれ人間の心には、次のような影響が及ぶことになる（EMPL p. 271）。

> すると、人々が知識と学芸によって向上していくだけでなく、まさに一緒に会話をするという習慣によって、そしてまさに互いの快や愉しみに寄与するという習慣によって、人々は人間性の増幅（encrease of humanity）を感じないはずがないのである。（Ibid.）

注目すべきは習慣的に会話を行なうことで、自然的徳の代表たる「人間性」が「増幅する」とされている点である。[13] この「人間性の増幅」とは何を意味するのだろうか。この点を解明するために、人間性が強調されて描かれている『道徳原理の探求』に目を向けることにしよう。

(2)『道徳原理の探求』における「人間性」と「他者への関心」

『人間本性論』において「人間性」は、「気前のよさ」や「善意」と並び、他者に利益をもたらす自然的徳のひとつであった。そして「人間性」は『道徳原理の探求』において、道徳における最も重要な要素として次のように強調されている。

> 道徳についての考え方には、全ての人類に共通する、ある感情が含まれている。この感情によって、同一の対

象が一般的な是認へと推挙されるのであり、この感情のおかげで、すべての人あるいはほとんどの人が、その対象に関して同じ意見をもち同じく決定するよう一致するのである。また、道徳についての考え方に含まれているある感情は、極めて普遍的かつ広範囲に及ぶものなので、全ての人類にまで広がり、しかも最も遠くにいる人物の行為や振る舞いであっても、定められている正しさの規則にそれらが一致しているか一致していないかに応じて、それらを称賛の対象としたり、非難の対象としたりするのである。これら二つの必須な事情は、本論が主張している〈人間性の感情〉のみに当てはまることなのである。(EPM9.5 : SBN272)

この引用から、『道徳原理の探求』においてヒュームが語る「道徳」の中心には「人間性」が置かれていることが分かる。この「人間性」は、『道徳原理の探求』において、「他者への関心という、われわれの本性における原理」(EPM5.46 : SBN231) と言い換えられている。そして、この「他者への関心」と社交・会話の関わりについて、ヒュームは次のように述べる。

他の人たちに対する善意の関心〔=人間性〕は、どんな程度であっても、全ての人たちに行き渡っていて、全ての人たちにおいて同一なのであるから、それは談話において一層頻繁に現れ、社交と会話によって育まれ、そしてその結果生じる非難と是認が、そうする〔談話にあらわれ社交と会話によって育まれる〕ことによって、孤独で未開の状態においてはおそらく眠らされていた無気力から覚醒するのである。(EPM9.9 : SBN275)

「他の人たちへの善意の関心」イコール「人間性」であることを考慮すると、この引用で見られる「社交や会話によって他の人たちへの関心が育まれる」と、本節第一項の「会話を繰り返すことで人間性が増幅する」とを架橋することが可能になる。つまり、「社交・会話によって人間性が増幅する」とは、「社交・会話によって他の人たちへの関心の範囲が拡張する」ということを意味していると解釈できるのである。

以上から筆者は、他の人たちへの関心の範囲の拡張、及び自然的徳の及ぶ範囲の拡張のためには、共感だけでなく社交・会話が必要になると解釈する。なるほど、勢力尚雅が言うように、われわれは共感によって「人間性の種子」なるものを自らに認めるので、他の人たちに関心をもつために、まずは共感が必要となる。[14] だが、人間性の種子が対象とする「他の人たち」とは「身近な人々」なのであり、そのままでは「身近な人々」を越え出ることはない。つまり、人間性の及ぶ範囲が拡張するためには、「身近な人々」以外の人たちと出会える社交・会話というものが重要な役割を担うことになると考えられるのである。

それでは、社交・会話を経ると、人間性はなぜ、そしてどのようにして増幅することになるのだろうか。[15] 次節では再度『人間本性論』に立ち戻り、社交・会話によって人間性が増幅する原理的な仕組みを解明することにしよう。

四　社交・会話と自然的徳の涵養

ヒュームは、社交や会話、及び仲間との交際が、それ自体極めて喜ばしいものだと述べる（T2.2.4 : SBN 353）。しかもわれわれ人間には、社交によって何の利益が得られないとしても、社交への顕著な欲求があるとされる（T2.5.15 : SBN363）。とはいえ、このような顕著な欲求が生じるそもそもの理由は、人間が学問を通じて知識を豊富に獲得するようになると、その知識を他人に語らずにはいられなくなるからである（EMPL p. 271）。このことは、本章第一節で筆者が疑問視したことに対するひとつの答えとなる。すなわち、社交・会話において、われわれが意見の不一致に出くわして不快な気持ちになってもその場から離れることがないのは、獲得した知識を語り合う場である社交・会話に参加し続けていたいと願う強い欲求があるからなのである。

だが、社交・会話が常に楽しいものであるわけではない。この点に関する考察が『人間本性論』道徳論第三部第三節「心の偉大さについて」で与えられている。そこでは、社交・会話における「誇り（pride）」という情念についての考察がなされる。

誇りとは、人間本性における本質的な情念のひとつであり、誇りを持つことで人は常に快適な気分でいられる。それだけでなく、誇りによって自信や落ち着きをも持つことになるので、あらゆる計画を遂行するにあたり、誇りはその所持者にとって有用なものとされている（T3.3.2.10：SBN597）。だが、こうした快適性と有用性にもかかわらず、社交・会話において誇りは、それがどのようなものであれ、表明されてはならないものとなる。

すでに見たように、社交・会話において他者と意見や感情を交流させるときに働く原理は共感であった。たとえば、われわれの目の前に有徳な人物が現れるとすると、その人物が自分の有徳さを誇ることで抱く快の感覚を、われわれは共感によって獲得する。このためにわれわれは、共感によって、有徳な人物を愛し尊重する（T3.3.2.6：SBN595）。

だが、大した美点を持たないにもかかわらず過度に自惚れる人が目の前に現れる場合、共感に代わって、「比較（comparison）」の原理が働いてしまうことになる。[16] そうするとわれわれは、過度に自惚れるその人に比して自分自身をみすぼらしく思うようになり、そしてその結果、その過度に自惚れる人を妬み憎むことになる（T3.3.2.6：SBN595–596）。

かくして、過度の自惚れは、周りの人たちを必ず不愉快にし、社交・会話において最大の憤慨を引き起こすものとされる。また、全ての人は、大体がこの悪徳へ向かう強力な性向を持っている。さらに、いかなる人も、自分自身で「自分の美点に対する自分の尊重が相応しいものである」ということに確信をもつことはできない。したがって、人々が誇りを見せ合っていがみ合うことを防ぎ、会話を快適なものに、少なくとも不快感を与えないようにするために、「行儀の規則（rules of good-breeding）」が定められる。そしてこの規則により、社交・会話では、いかなる程度であれ誇りが示される場合は常に、誇りを示す人は非難されることになる（T3.3.2.10：SBN597–598）。社交・会話とは、この行儀の規則が通用する場なのであり、この場に参加することで人間の心には、次のような影響が及ぼされる。

この点［誇りを抱くこと］に関する何らかの偽装は絶対に必要である。具体的に言えば、もしわれわれが自分の胸中に誇りを抱くとしても、適正な外観を示さねばならず、自分たちのあらゆる振る舞いと行動において、慎ましさと相互の敬意とを見せねばならない。われわれは、あらゆる場合に、自分自身よりも他の人たちの方を優先する心構えを持ち、他の人たちがたとえ自分たちと同じであるとしても、ある種の敬意をもって他の人たちを扱う心構えを持ち、われわれが他の人たちより際立っていない場合には、仲間のうちで最低で最も価値のないものであるよう見せる心構えを持たねばならないのである。（T3.3.2.10：SBN598）

われわれが社交・会話において誇りを示すと、行儀の規則により必ず非難されることになる。そのように非難されることを避けるために、社交・会話の参加者は、自分の誇りを他人に隠すようになる。もちろんその偽装は、当初の段階においては他人の気持ちを考えたものであるわけではない、単なる儀礼的なものに過ぎないだろう。しかしながら、その偽装を繰り返し、そして自身の習慣として身についていくことを通じて、次第に「他者への関心」の程度が高まっていくのである。そしてその結果、あらゆる場合に、自分自身よりも他の人たちを優先する心構えが涵養されるようになる。これこそまさに、「他の人たちへの関心」すなわち「人間性」が「増幅」する理由、及びその仕方の原理的な説明に他ならないと考えられるのである。

*

前章と本章では、『人間本性論』第三巻道徳論の第三部で語られている自然的徳論に焦点を合わせて考察を進めてきた。その結果、社交・会話が人間性などの自然的徳の及ぶ範囲を拡張させること、そしてその原理的な仕組みが、人間の心に対する「行儀の規則」の影響に認められることを明らかにした。以上から、われわれ人間が、他の人たちへの関心の範囲、及び自然的徳の及ぶ範囲を拡張するためには、共感原理を働かせるだけでなく、社交・会話に参加することを通じて人間性を涵養・増幅せねばならない、そうヒュームは考えているものと思われる。

商業や産業が発達し、ヨーロッパ世界が次第に拡張しつつあった近代において、社交・会話に興じる人々は、自分の関心の範囲を、「身近な人々」を越えて、様々な国や地域、そして時代の違う人にまで拡げていったのだろう。その中には、「全く見ず知らずの人」に対して自然的徳を示す行為がなされるといった事態も、もしかすると含まれていたのかもしれない。そのような時代に生きて、そのような事態を観察したヒュームにとっては、道徳論第二部において自然的徳の基本的な特徴のみを論じるだけでなく、第三部においてその徳の及ぶ範囲の拡張についても論じておくことが、正義や統治組織の起源を探求することと並んで、重要であったのだと思われる。

以上の考察が妥当なものであるならば、そしてまた社交や会話、及びそこで通じている「行儀の規則」の影響などが、道徳論第三部で語られる自然的徳論に特有のものと認められるのならば、自然的徳論に対して、これまで以上の光が投げかけられ、その結果、道徳論第一部の道徳心理学的考察や第二部の正義論では語り尽くし得ない、新たなヒューム像が浮かび上がってくるのではないだろうか。

註

(1) 注意しておきたいが、社交・会話の場においてわれわれが出会うのは自分たちにとっての「見知らぬ人々（strangers）」であって、社交・会話の場においてわれわれが出くわす意見とは「見知らぬ人々」がもつ意見のことである（EPM8.4：SBN262）。

(2) ヒュームの倫理学理論を考察する上で、社交・会話に注目した研究として、坂本［二〇〇二］、水谷［二〇〇七、二〇〇八］が挙げられる。本書は、それらの研究を参考にしつつ、社交・会話がわれわれの道徳の営みにおいてどのような役割を担うものとしてヒュームによって描かれているのかということについて、さらに掘り下げた考察を行なうものである。

(3) 坂本達哉は、「文明社会論」が、『人間本性論』の後にヒュームが出版した諸作品の基本的性格に他ならないと解釈する（坂本［一九九五］二七頁）。

(4) Finlay [2007] p. 108.

(5) Finlay [2007] p. 109.

(6) Finlay [2007] p. 133.

(7) Finlay [2007] p. 109.

(8) Finlay [2007] pp. 108, 129.

(9) Finlay [2007] p. 134.

(10) 坂本［二〇〇二］八頁。

(11) 壽里竜は、この洗練には「機械技術の発達、生産技術の熟練、軍事的な規律を含めた政治技術上の知識、さらにはウィットや教養など、非常に幅広い対象」が含められるとする（壽里［二〇〇〇］一〇三頁）。

(12) 人間とは、文明化が進めば進むほど、社交へと誘われるものであるということについては、実はカントによっても指摘されていることである（このことは、指導教員の水谷雅彦先生よりご教示いただいた）。しかしながら、ヒュームとは異なり、カントにおいて人間が社交へ向かう理由は、「あまりの退屈さからくる吐き気」と、「あらゆる忙しさを厭うことからくる重荷」との狭間に置かれると、人間は「どちらもいっさい伴わない休息がほしい」と自然に思うようになるからである。（カント［一七九八／二〇〇三］〔邦訳〕五九―六〇頁）

(13) 社交・会話によって人間性は増幅するとされている。しかし、単なる「おしゃべり（chat）」とは異なり、社交・会話で話し合われる話題は学問の世界から輸入されたものでなければならない。さもなくば、社交・会話は最もつまらない無駄な「おしゃべり」に堕するのであり、その結果、心は鍛錬されなくなり、高められることにもならない（EMPL p. 534）。

(14) 勢力［一九九九］五七頁。

(15) 勢力尚雅も、社交による人間性の涵養および発展の可能性を認めている（勢力［一九九九］六六頁）。だが、その仕組みに関する考察はない。本章での考察は、この点を補足するものでもある。

(16) 美点を持つ人が、自分の美点に相応しい程度の誇りを抱いているとわれわれが考えるのであれば「共感」が働くが、その人が、自分の美点に相応しくない異常な程度の誇りを抱いているとわれわれが考えるのであれば、「比較」が働いてしまう。この「美点を持つ人自身が自分の美点に関して把握している相応しさ」に応じてわれわれの受け取る観念の活気が変化することこそ、共感が働くのか比較が働くのかを決定する要素なのである（T3.3.2.6 : SBN595–596）。

第八章　「道徳」と「人々の意見」、そして「時間」

これまでの考察を振り返っておこう。本書ではまず、倫理学理論にとって欠かすことのできない両翼である「道徳的評価の仕組み」と「動機づけのメカニズム」について考察を行なった。そののち、ヒュームの区分にしたがって「人為的徳」と「自然的徳」それぞれに固有かつ重要と思われる論点について考察を行なってきた。その過程で、ヒュームにおいては「道徳」が「時間軸」の観点から見つめられていること、そしてわれわれ人間の道徳的な営みの中で、「社交や会話」というものの重要性が見てとられていることが浮かび上がってきたように思われる。

以上の考察から浮き彫りとなってきた知見はいずれも、全三巻からなるヒュームの『人間本性論』を「ひとつなぎの道徳哲学の書」として読むという方針で行なわれたからこそ、得られたものであると筆者は考えている。ヒューム自身の言葉とは裏腹に、第三巻道徳論での議論は、第一巻知性論と第二巻情念論で論じられていることを踏まえなければ、十分に理解することはできないばかりか、ともすればヒュームの真意を誤解したり、ヒュームの独自性を取り逃がしたりする恐れがあるのだ。だからこそ本書では、第二部以降でヒュームの倫理学理論の考察を始めるに先んじて、第一部において認識論的な基礎をおさえておいたのであった。

ところで、筆者は本書の第一部において、ひとつの問題を先送りにしていた。すなわち、『人間本性論』第一巻知性論においてヒューム自身が直面した「懐疑論」は、第三巻道徳論にまで歩みを進めたときに、どのようにして解決・解消されることになるのかという問題である。ここまでで、ある程度はヒュームの倫理思想に関する考察を重ねてきたわけだから、そろそろその問題に取り組まれてもよい頃ではないかと思われるかもしれない。しかしながら、筆者はその取り組みを、次の最終章にて行なうことにする。本章では、その取り組みを可能にするための最後の準備として、その問題に関わる一つの重要な論点を考察しておくことにしたい。それはすなわち、『人間本性論』の全三巻の間に見られる、「信念」の取り扱いをめぐる「不整合」とも思われるヒュームの記述についての考察である。

一　異なる「信念」の取り扱い

繰り返しになるが、ヒューム哲学の研究においては、『人間本性論』第一巻知性論で展開される「懐疑論」こそが、これまで最大の問題とされてきたと言っても過言ではない。われわれ人間は反省をすることで、最初に抱いていた信念の「勢いと活気」を漸次的に減らすことになるわけだが、反省をし続けることによって、想い抱かれているその信念は、最終的に跡形もなく消滅してしまう。これがヒュームの「全面的懐疑論」への途であった（T1.4.1.6–7：SBN182–183）。

しかしながら、そのようないわば「破滅的な結論」に至ったにもかかわらず、『人間本性論』のそれ以降の巻、すなわち第二巻情念論および第三巻道徳論へと歩みを進めると、第一巻において大問題となったはずの「懐疑」がまったく問題とされず、むしろ道徳に関わる「信念（意見）」の存在は、疑われることなく前提されることになる。さらにヒュームは、そうした「信念（意見）」が「権威をもつ」、あるいはそれらが「不可謬である」とまで述べるようになる。このように、『人間本性論』の巻の間で「信念（意見）」についての取り扱いが異なることは、それがヒューム自身における不整合でないのだとしたら、一体何を意味しているのだろうか。

本章では、このような問題意識のもと、道徳の場面における「人々の意見」というものについて考察してみたい。そしてその考察を通じて、ヒュームが考えている「道徳の本質的要素」のひとつを抉出することを試みる。

すでに確認している通り、ヒュームは「徳の源泉」として、次の四つを提示していた。すなわち、「他の人々にとっての有用性（usefulness to others）」「その人自身にとっての有用性（usefulness to the person himself）」「他の人々にとっての直接的な快適性（immediate agreeableness to others）」「その人自身にとっての直接的な快適性（immediate agreeableness to the person himself）」、以上の四源泉である（T3.3.1.27–30：SBN589–591）。そして本書では、これら「徳の四つの源泉」を、ヒュームにおける「道徳の本質的要素」であるとしていた。しかしながらそれは、「道徳の本質的要素」の一つに過ぎず、それ以外の別の要素を掬いとってこそ、ヒュームの考える「道徳」の全容が判明するものと筆者には思われるのである。本章では、この「道徳の本質的要素」と考えられるものを明らかにすることも、目標のひとつとして念頭に置きながら、考察を進めていくことにしたい。

この目標を達成するにあたり、本書では「道徳に関する信念」を手がかりとする。なるほど、「道徳性とは判断されるというよりも感じられるという方が適切である」（T3.1.2.1：SBN470）とするヒューム自身の言葉に加え、道徳論のテクストに「信念（belief）」という言葉がほとんど見られないことから、「道徳に関する信念」に着目する筆者の見通しがまったくの誤りであると思われるかもしれない。しかしながら、ヒュームは道徳論において、「信念」という言葉に代わって「意見（opinion）」という言葉をしばしば用いており、しかもその「意見」は、道徳と関連づけられる形で論じられている。そこで以下からは、この「意見」という言葉に着目しながら考察を進め、それを手がかりに、ヒュームにおける「道徳」の全容を明らかにすることを試みる。

二　ヒュームの道徳論における「信念」に関する問題

（1）信念と道徳的行為の動機づけ

ヒュームは一般に、第三代シャフツベリ伯爵（Anthony Ashley Cooper 3rd Earl of Shaftesbury, 1671–1713）や本書第三章でも登場したハチスンらの「道徳感覚学派」の影響を受けながらも、それを批判的に継承し、「道徳感情論」を唱道した思想家として特徴づけられることが多い。『人間本性論』第三巻道徳論の冒頭では、当時の理性主義的道徳説に反対する形で、道徳的評価も、（道徳的な）行為の動機づけも、理性単独によってはなしえないと論じられる。逆に、道徳的な評価と動機づけのどちらにも、感情や情念の関与が必須であるというのがヒュームの主張であることに間違いはない。

しかしながら、実際にはヒュームが道徳を、感情との関係でしか述べていないわけではない。むしろ道徳は、理性が取り扱う対象である「観念（信念）」との関係でも論じられることがある。なるほど、道徳論において「信念」の原語“belief”が用いられているのは一箇所（T3.3.1.20 : SBN585）に過ぎない。しかもこの箇所で登場する「信念」は、情念がもつ勢いと活気の強さを、信念のそれと比較するために引き合いに出されているに過ぎず、道徳に関する議論と直接かかわり合いがあるとは言えない。しかしながら、「信念」という言葉から目を転じ、「意見（opinion）」という言葉に注目してみよう。信念の詳しい説明がなされている『人間本性論』第一巻知性論では、数多くの箇所で"belief or opinion"というように、「信念」と「意見」がしばしば併記され、二つは同義のものとして用いられている（e.g., T1.3.6.15：SBN93, T1.3.8.15：SBN105, T1.3.13.19：SBN153, T1.3.7.5：SBN96, T1.3.7.7：SBN628, T1.4.2.43：SBN210, etc.）。信念と意見の間の違いという問題を、差し当たりいまは措くとすれば[1]、ヒュームが「意見」という言葉で「ある種の信念」を言い表していると考えることができるだろう。かくして、"belief"から目を転じて"opinion"という言葉に光を当ててみると、ヒュームが道徳論において「信念」に、実は頻繁に言及していることが浮かび上がってくるのである。

さて、道徳論を考察するにあたって「意見」に注目するとき、まずは次の引用箇所が、一つの問題を突きつけてくるように思われる。

> 哲学は、思弁的なものと実践的なものとに分けられるのが一般的である。そして、道徳とは常に、後者の区分のもとで把握されてきたので、道徳はわれわれの情念や行為に影響し、知性の穏やかで不活性な判断を越えるものと考えられている。そして、以上のことは普段の経験によって確証される。普段の経験によると、人々はしばしば自分たちの義務によって支配されている。つまり、人々は「不正義の意見（opinion of injustice）」によってある行為を差し控えさせられ、「責務の意見（opinion of obligation）」によって他の行為へと駆り立てられる。（T3.1.1.5：SBN457）

この引用部では、「〈ある種の信念〉である〈意見〉が、われわれに行為を動機づけたり差し控えさせたりする」と述べられていることが分かる。ところがヒュームは、引用個所の直前で、知識や信念を扱う理性には、行為を動機づける力も動機づけを妨害する力さえも持たないと、そう主張していた（T3.1.1.6：SBN457）。したがって、「理性が取り扱う対象である〈ある種の信念〉が行為を動機づける」と述べることは、一見するとヒューム内における不整合のように思われるかもしれない。

しかしながら、ヒューム研究において重ねて論じられてきたテーマの一つでもあるこの不整合の問題に対しては、すでに一定の解消策が提出されている(2)。本書第四章での議論を踏まえつつ、この不整合に見える問題について解答を与えるとしたら、次のようになる。なるほど、理性単独では、道徳的評価を下すこともできなければ、行為を動機づけることもできない。だが、理性の扱う対象である「観念」が、何らかの仕方で「勢いと活気」を得ることで「信念」となり、その信念が「情念」を引き起こし、この情念が行為者を動機づけるという意味で、「意見が道徳的評価や動機づけに影響を及ぼす」と述べられていると解釈するのである。

すでに見た通り、ヒューム哲学において行為の動機づけに深く関わるものは「快苦の感覚」であり、それは道徳の場面においても同じである（T3.1.1 : SBN574）。人間は快苦を実際に感じるか快苦の見込みを得るとき、行為へと突き動かされる（T2.3.3 : SBN414）。重要なのは「快苦の見込み（prospect）」、すなわち「信念」であっても行為が引き起こされるという点である。『人間本性論』第一巻知性論における「信念がもつ影響力」の議論を踏まえるならば、観念であっても、「勢いと活気」を備えているもの、すなわち信念には、行為に直接関係する「意志」を動かす力が認められているのである（T1.3.10.3 : SBN119）。先行研究はこの箇所を手がかりに、快苦の見込みをあらわす信念が、「快を求める欲求（desire）」か「不快に対する嫌悪（aversion）」かのどちらかを引き起こし（T2.3.7 : SBN416–417）、これらの欲求・嫌悪の情念が、われわれ人間を行為へ動機づけると解釈する。ヒュームにおける信念は、動機づけの力を持つ情念を引き起こすことを通じて、間接的にではあれ、行為を引き起こすことができるのである。

ヒュームの道徳論を読み解くときには、その感情主義的な側面にばかり目が注がれがちである。しかしながら、本節でみたように、理性の取り扱う対象である信念や意見も、われわれの道徳的な営みに影響を及ぼすものとして描かれているのである。そのことをきちんと見極めることで、一見不整合のように思われるテクストには、何らの問題も含まれていないことが分かるだろう。

(2) 人々の意見の「権威」と「不可謬性」

さて、道徳論における「意見」に関する上記の問題は、「情念を引き起こす信念の影響力」という点を踏まえることで解決されることになる。しかしながら、こうした点をおさえてもなお、道徳論における「意見」に関するヒュームの次の主張が、極めて不可解なものとしてわれわれの目に飛び込んでくるのである。

自身のコンヴェンション論において社会契約論を論駁するくだりで、ヒュームは自分のそれまでの議論が独断的と思われないようにするために、純粋な推理に基づいて論じるそれまでの戦略を一時やめ、人々の権威に訴える戦略を採ると言い出す。そして自分がそのような戦略を採ることは、全く驚くことではないとして、その理由を次のように述べる。

というのも、人々の意見(the opinions of men)が、この場合には、そのような大衆の感情に特殊な権威(authority)を伴わせるということ、そして人々の意見が大部分、不可謬である(infallible)ということが観察されるに違いないからである。(T3.2.8 : SBN546)

同様に、抵抗権について論じられた箇所においては、「人々の意見」に関して一層強烈な、次のような表現をわれわれは目にすることになる。

人類の一般的な意見(the general opinion of mankind)はあらゆる場合に何らかの権威(authority)を持つ。しかし、道徳のうちでもこの場合［＝圧政に対して被治者が抵抗を示すという場合］には、それは完全に不可謬（perfectly infallible）である。（T3.2.9.4 : SBN552）

これらの箇所に見られる「人々・人類の意見［以下「人々の意見」で一括する］」も、「意見」であるからにはある種の信念と考えてよいだろう。この「人々の意見」についてヒュームは、それが「権威を持つ」と、あるいはそれが「不可謬である」と述べるのである。果たしてヒュームは「人々の意見」について、このように表現することで何を言わんとしているのだろうか。

ここで、通常理解されている信念の基本的な要素、すなわち知覚の「勢いと活気」（T1.3.7.5 : SBN96）を引き合いに出すとしても、あるいは前項において確認した「信念（意見）には、情念を引き起こす力がある」という理解に訴えるとしても、人々の意見が「権威をもつこと」と「不可謬であること」を説明することはできない。従来通りの信念理解では、道徳の場面で果たされる信念・意見の重大な役割および特徴について説明できないまま、われわれは行き詰まることになるのだ。

ところで、ここで少し立ち止まり、本書の第一部においてヒュームの信念論を考察した際に得られた知見を思い出してみよう。それによれば、ヒュームは信念を、［1］観念に内在する「勢いと活気」という要素、［2］観念がもつ意志や情念への影響力である「特有の感じ」という要素、そして［3］心が観念を想い抱くときの「心の作用」という要素、以上の三つのレベルでもって説明していた（本書第一章、特に第三節）。さらに、この「心の作用」に対しては、「一般的規則」というものが影響を及ぼすのであった（本書第二章）。いまのところ、これら三つのうち「勢いと活気」および「特有の感じ」を引き合いに出しても、「意見の権威性」と「意見の不可謬性」について説明できずにいる。しかしながら、第三の要素である「心の作用」に着目すれば、その行き詰まりを打破できるのではないだろうか。

そこで筆者は、これら「心の作用」と「一般的規則」に関する知見を用いながら、「人々の意見が権威をもつ」および「道徳に関する人々の意見が不可謬である」ということでヒュームが何を言わんとしているのかということについて、一定の理解を与えることにしたい。

このための予備的考察として、まずは次の第三節において「心の作用」と「一般的規則」の内実および役割などについて改めて確認する。その後、本章第四節において「人々の意見が権威をもつとはどのようなことか」という問いに対して、そして第五節において「道徳の意見が不可謬であるとはどのようなことか」という問いに対して、答えを与えることにしたい。

三　ヒュームの信念論　ふたたび

(1) 信念の構成要素

ヒュームの知覚論において「信念」は、「観念」として分類される。ところで、あることを想い抱いていながらそれを信じないことが可能であるように、観念と信念の間には違いがあり、その違いは当初、それらが有する「勢いと活気〔以下「活気」で一括〕」の程度で説明されていた（T1.3.7.5 : SBN96）。ヒュームによれば、われわれが何らかの対象を信じているとき、われわれが想い浮かべているその対象は活き活きとしている、換言すると、われわれが想い抱いている観念には「活気」があるのである。

さらにヒュームのテクストを丹念に読み解くと、実はヒュームが『人間本性論』「補論」において、「活気」とは別の信念の特徴について語りだしていたことが判明した。すなわち、「活気」とは別のものであるところの「心の作用」に、言い換えると「心が観念を想い抱く仕方」に言及し始めるのであった（本書第一章第四節）。

ここで、「心の作用」について次の点を敷衍しておきたい。「心の作用」は、「依然不確かさを伴う明証性(evidence, which is still attended with uncertainty)」と定義される狭義の[3]「蓋然性(probability)」(T1.3.11.2 : SBN124)について述べられた箇所で、次のように説明されている。われわれが何らかの事象について判断を下すとき、まずは過去のいくつもの出来事を通覧し、類似した像［たとえば「C→E」］を寄せ集める(T1.3.12.11 : SBN134-135)。それと同時に、それとは類似しない像［C→F］など］も寄せ集められることになるが、対立する像は両立することができず、互いに破壊しあう。その結果、心は、数の少ない像が有する力を数の多い像が有する力から差し引いて残る力のみによって、数でより優った像の方へと決定される(T1.3.12.19 : SBN138)。これがヒュームの因果論で有名な、「心の被決定(determination of the mind)」と言われる事態である。ここで、本書の第一部で考察した知見を踏まえると、この「心の被決定」とは、より数の多い方の像［Eの信念］を心が想い抱くその仕方のことであるのだから、「心の被決定」というのは、本書第一部で析出した「心の作用」の別の言われ方であると考えることができるだろう。

ところで、像が複数ある場合、そのうちのどれを想い抱くよう決定されるかは、個人が経験した事例の数の多寡に依存する。たとえば、「C→E」という事例を多く経験すればするほど、そしてそれとは対立する別の事例の経験が少なければ少ないほど、心が信念Eを想い抱くよう決定される程度は高まることになる。このことをヒュームは、「信念が新たな度合いの安定性と確信とを獲得する」(T1.3.11.9 : SBN127)と表現する。本書第一章（特に、第一章第四節）で見たとおり、「安定性(steadiness)」とは、「より安定した想い抱き方(more steady conception)」(T App. 5-6 : SBN626)という表現からも分かる通り、信念の「想い抱き方(conception)」の程度を言い表すものである。したがって、「安定性」を、信念を想い抱くときの「心の被決定［＝心の作用］」

の程度を意味するものとして理解することができるだろう。

さらに、他の箇所においては、経験してきた事例の数に応じて「確信が増大すること」を、ヒュームは「新たな蓋然性の付加」と言い換えている（T1.4.1.2 : SBN180-181）。「蓋然性が付け加わること」と「確信が増大すること」が言い換えられるわけだから、「蓋然性」と「確信」とは、同じことを意味していると解釈できる。もちろん、ヒュームは「蓋然性（probability）」という語を、「確率」、「蓋然的推論」、「蓋然的認識」などなど、文脈に応じてさまざまな意味で用いており、その意味を特定するときには慎重にならねばならない。だが以上の考察を踏まえて本書では、「蓋然性」という言葉が「心の作用」との関連で登場するとき〔道徳論においてはT3.3.1.20 : SBN585など〕、「蓋然性」をヒュームが、信念の「安定性」や「確信」と同じ意味を持つものとして用いていると解釈し、その上で考察を進めることにする。

（2）「心の作用」に対する一般的規則と反省の影響

ヒュームは信念を、三つの特徴〔「活気」、「特有の感じ」、そして「心の作用」〕から説明していた。このことに加え、本書第二章（特に第二章第一節）で考察したことを思い出そう。三つ目の特徴である「心の作用」とは、「一般的規則」によって、われわれに与えられるものであった。「心の作用」とは「特定の対象の想い抱き方」と言い換えることができるわけだが、その個別個別の想い抱き方を与えるものこそが「一般的規則」なのであった。

ところで、一般的規則は二種類に分けられるのであり、最初の判断を下すときに影響を及ぼす「（習慣／想像力の）一般的規則α」に対しては、「（反省／知性の）一般的規則β」とそれを用いた「反省」が影響を及ぼすのであった。それらが影響を及ぼし合うメカニズムについて、改めて確認しておくと次の通りとなる。

本書第二章第六節で指摘した通り、反省とは「心の作用」を無理強いさせるものであった。「心の作用」が無理強いさせられると、現前する印象がもつ活気は、抱かれる観念へ移行されにくくなる。すなわち、われわれは「反省」することによって、自分たちの信念の活気の増大が、ある程度防がれることになる。

次に、そもそも一般的規則とは、それが習慣であれ反省であれ、特定の判断を繰り返し反復する経験を重ねることによって形成されるものである。そしてヒュームは「一般的規則とは蓋然性を生み出すものである」（T1.3.13.7：SBN146）と述べている。先程考察した通り「蓋然性」は、「安定性」や「確信」と同義のものと考えうるのだから、この場合の「蓋然性を生み出す」は「安定性・確信を付加する」と言い換えることができるだろう。かくして、一般的規則とは、特定の「心の作用」を人間に与えるだけでなく、蓋然性・安定性を付加することで、その特定の「心の作用」の程度を、言い換えると、特定の「心の被決定」の程度を強める・高めるものでもあることが分かるだろう。もちろん、最初に判断を下したときの「一般的規則α」が、反省を通じて照らし合わされるところの「一般的規則β」と合致しない場合には、逆に蓋然性・安定性が削減されることになる。そしてそれによって「心の作用」の程度が弱められるので、「活気」の移行も阻害され、その結果、信念が抱かれにくくなる、あるいはその信念は消滅することになる。以上をまとめると次頁の〈図-A〉のようになるだろう。

従来のヒューム研究では、信念について論じるとき、観念がもつ「活気」や「特有の感じ」に焦点を当てることが多かった。だが、「補論」をも含めて『人間本性論』第一巻知性論を読み直すと、「心が観念をどのような仕方で想い抱くのか」という点、すなわち「心の作用」についても光が当てられており、信念について説明するときのヒュームは、「活気」や「特有の感じ」よりもむしろ「心の作用」の方を強調しているように見える。さらに、道徳論においてヒュームは、「信念」や「意見」について語ってはいるものの、それを「活気」

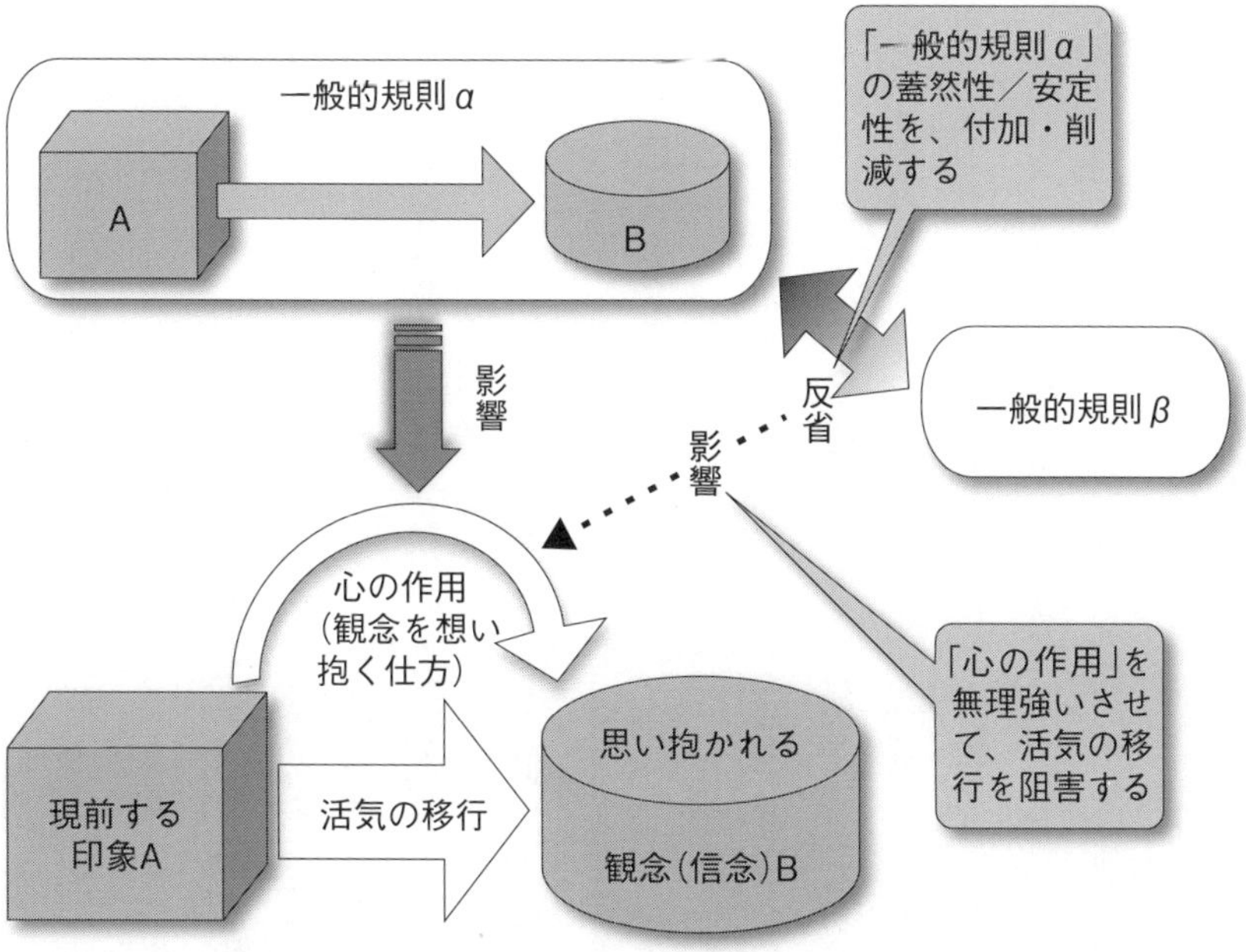

〈図–A〉

や「特有の感じ」という特徴で説明することをほとんどせず、むしろ「心の作用」および「一般的規則」に重点をシフトさせた形で説明を行なっているように見える。そこで本書は、道徳論で述べられる「信念・意見」を考察するにあたり、「心の作用」とそれに影響を及ぼす「一般的規則」の方に着目しながら議論を進めることにしたい。それでは「心の作用」、および「一般的規則」に着目すると、本章冒頭に記した「人々の意見が権威を持つ」、そして「それが道徳の場合に不可謬である」というヒュームの発言に対して、どのような理解を与えることができるだろうか。

四　人々の意見がもつ権威

（1）信念と意見、習慣と風習

これまでの議論を本書全体に渡って振り返ってみるに、道徳的評価を下すときに立つ一般的観点の仕組みについて論じたときも（本書第三章）、道徳的行為の動機づけの議論を扱ったときも（本書第四章）、「人為的徳論」として正義を打ち立てるコンヴェンションについて論じたときも（本書第五章）、「自然的徳論」として共感について論じたときも（本書第六章、第七章）、これらいずれの議論においても、「感情」を中心として考察が進められていたとはいえ、その感情が取り交わされる場としての「社交」「会話」という語をわれわれは目にしていた。従来、ヒューム道徳哲学の研究においてこのキーワードに気付かれることはあまりに少ないものの、[4] 本書第七章で論じた通り、そしてまた次の引用からも明らかなように、社交・会話はヒュームの道徳哲学において、一定の重要性を持たされていると言える。

社交や会話における感情の相互交流によって、われわれはある一般的で不変の基準を形成する。この基準によってわれわれは、性格や風習（characters and manners）を是認したり否認したりすることができるのである。
（T3.3.3.2 : SBN603）

さらに、この引用箇所との関連で重要と思われることは、坂本達哉が指摘するように、ヒューム道徳哲学においては「他者」という要素が、鮮明には見えないながらも本質的に抜き難く横たわっているということである。[5] すなわち、社交や会話の中で感情や意見を取り交わすとき、[6] それらを取り交わす「他者」というものが、われわれにとって不可欠なものとして前提されているのだ。

なるほど、『人間本性論』第一巻知性論においては、主として一個人内部における信念形成、および判断の仕組みが論じられていた。そのため知性論の中に「他者」という要素を明晰な形で見出すことは幾分難しいと言えるだろう。だが道徳論において「信念」に代わって頻出する「意見」は、「人々の意見（opinions of men）」（T3.2.8.8 : SBN546）や「人類の意見（opinion of mankind）」（T3.2.9.4 : SBN552）などの表現からも分かる通り、一個人内部に留まるものとしてではなく、社会や共同体に住まう人々によって分け持たれているものとして描かれており、そこに「他者」の存在を認めることができるのである。

そうすると、本章第二節第一項で措いていた問い、すなわち「信念と意見との相違は何か」ということについては、次のように答えることができると思われる。まず一方で「信念」とは、一個人が想い抱いている(A)「活き活きとした観念」、およびそれを想い抱くときのその個人の(B)「心の作用」という二つのレベルで説明することができる。(7) 他方で「意見」に関して、ヒューム自身がはっきりと何かを述べているわけではない。だが、これまでの考察を踏まえ、さらにその言葉の用いられ方を勘案するに、「意見」とは「個人の胸中にとどまることなく、社交や会話における言葉や態度による表明を通じて他者に伝えられ、それによって複数の人々の間で分け持たれることができるもの」として理解することができるだろう。これを、前述の「信念」の説明に対応する形で述べ直すと、次のようになる。すなわち、「意見」とは、複数の人々が想い抱いている、「共通の中身をもった活き活きとした観念」、およびそれらを想い抱いているときの人々に共通する「心の作用」という二つのレベルでもって説明できるだろう。

上記のような「信念」と「意見」との違いの捉え方が妥当であることの傍証として、次の引用を挙げておく。

「所持は安定しなければならない」という一般的規則があてはめられるのは、個々の判断ではなく、他の一般的規則、すなわち全社会に拡大し、悪意やえこひいきによって曲げられてはならない一般的規則である。(T 3.2.3.3 : SBN502)

この引用から分かることは、「心の作用」を生み出す「一般的規則」が、個人の中に「癖」や「習慣」としてもたれるのみならず、「風習」として社会全体に拡大し、人々に分け持たれるものにもなるということである。そこで本書は、一般的規則を「個人の内にあるもの」と、「社会の人々に分け持たれうるもの」とに便宜上分けた上で、前者を「一個人の習慣」と関連づけて「習慣的一般的規則」と、後者を「複数の人間に分け持たれる風習」と関連づけて「風習的一般的規則」と呼ぶことにする。

（2）家庭での教育における習慣と風習の一致

信念とは一個人が抱くものである一方で、意見とは複数人に抱かれうるものである。このように区別をすることができる。また、この区別を一般的規則に当てはめると、前者を「習慣的一般的規則」として、後者を「風習的一般的規則」として捉えることができる。便宜上このような「区別」が可能であるとして、しかし「前者と後者が一致する」という事態を考えることもできるだろう。すなわち「社会や共同体の〝風習〟を、個人が自身の〝習慣〟として身につける」という事態である。そしてこの事態を考察することが、本章の冒頭から掲げ続けている二つの問いに対して答えを与える手がかりとなる。

とはいえ、その事態は二パターンに、つまり「家庭での教育による習慣と風習の一致」と、「社交・会話における習慣と風習の一致」とにわけることが可能である。本章での議論の焦点は後者にあるわけだが、ここでは先に、前者について考察を行なっておきたい。

ヒュームは『人間本性論』第三巻道徳論の特に第二部の人為的徳論において、家庭における子どもの教育に関して、「慣習と習慣」[8]によって子どもたちの心に変化が生じる様子を、次のように語っている。

ほんの僅かな間であっても、慣習と習慣（custom and habit）が子供たちの柔らかな心に働きかけることによって、子供たちは社会から獲得できる有益さに気がつくようになり、そしてまた、〈提携を妨げるもととなる、子供たちのデコボコな［心の］角や厄介な情緒〉をこすり落とすことによって、子供たちを徐々にではあるけれど、社会に適合させるようにするのである。（T3.2.2.4：SBN486）

そしてまた、同じ節の別の箇所では、家庭で子どもが教育されるときに、慣習が子どもたちの反省の作業を援助すると述べられている（T3.2.2.26：SBN500）。これらはまさに、「社会や共同体の〝風習〟を、個人が自身の〝習慣〟として身につける」という事態を描いたものと考えられる。そしてこの「子どもの教育」という事態を、次頁の〈図-A′〉を参考にして捉え直すならば、次のようになるだろう。

親は「風習（的一般的規則）」を子どもに教え込むわけだが、このとき教え込まれる「風習（的一般的規則）」は、個人（子ども）の「習慣（的一般的規則）」に働きかけ、社会に不適合であった子どもの「習慣（的一般的規則）」がもつ力を削減する。その上で親は、子どもたちに反省を繰り返させつつ、社会の風習の内実や、それがもたらす利益などを、繰り返し時間をかけて教え込みながら、最終的には子どもが「風習（的一般的規則）」に従う形で判断を下すようにさせる、つまり「風習（的一般的規則）」を子どもに身につけさせるのである。

このように、家庭における子どもの教育という場面は、習慣と風習を、一般的規則に置き換えて説明することができる。しかしながら、以上に描いてきた事柄は依然として、本章が冒頭で立てた問い、すなわち「人々の意見が権威をもつ」ということを説明しないままである。そこでわれわれは、この問いに答えを与えるために、「社交・会話における習慣と風習の一致」という事態の考察に向かうこととなる。

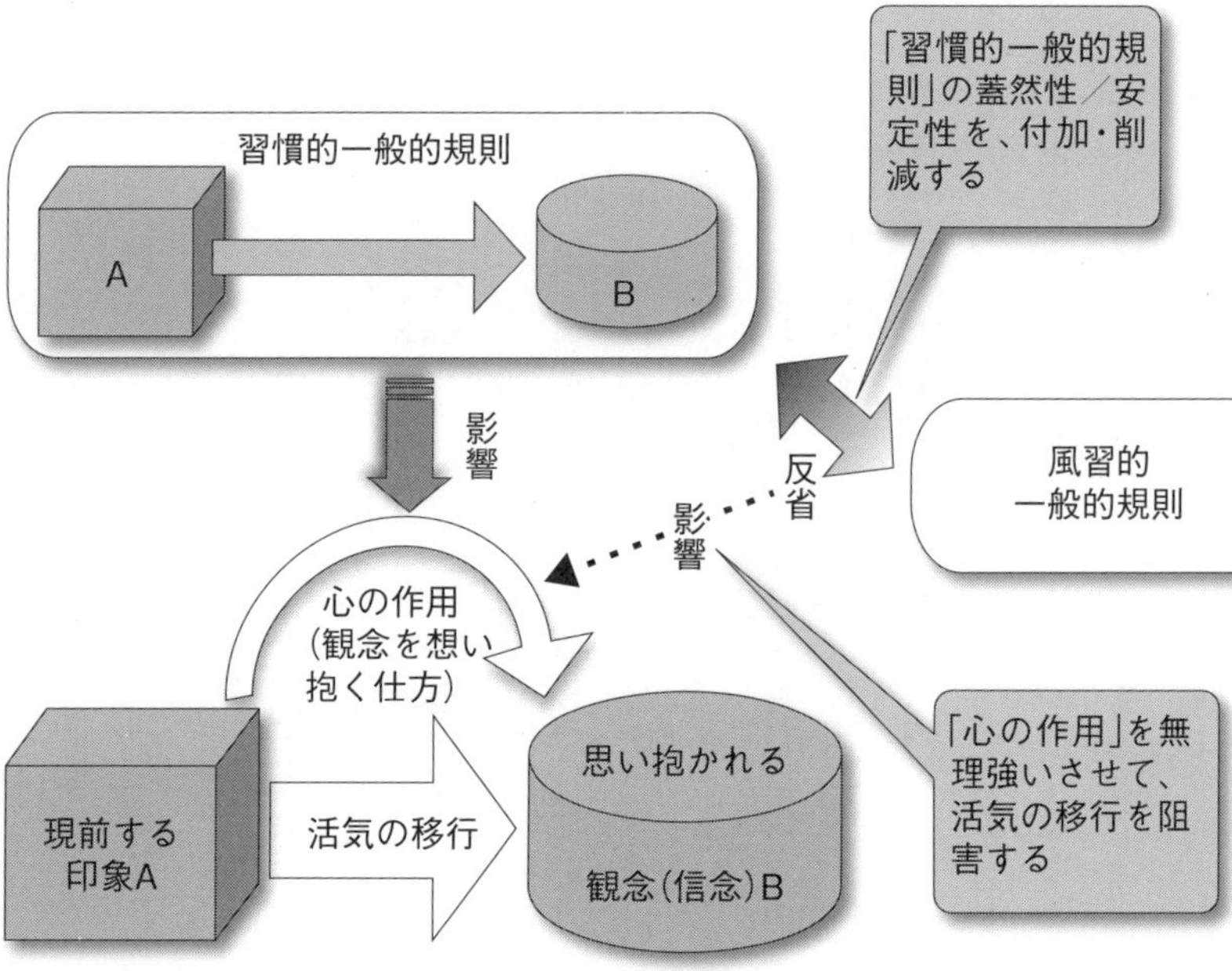

〈図−A′〉

（3）人々の意見が権威をもつとはいかなることか

すでに触れた通り、ヒュームにおいて社交や会話は、道徳の基準を形成する場とされていた。それゆえ、社交や会話には、道徳における一定の重要性が与えられていると言えるだろう。これに加えて『道徳原理の探求』では次のように、社交や会話のさらなる重要性が示されている。

われわれが人々と会話をすればするほど、そしてわれわれの保つ社交の範囲が広ければ広いほど、われわれはこれら［＝道徳］の一般的な好みや区別に一層通じるようになることだろう。（EPM5.42：SBN 260）

この引用箇所では、社交や会話の場において、個人が他者と意見や感情を取り交わしながら、自分が生きている社会における道徳的区別だけでなく、同時代の別の社会における道徳的区別を、さらには歴史上の様々な社会で通用していた道徳的区別を学びとっていくことが描かれていると考えられる。

ヒュームによると、社交や会話において感情や意見を取り交わす「他者」とは「見知らぬ人たち」に他ならない（EPM8.4：SBN262）(9)。そのような見知らぬ人たちどうしで社交や会話をする中で、ある特定の人物の性格や、ある特定の社会に通用している風習について道徳的評価を下そうとすると、その評価は食い違うことが多くなる。なぜなら、社交や会話に参加する見知らぬ人たちそれぞれの胸中には、それぞれに固有の「身近な人々（narrow circle）」の中で通用している一般的規則が染み付いており、それぞれに固有の一般的規則が見知らぬ人どうしの間で互いに知られ、また受け容られているわけではないからである。例えば、とある社会では昆虫を食べるということが風習として人々に受け入れられている、言い換えると「昆虫とは食べ物である」という風習的一般的規則がこの社会の成員の胸中には染み付いている。他方で、別の社会にはそのような風習が受け入れられておらず、したがって前者の社会での行為、すなわち「昆虫食」を、後者の社会の人が見聞きすると、「そのような行為は野蛮なものであり、そのような風習をもつ社会は、未熟で洗練されていない段階にある」などといった評価を下すことになるだろう。

このように「見知らぬ人たち」どうしが、言い換えると異なる一般的規則を持つ者どうしが、互いに固有の一般的規則に基づいて道徳的評価を下そうとし続けるならば、いつまで経っても意見・感情を一致させることはできないことだろう。そこで、食い違う意見や感情を一致させるためにわれわれは、一般的観点に立つことになる（T3.3.1.15：SBN581–582）。社交・会話において形成される「道徳の基準」は、それぞれの評価者に固有の一般的規則からは切り離されているがゆえに、ある意味での「客観性」を有するものだと言える。

ところで、最終的に全ての評価者が一般的観点に立ち、それによって意見や感情が一致するようになるとはいえ、そこに至るまでのプロセスの途上においてわれわれは、自分とは異なる一般的規則を胸中に宿す見知らぬ人たちと出会い、そして彼らに固有の一般的規則を徐々に知っていくことになる。これこそまさに、様々に異なる一般的規則が、誤解を恐れず言い換えれば、様々に異なる「価値観」が世界の至る所に、あるいは過去の様々な時代に存在していたことを知り、それを学ぶことだと言えるだろう。そうすると、社交や会話とは、様々な一般的規則を、すなわち多様な価値観を学ぶための「場」としての役割を担うものとも考えられるのであり、だからこそヒュームにおいては、道徳を語る上で重要なものと見なされているものと思われる。

このように、われわれ人間が社交や会話において、自分とは異なる価値観や道徳的区別を学ぶとして、その「学び方」は、先ほど本章第四節第二項で見た家庭におけるそれとは、重なる点は多いながらも、ある点では異なるものであるように思われる。それでは、社交や会話においてわれわれは、自分とは異なる価値観や道徳的区別をどのようにして学び、その結果、われわれの心にはどのような変化が生じるのであろうか。

社交や会話において人々の心に生じる変化とは、まさに本書第三章で考察した「個人が一般的観点を採用する場面」に見られるものと考えられる。個人が、たとえばマルクス・ブルータスに対して道徳的評価を下す場面を考えよう。その個人が、自身の置かれる状況に縛られたまま、あるいは自分自身や自分の「身近な人々」の利害を考慮に入れたままブルータスを評価しようとすると、自分の意見や感情が他者のそれと一致しないことが会話を通じて明らかとなる（Cf. T3.3.1.15：SBN581–582, T3.3.1.18：SBN583）。他者と意見が一致しないと強い不快が感じられるので（T1.4.2.37：SBN247）、この不快を回避するためにわれわれは、自分たちが最初に採用していた立場を離れ、別の基準を探すことになる（T3.3.1.18：SBN583）。

以上のくだりを、再び本章第三節第二項で示した〈図-A〉を参考にして捉え直すならば、次のようになるであろう。すなわち、ある評価者はブルータスに対して、自分に固有の「一般的規則α」にしたがって評価を下していた。しかし、社交や会話において、他者との間で意見の不一致に出くわし続けると、その評価者は次第に、自分に固有のその「一般的規則α」に従うのをやめるようになり、他人と意見が一致するような別の基準、すなわち別の「一般的規則β」を探すことになる。

ところで、この別の基準とはどこにあるのだろうか。それは、他者の胸中である。しかもその他者とは、社交や会話で出会う他者ではなく、ブルータスの周りにいて、彼と恒常的な影響関係を有しながら、彼を持続的に観察してきた人々、すなわちブルータスの「身近な人々」である。先の評価者は、ブルータスの「身近な人々」の観点、すなわち一般的観点に立ち、その「身近な人々」の胸中に宿る「一般的規則β」を獲得し、それにしたがってブルータスを評価するようになる。そして、以上のプロセスをすべての評価者が辿ることで、社交や会話に参加する評価者たちの意見が一致に至る、このようにヒュームは論じるのである（T3.3.1.18：SBN583-584）。

しかし評価者たちはなぜ、ブルータスの「身近な人々」の観点を採用し、その人々が胸中に宿す「一般的規則β」に従うようになるのか。その第一の理由は、「身近な人々」が、評価対象と密接に関係し、恒常的に近くにいるために、評価対象のことを誰よりもよく知っているからだと考えられる（T3.3.1.16：SBN582, T3.3.3.2：SBN602）。これに加えて筆者は、もう一つの理由として、「身近な人々」が「集団（circle）」であることを指摘したい。つまり「ひとりの人」ではなく「人々」であるがゆえに、評価者は「身近な人々」の意見をすんなり抱くようになると本書は考える(10)。もちろん一般には、意見を持つのがどのような人なのかに応じて、個人が影響を受ける程度は変化することだろう。ヒュームは「われわれは愚者に誉められるよりも賢者に誉められる方が一層心地よい」（T2.1.11.11：SBN321）と述べており、自分と相手との関係性に応じて意見の及ぼす影響も変化する。しかしたとえ相手が俗衆であっても、人数が多いというだけで個人は強力に影響されてしまうのである。これをヒュームは「俗衆が多数であること（multitude）は、俗衆に重みと権威を与える」（T2.1.11.18：SBN 323）と表現する。そしてここに、一つ目の謎に理解を与えるための手がかりがある。

本章第三節第一項での考察を思い出してみよう。「数の多寡」とは、「心の作用」に影響を及ぼすものであった。そして経験する事例の数が多いと「信念は新たな度合いの安定性と確信とを獲得する」（T1.3.11.9：SBN 127）のであった。さて評価者は当該の「身近な人々」の観点に立つと、評価対象についての同じ「意見O」に数多く出会うことになる。その結果、評価者は一層安定的に「意見O」を想い抱くようになる、言い換えるとその評価者は「意見O」を想い抱くよう、強く心が決定されてしまうのである。かくして、「人々の意見が権威をもつ」ということで意味されているのは、「人々の意見が、言い換えると〈多くの人々が同じ意見をもっていること〉が、より高い程度の蓋然性・安定性を個人に与えることで、その個人に、その意見を想い抱くよう強く心を決定する」ということだと考えられるのである。

ここで注意したいのは、「人々の意見」といっても、それは「個人」に対する「社会」のような実体化したものではないということである。「人々の意見」が、ある意味実体化して、個人に迫ってくるようなものがここで考えられているわけではない[11]。そもそもある個人が、社交や会話において「人々の意見」に出会うとしても、それは一回一回の会話を積み重ねることを通じてでしかありえない。そうすると、「人々の意見が個人の心をある方向へ傾かせる」ということで意味されているのは、時間をかけてさまざまな人々と数多くの会話を経験することで、最初に抱いていた自分の意見や判断に、他者のさまざまな意見や判断が数多く重ねられていくということを意味しているものと考えられる。

これまでの議論をまとめておこう。ヒュームによれば、われわれは社交や会話の場において、意見や感情を他者と交流させることを通じて道徳の基準を形成してゆく。そのときに、個人の胸中では次のような心的変化が生じている。社交や会話を通じて自身の意見が他者と一致しない場合、個人は意見の不一致がもたらす強い不快感によって、自身に固有の一般的規則に従わなくなるだけでなく、評価対象の「身近な人々」の観点、すなわち一般的観点に立って評価を下すようになる。その結果、社交や会話の場に居合わせる全ての観察者が同じ評価を下すことを可能にする「道徳の基準」が形成されるようになる。

　社交や会話の場では、「道徳の基準」となる〈評価対象の「身近な人々」が胸中に有している「一般的規則」〉に評価者たちが従うようになるのであり、その数も次第に増えていくものと考えられる。そしてこの「数の多さ」が、個人が道徳的評価を下すときに、強い影響を及ぼすのである。そしてこのことから筆者は、ヒューム倫理学理論において示されている「道徳の本質的要素」として、「徳の四つの源泉」以外に「数の多さ」を、詳しく言えば「多くの人がその意見を持っていること」を、付け加えることができると主張したい。

　とはいえ、そのように結論するならば、ヒュームに対しては、たとえば後代のJ・S・ミルの表現を借りて「多数者の専制（the tyranny of the majority）」という批判が投げかけられることになるかもしれない。そのように筆者が予想するのは、次の理由が考えられるからである。すなわち、「道徳の基準」を形成する際に評価者が採用するのは、評価対象の「身近な人々」の観点である。ところで、この「身近な人々」とは基本的に、評価対象の家族や親しい友人を意味する。それゆえ、「身近な人々」が「多数者の専制」という事態が生じるほどにまで、その範囲を広げることはないと思われるかもしれない。確かに、基本的に「身近な人々」の範囲とは、家族や友人程度ではあるのだが、ヒュームはその範囲が最大で「国全体」にまで広がりうることを認める（T3.3.2：SBN602）。さらに、本章冒頭で問題として掲げていた「人々の意見」が登場する文脈とは、社会全体に及ぶ正義の基礎に関する議論、および統治に対する抵抗権に関する議論がなされている箇所である。以上から、「身近な人々」の範囲が、国全体にまで拡張しうると考えられるのであり、その場合に「人々の意見」が

「道徳の基準」となるという主張は、いわゆる「多数者の専制」という事態を容認することになると考えられるかもしれないのである。

ところで、「多数者の専制」とは、簡潔にまとめるのであるなら、集団内部で意見の相違が生じる場合、少数意見が踏みつぶされてしまう危険に関する批判であると言える。そして、上記までの議論をそのまま受けとるのならば、この批判は妥当であるように思われるかもしれない。だが、果たしてヒュームの道徳哲学は「多数者の専制」を容認・推奨する思想であると言えるのだろうか。

当然のことながら本書は、その問いに「否」と応える。そしてそのように応答するための手がかりが、本章で答えようとしていたもう一つの問いへの答えの中に潜んでいると考える。すなわち、「道徳に関する人々の意見が不可謬であるとはいかなることか」に解答を与える過程においてもうひとつの「道徳の本質的要素」を明らかにすることによって、ヒュームに対する「多数者の専制」批判に、応じることができると考えるのである。そこで、以下から節を分けて、「道徳に関する人々の意見は不可謬であるとはいかなることか」について考察することにしたい。

五　人々の意見の不可謬性

本節において取り組むのは「道徳に関する人々の意見は不可謬であるとはいかなることか」という問いである。とはいえ、厳密に言えばこの問いは、ヒュームのテクストに忠実に、次の二つに区分されなければならない。すなわち［A］「道徳に関する人々の意見が、大部分（in a great measure）、不可謬であるとはいかなることか」（Cf. T3.2.8.8 : SBN546）という問いと、［B］「道徳に関する人々の意見が、完全に（perfectly）不可謬であるとはいかなることか」(Cf. T3.2.9.4 : SBN552) という問いとに区別されねばならない。

(1)「完全な不可謬性」という問題

前後するが、二つ目の問いを先に考察することにしたい。もともと、「完全に不可謬である」という文言が出てくるのは、「これまでの人類の歴史を繙くと、圧政を長きにわたって人々に加え、人々に利益をもたらさなくなった統治が容認されたためしはない」という、いわゆる統治に対する「抵抗権」を論じたくだりにおいてである (T3.2.9.4 : SBN552)。注目したいのは、ヒュームがここで、その意見の持ち主を「人々 (men)」ではなく「人類 (mankind)」と表現し、そして人類の歴史を繙きながら、各時代の人々が特定の「道徳の問題」について、どのように考えたかということを論じているという点である。

この点に鑑みるに、まずここで言われる「人類」とは、現在を含め、これまでの歴史における各時代の「人々」すべてを意味していると考えられる。そうすると、「暴君 (統治者) に抵抗する民を称賛すべきか非難するべきか」という「道徳の問題」において、「抵抗した民を非難すべき」と評価されたことはこれまでのところ一度もないという意味で、「人類の意見は完全に不可謬だ」とされているものと解釈することができるだろう。[12] 道徳の事例の中には、それについての人々の意見がこれまで完全に不可謬であったもの、言い換えると「これまで同じ評価しか下されなかったもの」、「同じ意見しかもたれなかったもの」、つまりは『人間本性論』第一巻知性論で説明される知識の区分における広義の「蓋然的知識 (probability)」の中でも、これまでに例外が一つとして見いだされなかった「確証的知識 (proof)」(T1.3.11.2 : SBN124) に分類されるようなものが存在するのである。[13] そして、そうしたものの例の一つとして、ここでは「抵抗権」が挙げられており、抵抗権に関して「人類の意見は完全に不可謬である」と述べられている、そのように考えることができるだろう。

（2）信念の真偽と一般的規則

抵抗権に関して「人々・人類の意見が完全に不可謬である」ということで何が言われているのかは、右記のように理解することができるだろう。そして同じようにして、「道徳に関する人々の意見が、大部分、不可謬であるとはいかなることか」という問いについても、「これまで見られてきた道徳の問題に関して、ほとんどの人々が、だいたい同じ意見をもち、同じ評価を下してきた」ということが意味されていると解釈することができる。

確かに、引用箇所の前後の読みとして、その解釈は可能かもしれない。しかしながら、引用部は「人々の意見が不可謬であった」という過去形ではなく「不可謬である」と現在形で述べられている。このことは、ヒュームがそこで、歴史的な事実をただ単に記述しているだけではないことを示唆しているように思われる。何よりその節では、それまで「統治Aは有益だ」としていた人々の意見が、あるときを境に「統治Aは有害だ」というものに変わり、後者の意見が根拠となって統治Aに対する服従の責務が消滅することが論じられる（T3.2.9.4：SBN552–553）。そうすると、「統治Aは有益だ」としていた人々の意見は「誤謬」となり、人々の意見は「不可謬ではない」ことになるはずである。それにもかかわらずヒュームが「人々の意見は不可謬である」としか述べない以上、「不可謬」ということで、別の事柄が意味されているに違いないと思われるのである。では、それは一体どのようなことか。

改めて考えてみると、「道徳に関する人々の意見が不可謬である」というのは、実に奇怪な言い方である。そもそもヒューム哲学において、信念や意見の「真・偽」は理性（知性）[14]が判定するものであった。そしてそのときの「真・偽」とは、「印象—観念間の一致・不一致」か、「諸観念間の一致・不一致」かのいずれかを意味していた（T3.1.1.9：SBN458）。

その一方で、ヒュームは道徳を、感情〔印象〕に基づけている。そして、想い抱かれる感情〔印象〕が理性による「真・偽」の判定や、「偽」と判定されることによる批判を受け付けないことについては、次のように述べられている。

それら〔＝感情や情念〕は原初的な事実すなわち現実であり、それ自体で完結しており、他の情念や意志の働き、そして行為を指し示すものではない。それゆえ、それらが真や偽と判定されることも、理性に反する・合致するということもあり得ない。（3.1.1.9：SBN458）

このように、感情や情念それ自体が理性によって「真・偽」と判定されることはない。とはいえ、ヒューム自身は述べていないものの、「道徳に関する意見」を、理性的に「偽」と判定することは、もしかしたら可能であるかもしれない。その場合「道徳に関するその意見が偽である」とは「〈実際に生じている道徳に関する感情〔印象A〕〉と〈その感情のコピーである意見〔観念B〕〉とが不一致である」ということを意味し、そのとき「偽」であるとして理性による批判を受けるのは、想い抱かれている「意見〔観念B〕」の方だということになる（次頁の〈図-B〉参照）。

ところが、本書第三章第五節第五項で考察したように、ヒュームが道徳的評価の特徴について述べた「襤褸《ぼろ》を纏《まと》った徳（virtue in rags）」の箇所では、これとはまったく真逆のことが述べられていることにわれわれは気づかされる。有徳と言われている人物が、なんらかの事情により通常なら遂行するはずの善い行為を遂行し損ねたとする。このとき、その人物の「身近な人々」に対しては、実際に有益な結果がもたらされないのだから、その「身近な人々」はその人物に「是認の感情」を抱くこともなければ、その人物を称賛することもない。したがって、評価者がその「身近な人々」に共感するとしても、「是認の意見」を獲得することにはなら

【真・偽】（理性による判定）

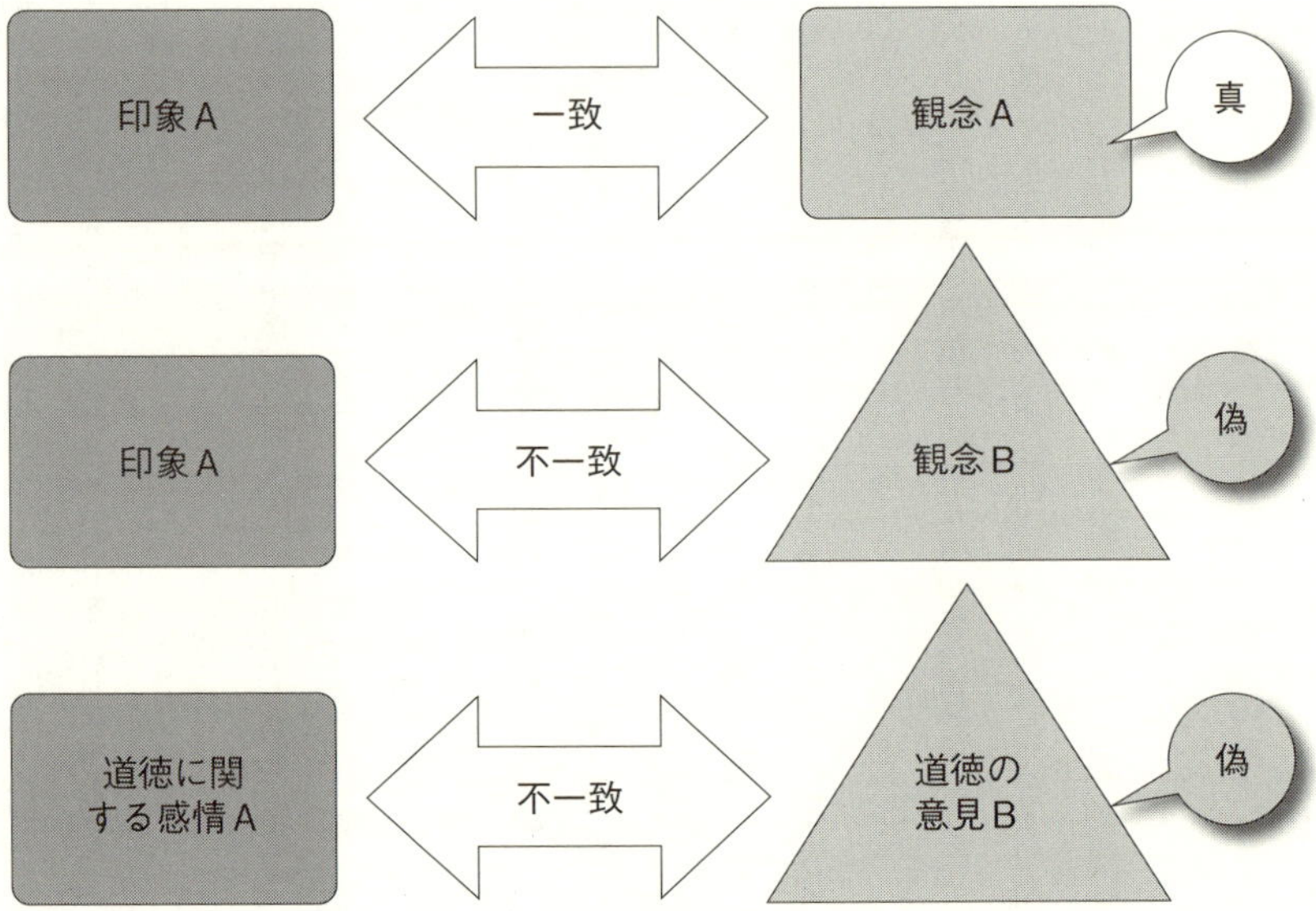

〈図-B〉

ないし、その人物を称賛することにもならないはずである（T3.3.1.19：SBN584）。

しかしヒュームは、実際に有益な結果が生じなくとも、その「身近な人々」の「その人物は有徳な人だ」という評価、およびその「身近な人々」に共感する評価者たちの下す評価が変わることはないという。なぜなら、すでに形成されているその人物の性格に関する一般的規則の影響のために、実際に善い結果を生まなかったにもかかわらず、通常ならば抱かれるはずの情念や意見をわれわれは抱いてしまうからである（T3.3.1.19–20：SBN584）。

このとき、一般的規則の影響を受けて抱かれてしまう「是認の意見」は、通常ならば理性によって「偽」と判定されるはずである。しかしここでは「是認の意見」を抱かない方がむしろ「不適切」とされている。道徳に関する感情（印象）は、それ自体が原初的な事実であるがゆえに、理性による批判を受けつけなかった。これに加えて、道徳に関する意見（信念）さえもが、理性による批判を問題としないのである(Ibid., cf. T2.2.7.5 : SBN370)。

このように、道徳に関する感情と意見の双方にとって、理性による批判は問題とされない。しかしそれでも、「襤褸《ぼろ》を纏《まと》った徳」の箇所で、特定の人物に対する評価の「道徳的評価としての適切さ」についてヒュームが論じているからには、何らかの仕方で「道徳に関する意見」の「適否」[15]を定める基準が、理性による真偽区別の基準とは別に、想定されていると考えざるを得ないのである。それでは、その基準とは一体どのようなものと考えられるだろうか。

ここで本章第四節第一項において確認したことを思い出そう。ヒュームは「意見（信念）」を、（A）「意見（信念）」それ自体を考察すれば分かるもの、すなわち「活気」と、その意見をわれわれが想い抱くときの（B）「心の作用」との二つのレベルで説明していた。そしていま、（A）想い抱かれている「意見（信念）」それ自体に焦点を当てても、言い換えると「評価者がどのような意見（信念）を想い抱くか」ということに焦点を当てても、その評価の「適否」は一向に定められないのであった。そうすると、その評価の「適否」を定める基準は、残されている（B）「心の作用」の方に、言い換えると「心が何らかの意見を想い抱くその仕方」の方に求められねばならないことになる。すなわち「評価者がどのような意見を想い抱くか」ではなく、「評価者がどのような仕方でその意見を想い抱いているのか」ということ、つまり、ある特定の「心の作用」を生み出す「一般的規則」が、道徳的評価としての「適否」を定める「道徳の基準」としての役割を担うことになる、そう本書は解釈する[16]。だからこそヒュームは、「一般的規則」とは「正しい価値（just value）」を定めるものだと述べていたのである（T2.1.6.9 : SBN293–294）。

とはいえ、すべての「一般的規則」が「道徳的評価の正しさを定める基準」すなわち「道徳の基準」であるわけではないだろう。とある一般的規則は「偏見の源」とも言われ、「偽なる信念（意見）」を生むからである（T1.3.13.7 : SBN146）。とすると次の問いは、どのような「一般的規則」が「道徳の基準」であるのか、というものになる。

（3）人々の意見が不可謬であるとはいかなることか

再び、社交や会話に参加する評価者たちが、一般的観点を採用するようになる場面を思い出そう。評価者たちはマルクス・ブルータスが有徳な人物であるのか、悪徳な人物であるのか、有徳であるとしてどの程度そうであるのかを考える。仮に、それぞれの評価者が、自身に固有の立場からブルータスを評価するのなら、評価者たちは数多くの「意見の不一致」に絶えず出くわすことになる。だからこそ評価者たちは、自身に固有の立場を離れ、ブルータスを長期に渡って持続的に観察してきた彼の「身近な人々」の観点に立ち、彼らが胸中に身につけている「一般的規則」を獲得し、それにしたがってブルータスを評価するのである。

このとき、ブルータスの「身近な人々」が胸中に身につけている「一般的規則」は、評価者たちがブルータスに対して抱く「道徳の意見（信念）」の「適否」を判定するもの、つまり「道徳の基準」となっている。すなわち、道徳的評価の「適否」を定める「一般的規則」とは、「評価対象の身近な人々の一般的規則」なのである。[17]

ところで、本章第三節での議論を踏まえるならば、「人々の意見」とは「一般的規則の影響を受けて生み出されるもの」と言い換えることができる。そして、一般的規則は、それが該当する「身近な人々」の胸中に宿るものである場合に「道徳の基準」とされるわけだから、その一般的規則から生み出される「人々の意見」は、「適切・不適切」ということに、そもそも該当しないことになる。そのような意味で「道徳に関する

〈人々の意見〉は不可謬である」と、ヒュームは述べているものと考えられるのである。これが、本章冒頭に掲げた二つ目の問題に対する、筆者の解答である。道徳に関する「人々の意見」は、その「意見」が評価対象の「身近な人々」の胸中に宿る一般的規則から生み出されたものである場合には、定義上「誤る」ことなどない、すなわち「不可謬」なのである。

かくして、先程の「統治の評価において人々の意見が変わる」ということと、「人々の意見は不可謬だ」と言われることとは、次のように折り合いがつけられることになる。〈統治が人々にとって有益であった頃に形成されていた一般的規則〉と、〈同じ統治が人々にとって有害となってから形成された一般的規則〉は、どちらも「道徳の基準」である。そして、各々の一般的規則が適否を判定するのは、各々が形成された時期に抱かれる意見のみであって、別の時期の意見ではない、いいかえると、後者の一般的規則でもって、前者の一般的規則から生み出される意見が「誤謬」と判定されることはないのである。かくして、「人々の意見」が変わっても、それは依然として「不可謬」であると言える、これこそ本書が二つ目の文言の謎に与える理解である。

(4) 道徳の一般的規則と「時間軸」

以上の考察から、ヒュームが考える「道徳の本質的要素」として、「数の多さ」に加えて、さらにどのようなものを析出することができるだろうか。本書はここで、『人間本性論』全巻を通じて登場し、そのあらゆる箇所で重要な役割を担わされていただけでなく、上の考察で「道徳の基準」にもなるところの「一般的規則」の特徴に、改めて着目する。ヒューム哲学においては、事実判断にも道徳的評価にも「一般的規則」が重要な役割を果たすものとされている。そして、事実判断において信念の真偽区別に関わる「一般的規則」は、特に「知性の一般的規則」と呼ばれ、反省作業の中で、この「知性の一般的規則」を参照することによって、想い抱かれている信念の真偽が判定されるのであった（本書第二章第四節）。

ところで、事実判断に関係する「知性の一般的規則」は、「知性の」と冠されていることからも分かる通り、それが形成されるときには経験の蓄積だけでなく、知性の働きが深く関与することになる（T1.3.13.11 : SBN149）。「知性の働き」とは、たとえば原因と結果の間にある結びつきが恒常的なものであるかどうかを見極め、同じ原因から常に同じ結果が起こっているかどうかを見定めることである（T1.3.15.2-11 : SBN173-175）。そうすると、仮にそれまで一般的規則として通用していたものに反例や例外が見受けられると、その瞬間、その一般的規則は「知性の一般的規則」ではなくなる。このとき、知性は瞬間的に、いわば「無時間的に」、その一般的規則の真偽を定めており、「偽」なる信念を生み出すその一般的規則は、「偏見」を生み出すものとして、「知性の」の冠を剥奪されることになる。(18) 事実判断において知性は、想い抱かれる信念の真偽を判定する役割のみならず、一般的規則の真偽を判定する役割をも担っていると考えられる。

このように、事実判断において、想い抱かれる「観念・信念」の真偽は、知性（理性）によって瞬間的に、いわば無時間的に行なわれる。これに対して、道徳的評価においては「道徳の一般的規則」こそが、評価者が想い抱く「信念（意見）」、および「感情」や「情念」の「適否」を判定するのであり、当の「道徳の一般的規則」それ自体が「適切」あるいは「不適切」と言われることなどない。それは「道徳の基準」そのものなのであり、定義上「不可謬」なのである。

ところで、この「道徳の一般的規則」は、ア・プリオリにどこかに存在するようなものではなく、われわれ人間が、特定の判断を繰り返すことを通じて、時間をかけて形成してきたものである。たとえば「道徳の一般的規則」の一つである「所持の規則は、次第に生じ、ゆるやかながらも、その規則に違反することで被る不都合をくり返しわれわれが経験することによって力を獲得する」（T3.2.2.10 : SBN490）と言われる。このような

「時間」が、われわれ人間の心に及ぼす影響およびその役割について、「統治の正当な権利」について説明するくだりで、ヒュームは次のように述べている。

ただ時間だけが、それら［コモンウェルス］の権利に堅固さ（solidity）を与える。つまり時間だけが、人々の心に徐々に働きかけることで、人々に何らかの権威を認めさせ、その権威を正当で理にかなったものに見させるのである。(19)（T3.2.10.4：SBN556）

ヒュームによると、同じ意見を多くの人がもつことで、その意見は「権威をもつ」ことになる。しかし、人々がその権威を認め、それを正当で理にかなったものと見なすようになるためには「時間」がかかるのである。そうすると、道徳とは、時間をかけて同じような評価がくだされ続けることによって、われわれがそれを「正当で理にかなったもの」だと思ってしまうようなものに過ぎないと言える。しかし、そのようにして形成されてきた「道徳の一般的規則」こそが「道徳の基準」なのであり、それしか「道徳の基準」たりえない。このことをヒュームは「権威をもつ」や「不可謬」という不可思議な表現を用いて、われわれに伝えようとしているように思われるのである。

以上を踏まえ、さらに『人間本性論』第三巻道徳論を一貫して、「道徳」が「持続的（durable）」、「恒常的（constant）」、あるいは「安定的（steady）」という言葉と関連づけて論じられていることに鑑みるに（T3.1.4-5：SBN575, T3.1.15：SBN581：T3.1.30：SBN591）、ヒュームが道徳を「時間軸」という観点から見つめているということが浮かび上がってくるだろう。かくして筆者は、ヒューム道徳哲学において示されている「道徳の本質的要素」として、「徳の四つの源泉」と「数の多さ」に加えて、とりわけ「時間軸」という三つ目の要素の重要性を指摘する。誤解されてはならないが、ヒュームにおいては「人々の意見が、時間をかけると〈道徳的に善いものになる〉」と主張されているのではない。そうではなく、「時間をかけた人々の意見が〈道徳の基準〉である」、そうヒュームは主張しているのである。

＊

本章では、「道徳に関する人々の意見が権威をもつ・不可謬である」とはいかなることか、という問いに応答しながら、その過程でヒュームが考える「道徳の本質的要素」の析出を行なってきた。

まず、「人々の意見が権威をもつ」ということでは「人々の意見が、より高い程度の蓋然性・安定性を個人に与えることによって、その個人に、その意見を想い抱くよう強力に心を傾かせる」ということが意味されていることを明らかにした。そしてそこでの考察を踏まえて本書が指摘した一つ目の「道徳の本質的要素」は、「多くの人が特定の意見を持っていること」、端的に、特定の意見をもつ人々の「数の多さ」であった。

とはいえ、「道徳の本質的要素」の一つが「特定の意見を人々の数の多さ」であると言うと、ヒュームに対しては「多数者の専制」という批判が投げかけられるようにも思われた。そこで、この批判が相当しないことを示すために、「道徳に関する人々の意見が不可謬である」とはいかなることかという問いに取り組みながら、もう一つの「道徳の本質的要素」を明らかにした。その結果、ヒュームは「時間軸」というものを「道徳の本質的要素」として考えている、そのように筆者は結論を下した。さらに、「人々の意見」が、とりわけ評価対象の周りにいる「身近な人々」の胸中に宿る一般的規則が生み出したものである場合には、それこそが道徳的評価として抱かれるに相応しい意見なのであって、適切・不適切ということに該当せず、それゆえに「人々の意見」が「不可謬」と言われていることを明らかにした。

そうすると、仮にヒュームが、とある瞬間における「多数の人々の意見」を切り取ってかき集め、それをもって「道徳」であると主張していたとするならば、それが「熱狂」にかられている可能性は高く、それゆえに「少数者の利益」を踏みにじることがあると言われても致し方なかったであろう。しかしながら、ヒュームにおいては「時間をかける」という点が「道徳の本質的要素」として組み込まれるのであり、これによってヒュームは「多数者の専制」を回避することができるのではないかと思われる。

われわれは、時間をかけて反省を繰り返し、様々な人々と意見や感情を交流させながら、次第に穏やかで安定した判断を下すことができるようになる。仮に少数者の利益が踏みにじられているのであれば、彼らからは、多数者のそれとは不一致となる意見が出されることになるはずなので、依然として人々の判断は安定せず、さらなる反省が要求されることになり、その結果、関係する人たち全員が受け入れることのできるような「道徳の基準」の探求が続けられることになるだろう。しかしそのような「道徳の基準」が見いだされ、それが人々の胸中に「一般的規則」として定着するようになれば、危惧していた少数者の利益が踏みにじられるという事態は解消しているものと考えられるのである。

なるほど、ハイエクの「自生的秩序」にも繋がるようなこうした考え方は、「道徳」というものを考える上で、あまりに楽観的に過ぎると思われるかもしれない。しかしながらわれわれは、異なる意見が一致していくことを、ただ手を拱いて楽観的に待っているわけではない。意見の一致とはそう易々と手に入るものではなく、そこへと至る過程で多くの人たちが苦痛に苛まされるのであり、その苦を回避しようと必死になりながら、反省と試行錯誤とを積み重ねた暁に、ようやくわれわれにもたらされるようなものなのである。

このように、ヒュームにおいて「時間軸」という要素は、われわれが「道徳」について考える上で、この上なく重要な位置づけを与えられているものと考えられる。そして「時間をかけて意見を一致させていくこと」をヒュームが「道徳の本質的要素」としていると考えることができるのなら、ヒュームに対して「多数者の専制」という批判は相当しないものと考えられるのである。

結局、「道徳の本質的要素」ということでヒュームは、「時間軸」を他の要素よりも一層重要なものと考えているように思われる。ヒュームが道徳の成立プロセスを考察するときには、「人類の歴史」や「社会の発展」という要素に度々触れている。こうしたことを傍証として踏まえることができるのならば、ヒュームが「人類の歴史」を繙きながら「道徳の本性」を「時間軸」という観点から眺めていた、そのように考えることができるのではないだろうか。

註

（1）「信念」と「意見」との違いについては本章第四節第一項で考察する。

（2）Persson［1997］: Karlsson［2006］, Cohon［2008］etc.

（3）狭義の意味の蓋然性とは、広義の意味の蓋然性（probability）のうちに含まれながらも不確かさをまったく伴わない「確証的知識（proof）」のことである（T1.3.11.2 : SBN124）。例えば「確証的知識」としてヒュームは、「太陽が東から昇る」や「人間がこれまで死ななかったことがない」というものを挙げる。この「確証的知識」については、後の本章第五節第一項において再び触れることにする。

（4）この点を指摘する数少ない論考として、坂本［二〇〇二］、水谷［二〇〇七］、島内［二〇〇九a、二〇〇九b］、奥田［二〇一二］を挙げることができる。

（5）坂本［二〇〇五］二三三―二三四頁。

（6）他者と意見や感情を取り交わすということに関する詳しい考察として、奥田［二〇〇六］第五章を参照されたい。

（7）説明を簡易にするために、以下からは、信念のもう一つの特徴である「特有の感じ」については省略して議論を進める。

（8）言葉遣いについて改めて説明しておくと次のようになる。すなわち、ヒュームは「慣習（custom）」と「習慣（habit）」を同じものとして用いる。これに加えて筆者は、「習慣・慣習」を「風習（manners）」とは区別した上で、前者を「個人のうちにあるもの」とする一方、後者を「社会の人々に分け持たれうるもの」という意味合いで用いている。

（9）島内明文は、ヒュームの社交モデルでは親密圏が議論の出発点にされており、当事者間に共通の関心や語彙が存在するサロンや社交界を媒介にすることで、親密圏と公共圏が連続的に捉えられていると解釈する。そして、これに対してアダム・スミスの社交モデルでは、見知らぬ人々から構成され多様な人々に開かれている市場や都市空間に依拠して、親密圏と公共圏の相違点が重視されていると解釈する（島内［二〇〇九a］一九九頁、島内［二〇〇九b］一〇頁）。このとき島内は、あたかもヒュームの「社交」では「見知らぬ人たち」に出会われないかのように述べるのだが、しかしそれは誤解である。ヒュームの「社交」においても、アダム・スミスの「社交」同様、出会われるのは「見知らぬ人たち」に他ならない。ヒュームの「社交」が、「限られた気前のよさ」の通じない見知らぬ人たちどうしが出会う場であるからこそ、会話を澱みなく心地よい仕方で行ない続けるために「行儀の規則」が、正義の諸規則を定めたのとパラレルな仕方で定められるのである。

（10）このように、道徳的評価において重要となるのは、（1）評価対象のことを「よく知っている」人がいるということ、および（2）その「よく知っている」人が複数存在していて、彼らが共通の評価を下していることの二つである。このことは、ヒュームの道徳的評価論が、ある種の「専門家集団」理論であることを示唆しているように思われる。そしてこれと同じことが、彼の美学論においても認められる。
ヒュームはエッセイ「趣味の基準について」の中で、趣味と美の真の基準について次のように述べる。「秀でた感覚が、［1］それが繊細な所感と結びつき、［2］訓練によって改善され、［3］比較によって完全なものとなり、しかも［4］それからあらゆる偏見が取り払われている場合にのみ、［そのような感覚をもつところの］この貴重な人物に〈批評家〉という資格が与えられる。そしてわれわれが〈批評家〉たちを見つけ出すことができる場合にはいつでも、批評家たちの共通意見こそが、趣味と美の真の基準となるのである」(EMPL p. 242)。このように、美的評価においても、まずは(1)その分野のことを専門的に知っている「批評家」と呼ばれる人が存在すること、および(2)その批評家が複数存在して、彼らが共通した評価を下すことが「趣味と美の真の基準」の条件となるのである。

(11) もちろん「人々の意見」というと、一般にはジャン＝ジャック・ルソーの「一般意志」のようなものを想起してしまうことだろう。しかしヒュームはそのようなものを想定していない。ヒュームの言う「人々」とは、基本的には評価対象の「身近な人々」を意味しており、それは社会や共同体などの大きさのものではない。

(12) もちろん、「今後も抵抗権が認められ続ける」だとか、「だから抵抗権は正当化される」などとヒュームが言うことはないだろう。そのように結論することを、理性的・合理的に示すことができないというのが、帰納推論の正当性批判を行なう際のヒュームの議論の根幹であった。

(13) 先ほども述べたが、確証的知識とは、たとえば「太陽が東から昇る」や「人間は死ぬ」などの知識である。

(14) 本書はヒュームの用法に従い、「知性」を「理性」と置き換え可能なものとして用いる。

(15) 以下では混乱を避けるために、理性によって判定されるものを「真偽」と、そうではない仕方で判定されるものを「適否」と表記することにする。なお、この表記法については奥田太郎先生よりご助言いただいた。

(16) こうした本書の解釈とある程度パラレルなものとして、萬屋博喜[二〇一二]を挙げることができる。萬屋は、ヒューム哲学全体を通じて、言葉の意味が、想い抱かれる観念にある(「意味の観念説」)のではなく、われわれが社交・会話において言葉をどのように使用するのかにある(「意味の使用説」)と主張する。これは本書が、道徳的評価の正しさを定める基準を[A]想い抱かれる観念ではなく、[B]「心の作用」に求めねばならないとすることとある程度パラレルである。だが以下で見る通り、特に事実判断においては、知性(理性)が一定の役割を担っていると思われることから、事実判断では、言葉の意味が「想い抱かれる観念にもある」と言えるように思われる。そうすると、萬屋が、自身の主張をヒューム哲学全体に及ぶものとする点については、些か言い過ぎであるように思われる。本書は萬屋とは異なり、ヒュームにおける言葉の意味とは、事実判断と道徳的評価とで、ある程度の重なりを見せつつも、いくつかの点で異なる仕方によって定められるものと考える。

(17) このように、評価対象の「身近な人々」が胸中に宿している一般的規則が「道徳の基準」だと主張すると、次のように批判されるかもしれない。すなわち、「身近な人々」という言葉から、その範囲は狭いものと考えられ、それゆえ、たとえば統治の有益さについて評価を下す場合に、誰が「身近な人々」として特定されるのか、と。
　これに対して筆者は、「身近な人々」の範囲は基本的に狭いが、しかしその範囲は最大で一国全体にまで広がると、ヒュームが述べていることをもって応じることにしたい（T3.3.2：SBN603）。統治について評価を下す場合にも、評価者は「身近な人々」に焦点を合わせるわけだが、そのときの「身近な人々」の範囲は、「身近な」の言葉の意味するところとは裏腹に、その統治の影響を被る人々、すなわち国の成員全体にまで広がるのである。

(18) このような、一度の例外も許さない「知性の一般的規則」の代表に、自然（物理）法則が挙げられる。そしてこの自然（物理）法則の侵犯として「奇跡」を定義し、それを批判的に論じた『人間知性の探求』(*An Enqury concerning Human Understanding*) が、ヒュームの（悪）名を当時の学術・宗教界に広めたことはあまりに有名である。

(19) もちろん、次の引用が示すように、同じ時間の長さであっても、対象次第で、人間の心が受ける影響にも差が生じてくる。「同じ長さの時間であっても、心に及ぼす影響が異なるのに応じて、目下の道徳感情に及ぼす影響も異なると言うことができる。われわれがあらゆるものを〈比較〉によって判断するのは自然なことである。そして、王国や共和国の運命について考えるとき、われわれは〈長い時間〉を念頭に置く。それゆえ、王国や共和国の場合、少しの持続時間では、われわれが何か他の対象を考えるときほどの影響が、目下の感情には及ぼされないのである。［たとえば、］馬やひと揃いの衣服に対する権利を、ひとはほんの僅かな時間で獲得すると考えられている。しかし、何であれ新たな統治を打ち立てるためには、言い換えれば、被治者の心からその統治に関するあらゆる疑念を取り除くためには、一世紀では不十分なのである。」（T3.2.10.5：SBN557）

終章　社交と時間の倫理学

本書では、ヒュームの主著『人間本性論』全三巻を「ひとつなぎの道徳哲学の書」として読むという方針のもと、しかし彼の主著である『人間本性論』のみに考察の範囲を限定するのではなく、『道徳原理の探求』や『道徳、政治、文芸論集』にもその射程をひろげながら、ヒュームの倫理学理論とはそもそもどのような方向性をもったものであるのかを、そしてヒュームの倫理学理論の独創的な点とはどのようなものであるのかを抉出することを目標に、これまで考察を重ねてきた。そして、ヒュームの道徳に関する議論を考察するのに先んじて、本書ではまず『人間本性論』第一巻知性論で論じられる「信念の諸特徴」および「判断の仕組み」を解明し、そこで得られた知見を携えて、ヒューム倫理学理論の考察に取りかかったのであった。

その結果、第一に、ヒュームの倫理学理論が中心的に光を当てているのは「行為」や「行為の正不正」というよりもむしろ、「性格の善し悪し」すなわち「徳」「悪徳」であるということが確認された。もちろんこのことは、ヒュームのテクストを読めば、その書き方や言葉遣いから自然と分かる（はずの）ことではあるものの、本書では、ヒュームが道徳というものを「時間軸」という観点から見つめていることを明らかにすることを通じて、ヒュームが「徳倫理学」の系譜に位置づけられるべきことを、より一層明らかにしようと試みたのである。

第二に、ヒュームは、われわれ人間の道徳的な生の営みの中でも、特に「社交・会話」というものに光を当てており、「徳倫理学」としてヒュームの理論を位置づけながらも、さらにそこには「道徳的社交論」とでも言うべき、他にはほとんど類を見ない要素を内包している点こそ、ヒュームの倫理学理論の独自性である。このことを本書では明らかにしてきた。

以上を踏まえて、この「終章」では、そのような諸特徴および独自性を持つヒュームの思想から、現代に生きるわれわれは何を学ぶことができるのかということについて、さらなる考察を付け加えることにしたい。まずは、「徳倫理学」の系譜に位置づけたヒュームの倫理学理論について、簡単に振り返っておくとともに、若干の補足説明をしておくことから始めよう。

まずヒュームにおいて、道徳が「理性」ではなく「感情」に基づくという点は揺るぎのないものである。しかしだからといって、ヒュームの説を「単純な主観主義」として特徴づけることは不適切である。というのも、［1］五感で把握できるようなその場のあらゆる情報が評価者に対して明らかとなっており、かつ［2］道徳判断を下す評価者の精神面・健康面に何も異常がないとしても、具体的な人物が何らかの行為を遂行する・遂行し損なうのを見て、当該の評価者がその人のことを、適切に評価できることにはならないからである。われわれが誰かのことを、特にその人の性格（およびその性格に由来すると考えられる行為）を評価することが可能であるためには、そもそも「徳」についての知識が、すでにある程度、われわれに備わっていなければならない。言い換えると、〈どういう行為をすることが「気前のよさ」の発揮であるのか〉、〈どのようにすることが「正義」にかなうことなのか〉、〈どのように行為することが「勇敢さ」を示すことなのか〉など、これらの「徳」の捉え方をある程度は身につけているということが、あるいはこれらの「徳の言葉」の使い方や当てはめ方をある程度は「知っている」ということが、道徳的評価を下すための前提条件とされているのである。

本書の第三章第六節「襤褸《ぼろ》を纏《まと》った徳」の箇所で考察したことを思い出そう。ヒュームは、ブルータスがどのように評価されるべきかを、評価者が「知っている」(T3.3.1.16 : SBN582)と述べていた。本書での解釈が正しいのなら、これは「当該の一般的規則が、その評価者の心の中に形成され定着している」ということを意味していると理解することができた。そして、ブルータスを評価する際に従うべき「一般的規則」とは、すでにブルータスの「身近な人々」のうちで通用しているものであった(本書第三章第六節)。このことについて、もう少し掘り下げて考察してみよう。

たとえば、ブルータスを「気前がよい」と称賛する場面について考えてみよう。そのような場合、第一に、ブルータスの生きていた社会ないし共同体では、〈他人に利益をもたらす一定の行為を生み出す性格〉が「気前のよさ」と呼ばれ、それが「徳」として認められていたことが前提とされている。つまりは「気前のよさ」という徳についての「風習的一般的規則」(本書の第八章第四節を参照)が形成されており、それが社会の成員の間で定着しているわけである。そしてその上で、ブルータスの性格がこの「風習的一般的規則」に沿うものであると、つまり「ブルータスは気前がよい」という「ブルータスについての一般的規則」が、ブルータスの「身近な人々」の胸中に形成され、定着している(そのことを「知っている」)のである。以上のことが、「徳」を中心に展開されるヒュームの倫理学理論においては、「道徳的評価の仕組みの条件」として当たり前のように前提されているのであり、このことが分かっていないと、ヒュームが何を言わんとしているのか理解できない場合もあることだろう。(1)

ところで、以上のことは『人間本性論』を読んだ上で思いついた筆者の推察に過ぎないと思われるかもしれない。しかしながら、『道徳原理の探求』における次の文章をよくよく読んでみると、筆者のこの推察があながち間違いではないように思えるはずである。道徳的な判断が、事実的な判断とは異なり、理性（による「関係」の発見）にではなく感情に基づいていることを示すくだりで、ヒュームは次のような説明をする。

人が自分の振る舞いについて（たとえば、特別な非常時に、自分は兄弟を助けるのがよいかそれとも恩人を助けるのがよいのかということについて）熟慮するときはいつでも、優越する方の義務及び責務を決定するためには、それらの人物にまつわる全ての事情や状況とともに、それぞれの関係を別々に考察しなければならない。（EPM App. 1.11：SBN289）

非常時に自分の兄弟を助けるべきか、それとも恩人を助けるべきかといった道徳的なディレンマに直面したとき、最終的な判決を下す前に、あらゆる事情が評価者にとって前提として明らかになっていなければならないと言われている。ここで、「優越する方の義務および責務を決定する」という表現に注目しよう。「優越する方の（superior）」という表現からは、行為者が最終的にどちらかを選択する前に、すでにどちらも義務として認められていることが分かるだろう。(2) 兄弟を助けることが義務の一つである一方で、恩人を助けることもまた義務の一つなのであり、それぞれの背景にはそれぞれの行為を生み出すところの有徳な性格が存在するということが、すでに前提されているのである。

このように、ヒュームが道徳の場面を描くときには常に、そこに登場する人々が一定の「徳」の捉え方をすでに共有していることが前提とされたうえで議論が展開されていると考えられる。しかしながら、われわれはときに、そのような「徳」の捉え方を知らない場合があるし（特に子どもの頃に、われわれはそのようなことを知らないことが多かろう）、そして自分たちの「見知らぬ人たち」がどのような性格を持っているのかについて、いつも共通了解を得ているわけでもない。このような「道徳に関する無知」に、そして「道徳に関する意見の不一致」に、われわれは社交や会話の場面において直面することになる。

社交や会話の場面において、仮に私が他の社交の参加者とブルータスの性格評価の点で一致しない場合には、ブルータスの「身近な人々」の観点に立って上述した二つの一般的規則（「風習的一般的規則」と「ブルータスについての一般的規則」）を獲得することで、ブルータスは「気前がよい」と評価することができるようになる。もちろん、「気前のよさ」というものがどのような性格特性なのかということについては、時代や場所を問わず誰もが共通して把握しており、それゆえにいちいち当該の社会や共同体において「気前のよさ」という言葉がどのように使われているのかを、すなわち「風習的一般的規則」を「知る」必要はないと言われるかもしれない。そして、われわれが道徳的評価を下すにあたって知るべきはむしろ、「当該の評価対象（今の場合はブルータス）についての一般的規則」の方であり、それだけで十分だと思われるかもしれない。しかしながら、どのように「徳の言葉」が用いられるのかということは時代や共同体によって変わりうる、そうヒュームは考えていることに間違いはない。そしてそのことをわれわれは、セルビー・ビッグ版の『道徳原理の探求』に所収されている「対話（A Dialogue）」において、語り手（「私」）およびその友人パラメデスの祖国と、フォーリィという国との間での「徳の言葉」の使われ方の違いが描かれているところに、見てとることができるだろう。確かに、「徳の源泉」は同じ一つの山ではある。しかしながら、同一の「重力」という原理のために、むしろ水が真逆の方向に流れることもあれば、水の流れる斜面のあらゆる条件が、川の流れ方・水量などの違いを、つまりは「徳」の捉え方の違いを、「徳の言葉」の使われ方の違いを生むのである（EPM, A Dialogue 26：SBN 333）。それゆえヒュームにしたがえば、「徳の言葉」の使われ方や、それを下支えしている「徳」の捉え方は、時代や場所、あるいはそれを持つ集団によって異なる可能性があるのである。(3)

なるほど「徳の言葉」の使い方は、時代や場所に応じて相対的であり固有ですらあるかもしれない。しかしながら、われわれがひとたび「徳の言葉」の使い方をある程度身につけた暁には、自分たちのよく知っている「身近な人々」を道徳的に評価するにあたり、その「徳の言葉」を用いればよいのである。あるいはわれわれが行為者の立場にいるのなら、自分が身につけている「徳」の捉え方にしたがって、行為を選択すればよいのである。先ほどのディレンマの事例で言い換えるならば、兄弟を大切にする「家族想い」といった「徳」にしたがって振る舞うのがよいのか、それとも恩人の恩に報いる「報恩」という「徳」にしたがって振る舞うのがよいのかは、当該の場面全体を見渡しつつ、自分の「徳」の捉え方に従って選べばよいのである(4)。

このように、ヒュームの倫理学理論には、特にその「道徳的評価の仕組み」に、このような「徳倫理学的な前提」が存在するということ、そしてその前提としての「徳」の捉え方は、時代や場所に応じて多様でありうるということが認められるのならば、そこからさらに進んで、われわれが道徳を理解し、そしてより一層道徳的に生きるためには、ヒュームの「社交や会話」への着眼が、すなわち彼の「道徳的社交論」が、ますます重要な役割を担うものとして、鮮烈に立ち現れてくるように思われるのである。

なるほど、社交や会話という要素は、ヒュームと同時代のアダム・スミス、あるいは後代のカントの道徳哲学においても見られるものであり、ヒュームに完全にオリジナルな要素であるとまでは言えない。たとえばアダム・スミスの社交論について考察した島内明文によると、アダム・スミスは「市場モデルの公共圏」を念頭に置いた道徳の解明を試みており(5)、「見知らぬ人同士が出会う市場空間における社交が自己抑制を可能にする」と論じているとする(6)。島内の解釈がある程度妥当だとして、アダム・スミスにおける社交の場である「市場空間」について具体的に考えてみると、それは十七、八世紀の英国で数多く見られた「コーヒー・ハウス」であると推察される。コーヒー・ハウスについて詳しく論じた小林章夫によると、当時の英国の都市部では、中産階級が徐々に力を伸ばしてきたのであるが、その階級を主として構成していたのは商人であった。そして彼ら商人たちが気晴らしのためだけでなく、そこで商談を行なうためにも足しげく通いつめた場所こそ「コーヒー・ハウス」に他ならない。コーヒー・ハウスとは、男性以外の客の立ち入りが許されていない社交場であり、そこでは政治について論じられることもあったが、主として行なわれていたのは商取引の話であった(7)。このように、「市場」とは「見知らぬ人と遭遇する場」に他ならず、そこにおいて社交を成り立たせるために「自己抑制」が必要になると論じるアダム・スミスの社交論は、社交の場において通用している「行儀の規則」によって参加者の「誇り」が抑えられるようになると論じるヒュームの社交論と極めて似通った構造をもつ。とはいえ、アダム・スミスにおける社交の具体的な場が主に「コーヒー・ハウス」に見いだされ、そこでの話題が政治に関するもの、あるいは新聞に掲載される船舶の出入り情報など(8)に限られていたとするならば、社交での話題が限定的であるがゆえに、アダム・スミスの「社交」とは、道徳一般を論じる上で、ある意味狭い概念であると言えるかもしれない。

これに対し、ヒュームの論じる社交は、主に歓談のために、サロン等で催されたものであり、そこでの話題は歴史、詩歌、政治、あるいは道徳や哲学の諸原理など実に幅広いものである (EMPL p. 534)。その意味でヒュームの社交論は、アダム・スミスのそれに比べて、とりわけ道徳について論じる上では、実に豊かで幅広い素地を有すると言えるように思われる。何よりヒュームにおいて、社交の主役は「女性たち」とされる点が、彼の社交論に極めて特徴的な点だと言うことができるだろう。

ヒュームによれば「女性たち」とは、「会話の国」における「主権者」なのであり、女性たちに接する際には、尊敬の念をもってせねばならない。ヒュームが女性に対して示す期待は実に高いものであり、それは知的・学術的領域における優秀さに対してまでも示されており、その程度は、同程度の知性をもつ男性に勝るとも劣らないと言われるほどである。もちろん、女性はその本性上、優しく愛情に満ちた気質に溢れているので、「女性に対する礼節（Gallantry）」や「献身（Devotion）」をテーマとする書き物に愛好の限りを尽くすことが多い。それゆえヒュームは、この点に関する女性の悪趣味を是正するようにと注文をつけはする。それでも、社交術や会話術において男性より長けている点で、ヒュームが女性に対する尊敬の念を変えることはない（EMPL pp. 535–537）。坂本達哉も言うように、「文明化のプロセスにおける女性の積極的役割」へのヒュームの期待は、極めて高いものであった。「女性独特の会話上手や社交術は…〔中略〕…（近代の）都市における知識の社会的交換と人間性の涵養にとって不可欠の手段であり、会話と社交の技術が、社会の文明化にとって、本質的な役割をはたすのである」(9)。

なるほど、女性に対するヒュームのこのような見解は、現代的に見れば批判の余地が多分にあるものかもしれない。しかしながら、「女性」というものに言及するのみならず、「女性」を極めて高く評価している点は、当時としては実に珍しく、また興味深いものであると思われるのである。この意味でも、ヒュームの社交論は同時代のそれと比べて、極めて独自な要素を備えていると言えるだろう。

さて、社交や会話というものが、われわれ人間が道徳的な生を営む上でいかなる理由で重要になるのかというと、そこに参加することで、われわれの心に次のような変化が生じるからである。本書第七章で論じたように、社交や会話の場に参加すると「行儀の規則」の影響により、参加者は他者を不快にする「過度の誇り」の表明を抑えるようになる。その結果、社交においては「心地よい会話の流れが保たれるようになる」（EPM 8.1 : SBN261）わけだが、何よりも、その自己抑制を通じて、参加者の胸中で「見知らぬ他者への気遣い」が涵養され、「人間性」が高まるようになるという点が重要である。ヒュームは社交や会話の場を、「利他的特性を涵養する場」のひとつとしても見てとっており、その意味で、社交や会話はわれわれが道徳的な生を営むにあたって重要なものとされているのである。そしてそのことを析出するヒュームの慧眼は、たとえば現代の徳倫理学や「ケアの倫理」〔以下では「現代徳倫理学」で一括して表記〕に不足していると思われる新たな視角を、われわれにもたらしてくれることになる。

「現代徳倫理学」[10]は、とりわけそれが「共同体主義」と結びつけられて考察される場合に、いわゆる「文化相対主義」的な主張をする学説と理解され、そのために批判されることが多い。[11]とりわけ現代の倫理的問題は、いくつもの共同体を巻き込む形で生じることが多いことに鑑みると、以上のような特徴をもつ「現代徳倫理学」が、共同体という範囲を越え出たグローバルなレベルにおける倫理的問題に対して、有効な解決策を示すことは難しいように見えるだろう。そしてまた「現代徳倫理学」は、身内贔屓に対して肯定的な価値を認めるために、身内贔屓を否定することで確保されていたお互いの幸せを脅かす危険性をもつとも指摘される。[12]「ケアの倫理」の旗手の一人であるネル・ノディングス〔一九八四〕は、「ケアリング」の範囲の中心を家族や身近な人々に置き、見知らぬ他者を対象とする正義などの問題を、自身の理論の射程外に置く。彼女によれば、「相手の側に応答する可能性がないのなら、われわれには気遣う者として行動する責務はない」のであり、それゆえ「地球上の離れた地域の貧窮者」を援助する責務などないと結論される。[13]このようなノディングスに対しては、狭い範囲の個人的な関係に焦点を合わせすぎることが、その個人的関係を完全に無視してしまうことと同じくらい間違いであると批判されることになる。[14]

かくして、ノディングスほど極端な主張をすることがないとしても、「身内贔屓」という要素が「現代徳倫理学」の特徴の一つとして抜き難く認められるのであるならば、見知らぬ遠方の他者を対象とした倫理的諸問題、たとえば地球温暖化などの環境問題や発展途上国における貧困問題などにわれわれが直面したときに、「現代徳倫理学」から有効な提言を引き出すことは難しいと思われることだろう。

筆者は、「現代徳倫理学」がこのような批判を受けるのは致し方ないものと考える。そしてその根本的な原因のひとつを、「現代徳倫理学」が、徳を涵養する場として「家庭」や「教育現場」を重点的に考察し、しかもそれに終始しているからだと考える。徳の涵養の場をそのように限定的に考えてしまう「あるいはそもそも「徳の涵養」ということを考察すらしない」ことで、「現代徳倫理学」には、徳の発揮される範囲が「見知らぬ遠方の他者」にまで広がっていくことを説明するのが難しいものになっていると考えられるのである。[15] そしてそうした問題を放置しているために、「現代徳倫理学」は「射程が狭い」という批判を乗り越えることができないままであるように思われるのだ。

そこで筆者は、「現代徳倫理学」が陥っている苦境に救済の光を当てるために、ヒュームの道徳的社交論に着目するのがよいと考える。「現代徳倫理学」とは異なり、ヒュームは徳の涵養される場が、家庭や教育現場といった「身近な人々」のうちに留まらないと考えている。すなわち、社交や会話という場でも、徳は涵養されるのであり、しかもそこにおいて涵養される徳は、「見知らぬ他者」という、自分にとってある程度の距離がある存在者にさえも働くような特性として描かれている。こうした、家庭や教育現場に次ぐ、二段階目の徳の涵養を論じるヒュームの道徳的社交論を組み入れることで、「現代徳倫理学」は、自身が打ち破ることのできなかった壁を乗り越える足がかりを得ることになり、その結果、「依怙贔屓の倫理学」などと揶揄してくるような批判に対し、ある程度は応じることができるようになることが見込まれるのではないだろうか。

もちろん、「現代徳倫理学」が、ヒュームの社交論を組み入れる素地を持つのかどうか、組み入れたところで実際に有効な仕方で機能するのかということについては、さらなる検討をする必要があるだろう。しかしながら、仮にヒュームの道徳的社交論という新たな地平を許容しうる素地をもつのであるならば、「現代徳倫理学」は、グローバル化した現代社会に特有の倫理的諸問題に対して、「義務論」や「功利主義」とは一線を画した、有効な解決策を提示できるのではないかと、そのように期待されるのである。

われわれにとって「社交や会話」が道徳的な生を営む上で重要であるのは、そこが「徳を涵養する場」であるからというだけに留まらない。われわれが現代社会に生きているからこそ、「社交や会話」というものの重要性は、ますます増していると考えられる。社交や会話に参加する者たちは、自身の「身近な人々」の枠内を飛び出し、「見知らぬ人たち」と意見を取り交わす。そして、見知らぬ人たちと意見や感情を交流させながら、自分の生きている社会全体における道徳的区別や価値観はもちろん、同時代の別の社会における道徳的区別や価値観を、さらには歴史に見られる様々な社会で通用していたような道徳的区別や価値観をも学びとっていく。社交や会話とは、参加者自身の胸中にある利他的な徳を一層涵養していく場であるだけでなく、「多種多様な徳や価値観を学ぶ場」でもあるのであって、その意味で、いわゆる「異文化理解」を促進する役割を果たすものであるとも言えるのだ。現代社会に生きるわれわれが、グローバルなレベルにまで達することの多い倫理的問題に直面せざるをえないからこそ、こうした異文化理解の促進をはかることは、現代においてわれわれが生きていく上で、そしてわれわれの子孫が平和裡に共生していく上で、ますます欠かすことのできないものと言えるだろう。多種多様な価値観がそこかしこに偏在する現代社会（世界）にあって、自分が知っており、そしてすでに身につけているものとは異なる「徳」あるいは「価値観」をわれわれが学ぶことは、それだけで重要であると思われる。そして、自身のものとは異なる「徳」や「価値観」を、社交や会話の中で学ぶからこそ、それらを尊敬・尊重する態度の涵養が見込まれるのであり、その結果として、自分たちとは異なる「徳」や「価値観」をもつ見知らぬ遠方の他者に対して、われわれは利他的な振る舞いを行なうことができるようになると考えられるのである。

　とはいえ、ヒュームの言う「社交や会話」とは、彼の生きた一八世紀当時におけるものであり、それがどこまで現代の文脈に合致するのかは、さらなる考察を必要とするだろう。つまり、仮にヒュームの社交論を、現代の倫理的諸問題の解決に用いようとするのなら、それを現代版の社交論へと、彫琢し直す必要があるかもしれない。現代における社交や会話の場とはどこなのか。現代における社交や会話のやり方とはどのようなものなのか。これらの点をさらに考察することが、今後の課題として残されている。しかしながら、ヒュームの倫理学理論は、単なる「徳の倫理学」であるだけでなく、社交や会話を道徳的な生の営みにとって重要なものとして位置づけるがゆえに、価値が多元化の一途をたどる現代社会においてはとりわけ、他の諸理論以上に有用な示唆を与える素地を有するものであると考えられるのである。

さて、以上がヒュームの「道徳的社交論」の意義と考えられるものであるわけだが、しかし本書においてはもう一つ、ヒュームの倫理学理論の特徴を指摘していたのであった。すなわち、ヒュームは道徳を「時間軸」という観点から見つめているということを、本書での考察を通じて明らかにしてきたわけである。これは、ヒューム哲学の解釈それ自体にとって重要であるだけでなく、「道徳」ということでヒュームがわれわれに対して何を訴えているのかを汲み取る上でも重要なことである。しかしそれはどのような意味で重要であるのか。この点について、最後に述べておくことにしよう。そしてここにおいてようやく、本書が長らく先送りにしていたヒュームの「懐疑論」の取り扱いについての問いに取り組むことになる。

繰り返しになるが本書は、『人間本性論』全三巻を「ひとつなぎの道徳哲学の書」として読むという方針のもと、これまで考察を進めてきた。その中で、第一巻知性論における「懐疑論」は、ヒュームが別の目的を達成するために乗り越えるべきものとして持ち出した、問題設定の一つに過ぎないと解釈した。そう解釈した理由は、今や明らかであろう。そもそも知性論において、「知性（理性）」が「信念」に対して投げかける「懐疑」は、印象と観念の間の一致・不一致という、いわば「無時間的に［＝あらたな経験を許さず、頭の中だけで］」[16]なされるものである。信念を単独で取り出して、その真偽について知性を用いて反省をし、懐疑をかけるのであれば、それは畢竟、あらゆる信念の消滅を導くことになる。

しかしながら、この議論は、道徳論においては根本的に無効となる。なぜなら、道徳は感情(印象)に基づけられるものなのであり、本書第八章で論じた通り、「道徳に関わる感情(印象)や意見」、および道徳の基準となる「道徳の一般的規則」のどちらも、知性(理性)による「懐疑」を問題としないからである。道徳に関する感情・情念・意見の「適否」は、「どのような仕方でそれらを想い抱いたのか」という点でもって判定されるのであり、それを判定する「道徳の一般的規則」は、定義上不可謬である。もちろんここに、知性(理性)の出る幕などない。

知性(理性)という能力だけを用い、知性(理性)の取り扱う対象である観念のみを取り出し、それに対して「無時間的に」懐疑をかけることによってしか、「全面的懐疑論」は訪れない。もちろん、そうした事態をわれわれが想像し、それを考察しようとすることは可能である。しかしながら、そのような考察は、それ自体が「哲学的虚構」に過ぎないことを認める限りにおいてしか許されない(Cf. T3.2.14 : SBN493)。人間が(道徳的に)生を営む上で、知性と感情とを切り離すことはそもそも不可能なのであり、仮に知性と感情とを切り離すことができて、どちらか単独で生きようとしても、それはもはや誤謬や不利益しか生まないのである。そうすると、「懐疑論」を提示することによって、そして「全面的懐疑論」という破滅的な結末を描き出すことを通じて、ヒュームはわれわれに、まずは無時間的に思考することを諦めるよう訴えている、そのように考えられはしないだろうか。かくして、「道徳」をヒュームが「時間軸」という観点から見つめていると指摘することは、『人間本性論』における「懐疑論」の位置づけを明らかにするという意味で、ヒューム哲学の解釈それ自体にとって重要だということが、まずは了解されるであろう。

それでは次に、「道徳」に関してヒュームはわれわれに対して、どのようなことを訴えていると考えられるだろうか。この問いに答えを与えるにあたり、『道徳原理の探求』結論部において登場する「賢明な悪党（sensible knave）」の問題について、少し考えてみることにしたい。「賢明な悪党」問題については、これまで多くの論者が様々な解釈を与えてきた[17]。それぞれの議論に対する詳細な検討や考察を、もはや本書において行なう余裕はないのだが、本書の議論を踏まえるならば、さしあたり「賢明な悪党」問題に対して、次のような理解を与えることができるだろう。

「賢明な悪党」とは、正義の諸規則に何らかの穴を見つけて、他人に見つかることなく、そして社会にダメージを与えないのであれば、正義の諸規則に違反することによって、自己利益を最大限追求しようとする者のことである（EPM9.22：SBN282–283）[18]。ところで、そのような「賢明な悪党」の方針は、正義の諸規則を悪賢く用いるものであるので、人々が培ってきたこれまでの経験に基づいてはいる。しかしながら、それ以降の新たな経験を不必要なものとして切り捨てているという意味で、「賢明な悪党」の方針は「無時間的に」案出されたものだと考えることができるだろう。なるほど、人によっては生きるための指針として、「賢明な悪党」の考えるような結論を出す者がいるかもしれない。しかしながら、われわれ人間の置かれる状況・環境は刻々と変化するものなのであり、それに応じて、われわれ人間の道徳に対する捉え方も、われわれ人間がどのように生きていくべきであるかということについても、劇的にではないにせよ、ある程度の変化が見込まれる。そうすると、道徳というものについて、そして自分の生き方について、知性のみを用いて「無時間的に」考え、そしてただ一つだけの結論を下し、その答えで十分だとする「賢明な悪党」の思考法は、感情に基づくものであるがゆえにダイナミックに生成・変化し続けていくという道徳の本性を捉え損ねているものだと言えるのではないだろうか。「賢明な悪党」が「無時間的に」案出するような指針は、ともすれば本人を誤謬に陥らせ、不利益をもたらしかねないようなものとして、ヒュームによって斥けられているように思われるのである。

先ほどのディレンマの事例においても見られた通り、道徳的な問題に対する解答は、一つしかないわけではないし、われわれ人間の道徳的な生の営み方のうち、一つしか「善い」と言われないわけでもない。道徳的な問いに対する答えは、そして道徳的に善く生きる際の方策は、各々が自分なりに考え、そして選び取っていくものでもあると考えられる。[19] ヒュームによれば「道徳」とは、知性〔理性〕による無時間的な仕方では捉えることができないものである。逆に言うと、「道徳」を捉えるには「時間がかかる」のである。[20] もちろん、ある程度短い時間で「道徳」を理解する手だてがないわけではない。たとえばわれわれは、社交や会話において他者の意見に耳を傾けることによって、「道徳」をある程度は捉えることができるようになるかもしれない。しかしながら、社交や会話において「道徳」を捉えるときでさえ、われわれは様々な価値観を有する他の人たちと繰り返し感情や意見を交流させて、そして反省を加えねばならないのであり、やはりその場合も必ず、ある程度の時間が必要になることを覚悟せねばならないだろう。そうすると、そのように「時間がかかる」ヒュームの「道徳についての考え方」は、即座に一定の解決策を示すことが求められがちな喫緊の倫理的課題〔それは特に応用倫理学の領域に多く見られるであろう〕に対しては、有効に機能しないものだと言われるかもしれない。そしてまた、時間をかければ妥当な解決策が案出される保証などないと批判されることも、容易に想像できるだろう。しかし、道徳とは時間をかけて人々の間で醸成され、そして共有されていくものであるとするヒュームの洞察を、ある程度妥当なものであると認めるのなら、ヒュームの倫理学理論は、そのようにして醸成されたわれわれの道徳的な風習を、たとえば功利主義[21]のように、誤った偏見に過ぎないとして簡単に切り捨てることに対して、歯止めをかける役割を担っているものとして位置づけることもできるだろう。

われわれには、これまで様々な種類の道徳的な問題に取り組んできて、それぞれに対して時間をかけながら、一定の解決策を案出してきた歴史がある。そして、どの場面においても、何らかの道徳的問題に対して、最初から解決策が分かっていたことなどあるはずがなく、いずれの問題を解決するにあたってもわれわれは、ある程度の時間をかけてきた、否、かけざるをえなかったのである。ヒュームが言わんとしていることは、われわれが道徳的な生を営むにあたっては、まずは無時間的に問題を解決しようとすることを諦め、そして様々な価値観、そして「徳」の捉え方をもつ他者たちと、繰り返し意見や感情を交流させることを通じて、時間をかけながら道徳について考えていく、考えつづけていかねばならないということであると思われる。それは、長く苦しい道のりであるかもしれないが、それが「道徳的に生きること」なのであり、それこそが「道徳的に善く生きること」に繋がるものなのである。このことをヒュームは、「道徳」における社交や会話の重要性を説きながら、そして何より、「道徳」を「時間軸」という観点から見つめることを通じて、われわれに語りかけているのである。

註

(1) それにもかかわらず、こうした前提が当たり前過ぎるからか、このことについてヒュームは説明を一切しないのである。とはいえ、ヒュームだけでなく、「徳倫理学」を論じる者たちは一般に、そもそもこうした「徳の言葉」の使い方が共同体内の成員にすでに共有されているということを前提した上で、議論を展開することが多いように思われる(Cf. Hursthouse［1999］, Foot［2001］etc.)。そしてまた、徳倫理学者だけでなく、徳を自身の功利主義理論に組み込むロジャー・クリスプも、「われわれの多くにとって、徳の捉え方や徳それ自体は、すでに確立されたものだ」という前提を置く(Crisp［1992］p. 155)。もちろん、「ある性格特性を徳とするものは何なのか」というメタ的な問いに対しては、論者によって異なる答えが与えられることになる。たとえば、フットのアイディアを体系化したハーストハウスならば、その問いに対して「自然主義」の立場から答えを与える。すなわち、われわれ人間には評価の対象となる三つの「側面」と、評価の規準となる五つの「目的」があり、われわれ人間の性格は、人間種に特徴的な仕方で、すなわち「合理的な仕方で」それらの目的に貢献する場合に「徳」と、貢献しない場合に「悪徳」と認定される。他方でヒュームは、その問いに対して「徳の四つの源泉」に訴えることで答えることになるだろう。しかしどちらにせよ、「徳」というものが社会や共同体において認められていることそれ自体に疑いの目は向けられず、むしろ様々な「徳」についての知識・捉え方が、ある程度共通した了解事項とされているのである。

（2）ヒュームの倫理学理論は、道徳的なディレンマのうち、どちらか一方の角のみが「正しい決定」でありかつ「正しい行為」でもあると考え、他方の角は「義務」とはならないとする「功利主義」とは、この点で一線を画す。この「どちらも義務である」とする考え方は、（義務論もそうであるけれど）まさに「徳倫理学」に特徴的なものである（Cf. Hursthouse［1999］pp. 45–46）。

（3）先ほどの、同一の山からすら異なる川が流れ出るという事例からも窺い知ることができるように、「徳」の捉え方の多様性を生むものとして、ヒュームは「自然的原因（physical causes）」を、すなわち気候などを挙げているが、ヒュームはそれ以上に、その多様性を生むのに大きな影響を及ぼすものとして「精神的原因（moral causes）」というものを指摘する。具体的に言うとそれは、統治の性質、公的な事柄の変革、当該民族の生活の豊かさと貧しさ、当該の民の隣にどのような民がいるかなどである（EPML p. 198）。

（4）筆者のこの理解については、ハーストハウスの「v-規則」の議論が大きく影響していることを告白しておく。ヒュームにおいてもこの「v-規則」の議論が当てはまるものと考えられる。なお、「v-規則」の議論について、詳しくは Hursthouse［1999］pp. 35–36.［2006］p. 106を参照せよ。

（5）TMS, VI.ii.1.15

（6）島内［二〇〇九a］一九一―一九二頁。

（7）小林［二〇〇〇］五四、二六二―二六四頁。

（8）小林［二〇〇〇］一〇〇―一〇二、一九一頁。

（9）坂本［二〇〇二］一三頁。

(10) 代表として、Noddings [1984], Hursthouse [1999], Swanton [2003], Slote [2007, 2010] を挙げておく。

(11) 伊勢田［二〇〇八］三〇二頁。

(12) 伊勢田［二〇〇八］三〇三頁。

(13) Noddings [1984/1997] p. 86（一三五頁）。

(14) Rachels [1999/2003] p. 154（一七一頁）。ただし、ノディングスがその射程の狭さを批判されたのは、彼女の初期の著作 *Caring* [1984] に対してであることに注意されたい。彼女は後の著作において、見知らぬ遠方の他者を対象とする正義などを、自身の理論の射程内におさめるよう方向修正を行なっている（Noddings [2002]）（尚、ノディングスの思想の修正という点に関しては、安井絢子氏〔京都大学大学院文学研究科〕に教えていただいた）。そしてまたマイケル・スロートのように、「現代徳倫理学」の論者の中には、「同感（empathy）」の拡張という議論を通じて、「射程の狭さ」という批判に対し、あらかじめ配慮をした議論を組み立てているものもいる（Slote [2007, 2010]）。しかし筆者の見るところ、これらのいずれもが、「身近な人々」から「見知らぬ他者」へと自身の理論の射程を拡張させる際に、それを架橋するための有効な道具立てを持ち合わせていないために、やはり不十分な議論しかなされていないように思われる。

(15) 近年になって、特に環境倫理学の分野で、徳倫理学的な観点からアプローチする研究が出始めている（e.g. Sandler [2007], 神崎［二〇一一］）。しかし、それらにおいてもやはり、「徳の涵養」、および「徳の涵養の場」という点について論じられることはほとんどない。

(16) 渡辺［二〇〇七］二三頁。

(17) Baron [1988], Baier [1992], Gauthier [1992], Postema [1988], Baldwin [2004], 矢嶋［二〇一二］etc.

(18) ヒュームの「賢明な悪党」論は、ある意味でR・M・ヘアの「大天使」の議論と類似するところがいくつかある（Hare [1981/1994] p. 44（六八頁））。ヘアの「大天使」の議論については佐藤［二〇一〇］一五五―一五八頁、佐藤［二〇一二］二一八―二二一頁を参照。

(19) 現代の徳倫理学に通じるこうした考え方を、道徳を時間軸という観点から見つめることを通じて、すでにヒュームは

示していたものと考えられる。（Cf. Hursthouse［1999］Part1）

(20) この点も、徳倫理学において、数学において早熟の天才は存在するかもしれないが、道徳において早熟の天才は存在しないと言われることに通じるものと言える。（Cf. Hursthouse［1990, 1999］）

(21) ここで念頭に置いているのは、ジェレミー・ベンタム流の（行為）功利主義理論である。

あとがき

本書は、二〇一二年十一月に京都大学より学位を授与された課程博士論文『ヒューム道徳哲学の包括的再構成』に基づくものである。そして左に示すのは、各章執筆の原型となった雑誌掲載論文の初出である。本書刊行にあたってそれらには、大幅な加筆・修正を加えており、ときには分割・統合をもしていることをあらかじめお断りしておく。

第一章　ヒュームの信念論
「ヒューム道徳哲学における認識論的基礎」『実践哲学研究』第二九号、京都大学　実践哲学研究会（現　京都倫理学会）、二五―四五頁、二〇〇六年。
第二章　一般的規則と事実判断
「ヒューム道徳哲学における認識論的基礎」『実践哲学研究』第二九号、京都大学　実践哲学研究会（現　京都倫理学会）、二五―四五頁、二〇〇六年。
第三章　ヒュームの「道徳的評価」論
「ヒューム道徳哲学における一般的観点と一般的規則」『倫理学研究』第三八号、関西倫理学会、晃洋書房、七七―八七頁。「ヒュームにおける一般的観点　再考」『倫理学年報』第六三集、日本倫理学会、八二―八四頁、二〇〇八年。
第四章　道徳的な行為の動機づけ

「ヒュームにおける道徳感情と道徳的な行為の動機づけ」『倫理学年報』第五八号、日本倫理学会、九三―一〇七頁、二〇〇九年。

補章　「欲求」の捉え方――「ヒューム主義」に関する一考察

「「欲求」の捉え方――「ヒューム主義」に関する一考察」『実践哲学研究』第三五号、京都倫理学会、七五―九三頁、二〇一二年。

第五章　人為的徳論

「ヒューム正義論における利益、効用、そして社会」『哲學』第六三号、日本哲学会、二四九―二六三頁、二〇一二年。

第六章　自然的徳と共感

「ヒュームにおける社交・会話と人間性の増幅―自然的徳論に関する一考察」『イギリス哲学研究』第三三号、日本イギリス哲学会、三五―五〇頁、二〇一〇年。

第七章　道徳と「社交・会話」

「ヒュームにおける社交・会話と人間性の増幅―自然的徳論に関する一考察」『イギリス哲学研究』第三三号、日本イギリス哲学会、三五―五〇頁、二〇一〇年。

第八章「道徳」と「人々の意見」、そして「時間」

「ヒューム道徳哲学における「人々の意見」」『倫理学研究』第四三号、関西倫理学会、五六―六七頁、二〇一三年。

右に見られるとおり、私のこれまでの研究者人生のほぼすべてが、ヒューム研究に捧げられてきた。しかし自身のその足跡を振り返ってみるに、その始まりは主体性をまったく欠いた、ただただ流れに身をかませてきたものであった。

実家から二番目に近い国立大学である京都大学に入ろうと、その当時、意識だけは高くもって受験勉強を頑張るものの、その能力の低さと圧倒的な努力不足から、結局は入学に至るまでに二年間の浪人生活を送ることになる。そしてそのために、ある意味で燃え尽きてしまった学部時代の私は、真面目に勉強することなどほとんどなく、安穏と日々を送っていた。その結果「この学問をしたい!」「この研究室に所属したい!」という希望が胸のうちに芽生えることもなく、差し当たり哲学、英文学、社会学、心理学、考古学のうちのいずれかの研究室を選べばよいのだろうと、そう思うだけの愚かな学生であった。

そんななか、二回生のときに偶然、すでに哲学研究室志望でほぼ固まっていた(意識の高い)友人に誘われて、応用倫理学の演習授業に顔を出したことが、人生における転機の一つとなる。当時の倫理学研究室の教授であった加藤尚武先生のその授業は、これまで受けてきたどの授業よりも興味深く、そして何より、不勉強な私にさえもその内容は大変分かり易いものであった。そして面白さと分かり易さという二つの要素(のみ?)に惹かれた私は、何の迷いもなく倫理学研究室を所属先として選ぶことになる。

このように、有り難い友人のおかげで無事に所属先を決めることができた私は、卒業論文をどのようにして書くのかということについても、その非主体性を遺憾無く発揮することになる。実は当初、どういう経緯だったかは忘れてしまったが、私は卒業論文をニーチェで書こうと思っていた。しかしながら、その相談を諸先輩方にしたところ、大学院に進学し将来的に研究者を目指す上で、ニーチェはなかなかに難しいと言われて途方に暮れることとなる。しかしそんなときに、とある先輩から「来年は奥田さん(ヒューム研究の大先輩)がODになって出はるから、それなら林くんヒュームやれば?」と言われ、「素直」というより主体性をまったく発揮しようとしない私は、これまた何を疑うこともなく、卒論をヒュームで書こうと決意し、それ以来、なんと十年以上にも渡ってヒュームの研究を続けてきた。

このように私は、研究者人生の一歩目を非主体的かつ、さしたる問題意識も持たずに踏み出したわけだが、いま思えば、むしろそうだったからこそ、何の色眼鏡もかけずにヒュームを見つめることができたのであり、そしてその思想の面白さと奥深さを純粋な気持ちで味わうことができたのではないかとも思われるのだ。確かに、予備知識なく哲学者のテクストを読み解いていくことは、それ自体がそもそも難解なことであるし、とりわけヒュームの曖昧な書き方に振り回されることもあって、私のヒューム研究は当初、難航を極めた。しかし、諦めの悪さと根気だけはどういうわけか人一倍持ち合わせていた私は、粘り強くヒュームのテクストと向かい合い、その絡まった糸を解きほぐしながら、彼の言わんとすることを徐々に捉えられるようになっていった。そして、研究成果を世に出すことが叶って「研究者としての喜び」を味わうと、すぐにその虜となってしまい、今では研究に病み付きである（若干ワーカホリックですらある）。

結局、当初は何も考えずにその歩みを始めたわけだが、しかし大変な幸運のおかげで、最も相性のよい人生のパートナー（ヒューム）と出会い、そして最も相性のよい仕事にも巡り会えたのである。まさに私の人生は、本人の「意図せざる結果」であると言えるだろう。

とはいえ、いまの私がこうしてあるのは、大変な幸運に恵まれたこともさることながら、以下に記す数多くの人たちからの暖かいご支援があったからこそである。その方々のおかげで、私は少しずつ成長し、徐々にではあったが主体的に研究を遂行していくことができるようになった。その結果、ついには京都大学より博士の学位をいただき、さらには本年度、大変有り難いことに助成金まで頂戴して本書を刊行できるまでとなった。私が、これまで研究を続けてこられたのは、そして本書をこうやって世に出すことができるのは、ひとえに多くの方々からの厳しいご指導と暖かいご助力、そして日頃の励ましがあったからである。ほんの一握りの方々の名前しか挙げることができずに心苦しいが、ここに記して心からの感謝の気持ちを表させていただきたい。

まずは、学部在籍中から博士論文の審査に至るまでの長きに渡り、私の拙い研究を辛抱強く見守り続けてくださった京都大学の水谷雅彦先生に、心からの感謝を申し上げたい。特に、博士論文の執筆に際しては、先生が膨大な時間を割いてご指導くださらなかったならば、それが完成に至ることは難しかっただろう。そして何より、私が研究者を志そうと思ったのは、先生の後ろ姿を見てのことであった。いまの私がこうしてあるのは、先生のおかげ以外の何ものでもない。

倫理学という学問の面白さ、奥深さを私に教えてくださった京都大学名誉教授の加藤尚武先生にも、心からの感謝を申し上げたい。先生から直接ご指導を仰ぐことはできなかったものの、しかしいまの私があるのは間違いなく先生のおかげである。

博士論文の審査にあたっては、副査として審査の労をとっていただき、厳しくも的確なご指導を下さった伊勢田哲治先生と福谷茂先生に感謝を申し上げたい。また、昨年度までポスドクでの受け入れ教員をしてくださった立命館大学の伊勢俊彦先生には、私が修士課程在籍の頃よりヒューム研究学会などで大変お世話になってきた。先生に心よりの御礼を申し上げたい。

ヒューム研究に関してはこれまで、折々の機会に、数多くの先生にご指導を賜ってきた。大阪市立大学名誉教授の神野慧一郎先生、同じく大阪市立大学名誉教授の中才敏郎先生、慶應義塾大学の坂本達哉先生、岡山大学の新村聡先生、東京大学の一ノ瀬正樹先生、関西大学の壽里竜先生、日本大学の勢力尚雅先生には、ヒューム研究学会やイギリス哲学会、そしてHume Societyなどで大変お世話になった。また、ヒュームの認識論研究に関しては関西学院大学の久米暁先生に沢山のことを学ばせていただいた。さらに、国際基督教大学の矢嶋直規先生には、未熟な私に二〇一三年度日本倫理学会大会の主題別討議「ヒューム」での提題機会を与えていただくのみならず、そこに至るまでに細やかなご指導をいただいた。そしてまた、同世代の若手ヒューム研究者との交流・議論の機会に数多く恵まれたことは、私がここまで成長できたことの大きな一因である。真船えりさん、森直人さん、中村隆文さん、渡辺一弘さん、萬屋博喜さん、鵜殿慧さんには、学会や研究会ごとに議論につき合っていただき、計り知れないほどの大恩を感じている。この場を借りて深謝したい。

また、滋賀大学名誉教授の安彦一恵先生、立命館大学の北尾宏之先生には倫理学全般に関して、授業等を通じて数多くのことを学ばせていただいた。慶應義塾大学の柘植尚則先生には、学会発表の折ごとに司会をつとめていただくだけでなく、発表後には毎回、大変丁寧なご指導をいただいた。また、同じく慶應義塾大学の成田和信先生には、ポスドクの頃に研究集会に招いていただいてご指導いただくとともに、関東圏の若手研究者の方々との交流の機会を与えてくださった。

京都大学倫理学研究室の先輩や同輩、そして後輩の方々にも非常にお世話になった。奥田太郎さんと児玉聡さんには、私が学部生だった頃から現在に至るまで、様々な面でお世話になり続けている。また、少し上の世代である佐々木拓さん、島内明文さん、山本圭一郎さんには、同じイギリス経験論の思想をご専門にされている憧れの先輩として、その偉大なる背中をずっと追い続けさせてもらった。また、いつも遊んでくれる佐藤岳詩さんと杉本俊介さん、そしてマイケル・キャンベルさんにも非常に感謝している。その中でも、修士課程の頃より同期として、そして畏友として互いに切磋琢磨し、刺激を与えあってきた小城拓理さんには、心よりの御礼を申し上げげたい。

現在の勤務校である大谷大学では、教育活動に従事させていただいているだけでなく、自由な研究活動の場をも提供していただいている。学部の教職員の皆様、哲学科の先生方、そして同僚の助教の皆様に、この場を借りて心よりの感謝を申し上げる。

本書に至る過程においては、二〇〇九―二〇一〇年度および二〇一一―二〇一三年度に、日本学術振興会特別研究員として研究を行なう機会をえて、同時期に科学研究費補助金（特別研究員奨励費）の助成をいただいた。また本書は、京都大学の平成二六年度総長裁量経費（若手研究者に係る出版助成事業）による助成を受けたものである。関係者の方々に、記して感謝申し上げる。そして、本書刊行にあたっては、京都大学学術出版会の國方栄二氏に大変お世話になった。その丁寧かつ緻密な編集作業に、心からの感謝とともに敬意を表したい。

最後に、家業を手伝うこともなく、これまで好き勝手に生きてきた私を、何も言わず、ただただ暖かく支え続けてくれた父、母、そして弟に心から深謝したい。私がこれまで研究生活を続けてこられたのは、ひとえに家族の援助があったからこそである。本書を、家族に捧げたい。

林　誓雄

二〇一四年十月　　秋せまる京都にて

索　引

【人名】
〈ア行〉

アーダル，ポール（Paul S. Àrdal）　91, 92, 95, 96, 102, 109, 111
アリストテレス（Aristotle）　4, 5, 134
アンスコム，エリザベス（Gertrude Elizabeth Margaret Anscombe）　129
伊勢田哲治　87, 108, 244
伊勢俊彦　81, 84, 110, 155, 156
ウィギンズ，デイヴィッド（David Wiggins）　81
ウィリアムズ，バーナード（Bernard Williams）　84
内井惣七　10, 11
鵜殿慧　10
奥田太郎　11, 30, 81, 83, 85, 126, 222, 224

〈カ行〉

カニンガム，アレクサンダー（Alexander Cunningham）　167
神野慧一郎　4, 10, 11, 30, 31, 109, 166
カールソン，マイケル（Mikael M. Karlsson）　114, 120〜122, 124, 129
カルト，ステファン（Stefan Kalt）　110, 111
河島一郎　117, 118, 128
カント，イマヌエル（Immanuel Kant）　1〜3, 15, 47, 185, 186, 232
木曾好能　21, 23, 31, 81, 85, 153
キャパルディ，ニコラス（Nicholas Capaldi）　29
ギャレット，ドナルド（Donald Garrett）　57〜59, 82
久保田顕二　160, 167
久米暁　30, 50, 81, 109
クリスプ，ロジャー（Roger Crisp）　242
ゴーシエ，デイヴィッド（David Gauthier）　135, 153, 156
コップ，デイヴィッド（David Copp）　118, 128
小林章夫　232, 243
コーホン，レイチェル（Rachel Cohon）　83, 160, 166

〈サ行〉

坂本達哉　10, 153, 177, 185, 200, 222, 234, 243
佐藤岳詩　244
サール，ジョン（John Searle）　129
シェーラー，ジョージ（George F. Schueler）　129
重森臣広　12
島内明文　11, 81, 166, 222, 223, 232, 243
下川潔　153
シャウバー，ナンシー（Nancy Schauber）　110
シャフツベリ（Anthony Ashley Cooper 3rd Earl of Shaftesbury）　190
シンハバブ，ネイル（Neil Sinhababu）　124, 125
壽里竜　185
鈴木生郎　10
スミス，アダム（Adam Smith）　2, 11, 53, 72, 79, 81, 223, 232, 233
スミス，マイケル（Michael Smith）　113〜121, 123〜129
スロート，マイケル（Michael Slote）　4, 5, 244
スワントン，クリスティン（Christine Swanton）　4
勢力尚雅　166, 181, 186
ソーベル，デイヴィッド（David Sobel）　118, 128

〈タ行〉
ダーウォル，スティーヴン（Stephen Darwall） 109, 110
田村圭一 109, 127
柘植尚則 10, 81, 84
デイヴィドソン，ドナルド（Donald Davidson） 127
テイラー，ジャクリーン（Jacqueline Taylor） 4
テート，マーガレット（Margaret W. Tate） 110
ドゥルーズ，ジル（Gilles Deleuze） 167
戸田山和久 10

〈ナ行〉
中村隆文 126, 154
新村聡 11, 153
ネーゲル，トマス（Thomas Nagel） 120, 124, 125
ノディングス，ネル（Nel Noddings） 235, 244

〈ハ行〉
バイアー，アネット（Annette C. Baier） 110
ハイエク，フリードリッヒ（Friedrich August von Hayek） 135, 136, 221
バークリー，ジョージ（George Berkeley） 1
ハーストハウス，ロザリンド（Rosalind Hursthouse） 11, 242, 243
ハチスン，フランシス（Francis Hutcheson） 67, 190
ハーディン，ラッセル（Russell Hardin） 154
ハード，ジェニファー（Jennifer Herdt） 162, 167
バリー，メリッサ（Melissa Barry） 115
ハーン，トマス（Thomas K. Hearn） 37
フィーザー，ジェイムズ（James Fieser） 160, 166
フィンレイ，クリストファー（Christopher J. Finlay） 174～177
フット，フィリッパ（Philippa R. Foot） 11, 242
プライス，リチャード（Richard Price） 49
ブラウン，シャーロット（Charlotte Brown） 57, 58, 110
プラッツ，マーク（Mark Platts） 127, 128
ブランド，ウォルター（Walter Brand） 29, 49
ブルータス，マルクス（Marcus Brutus） 62, 74, 171, 206, 207, 216, 229, 231
ヘア，リチャード・マーヴィン（Richard Mervyn Hare） 244
ベンタム，ジェレミー（Jeremy Bentham） 2, 3, 245
ホッブズ，トマス（Thomas Hobbes） 12, 135, 159
ボトロス，ソフィー（Sophie Botros） 111
ポンコ，テッド（Ted Ponko） 166

〈マ行〉
マクダウェル，ジョン（John McDowell） 120, 121
マクノートン，デイヴィッド（David McNaughton） 11
マッキンタイア，アラスデア（Alasdair MacIntyre） 134
マーティン，マリー（Marie Martin） 29
水谷雅彦 11, 12, 185, 222
ミル，J・S（John Stuart Mill） 2, 3, 209
森直人 10, 139, 154～156

〈ヤ行〉
矢嶋直規 10, 81, 84, 153, 244
安井絢子 244
藪本沙織 12
萬屋博喜 10, 12, 224

心の被決定（determination of the mind）
196, 198
コピー原理（copy principle） 30
コーヒー・ハウス 232, 233
コンヴェンション（黙契、黙約、規約、合意）（convention） 2, 4, 10, 11, 54, 75, 76, 81, 134～136, 138, 140, 141, 143, 144, 146～156, 167, 168, 193, 200

〈サ行〉

サロン 179, 223, 233
幸せな暮らし（well-being） 135
時間（軸）（time） 5, 9, 12, 152, 156, 187, 217, 219～222, 227～239, 242, 244
自生的秩序（spontaneous order） 135, 221
社交（society） 5, 9, 11, 12, 59, 69～72, 75, 78, 79, 97, 98, 155, 171～187, 200～209, 216, 223, 224, 227, 228, 231～234, 236～238, 241, 242
習慣（habit） 28, 34～37, 39, 42, 64～66, 68, 179, 183, 197～199, 201～203, 223
信念―欲求モデル（belief-desire model） 88～90, 110, 113～116, 119, 120, 122～129
性格（character） 4, 11, 42, 45, 54～57, 60, 61, 66, 67, 69, 70, 74, 78, 80, 83, 84, 96, 97, 101, 102, 107, 134, 135, 153, 159, 166, 167, 172, 174, 176～178, 185, 200, 205, 214, 227～231, 242, 243
正義（justice） 4, 9, 11, 54, 75～78, 81, 84, 85, 95, 135, 136, 138, 139, 143, 144, 146～153, 155, 157, 166, 175, 177, 178, 184, 191, 200, 209, 223, 228, 235, 240, 244
正義論（theory of justice） 10, 53, 54, 135, 136, 138, 151, 152, 154, 184
先行原理（priority principle） 30
想像力（imagination） 23, 27, 34, 36～46, 48～50, 64, 68, 73, 74, 163, 197

〈タ行〉

多数者の専制（the tyranny of the majority） 209, 210, 220, 221
知性（understanding） 6, 8, 9, 15, 16, 19, 31, 40～43, 45～50, 55, 63～65, 68, 71, 82, 138, 151, 154, 155, 187, 188, 191, 192, 197, 198, 200, 211, 212, 217, 218, 224, 225, 227, 233, 238～241
直接情念（direct passion） 92, 95, 96, 98～105, 107, 109～111, 168
適合の向き（directions of fit） 116～119, 124, 128, 129
道徳感情（sentiment of moral） 2, 55～59, 66, 69, 70, 75, 88, 90～93, 95～111, 225
道徳感情論（Moral Sentimentalism） 2, 190
道徳感覚（Moral Sense） 67
道徳感覚学派（Moral Sense Theory） 67, 190
道徳的観点（moral point of view） 53, 57, 58, 78, 79, 81
徳の四つの源泉 60, 62, 83, 189, 209, 219, 243
徳倫理学（virtue ethics） 3～5, 9, 11, 80, 102, 104, 107, 108, 134, 227, 228, 232, 234～236, 242～245

〈ナ行〉

内在主義（internalism） 87～92, 95, 96, 98～102, 107～110

〈ハ行〉

反省（reflection） 18, 19, 28, 34, 38, 42～46, 48, 50, 62, 65, 66, 68, 70, 72, 75, 82, 98, 101, 138, 142, 149, 154, 155, 188, 197, 198, 203, 217, 221, 238, 241
比較（comparison） 12, 41, 126, 158, 182, 186, 190, 223, 225
ひとつ余分な思考（one thought too many） 84

不一致（contradiction） 56, 59, 71～73, 79, 84, 172, 173, 181, 207, 209, 212, 213, 216, 221, 231, 238
風習（manners） 70, 199, 200, 202, 203, 205, 223, 229, 231, 241
文明社会（civilized society） 174～178, 185
偏見（prejudice） 38, 64, 68, 77, 216, 218, 223, 241
襤褸を纏った徳（virtue in rags） 73, 74, 213, 215

〈マ行〉

身近な人々（narrow circle） 59, 61, 62, 78～80, 82, 83, 85, 106, 139, 140, 142, 143, 157, 160, 165～167, 171～173, 176, 181, 184, 205～209, 213, 214, 216, 217, 220, 224, 225, 229, 231, 232, 235～237, 244
見知らぬ人々／人たち（strangers） 78, 85, 140, 142, 143, 160, 185, 205, 206, 223, 230, 237
メタ倫理学（meta ethics） 8, 87～93, 99, 108～110, 113～126, 128

〈ラ行〉

理性（reason） 19, 31, 88～90, 101, 102, 124～126, 135, 151, 190～192, 212～215, 218, 224, 228, 230, 238, 239, 241
理想的な観察者（ideal spectator） 53, 81

ヒュームのテクスト

Hume, D. [1739–40] *A Treatise of Human Nature*, ed., by Selby-Bigge, L. A., 2nd Ed., Oxford Clarendon Press, 1978 ; eds., by Norton, D. F. & Norton, M. J. 1st Ed., Oxford U. P., 2000.

Hume, D. [1748/1751] *Enquiries Concerning Human Understanding and Concerning the Principles of Morals*, ed., by Selby-Bigge, 3rd Ed., Oxford : Clarendon Press, 1975.

Hume, D. [1748] *An Enquiry concerning Human Understanding*, ed., by Beauchamp, T. L., Oxford U. P., 1999.

Hume, D. [1751] *An Enquiry concerning the Principles of Morals*, ed., by Beauchamp, T. L., Oxford U. P., 1998.

Hume, D. [1777] *Essays Moral, Political, And Literary*, ed., by Miller, E. F., Revised Edition, Liberty Fund, 1987.

邦　訳

ディヴィド・ヒューム『人性論』一―四巻、大槻春彦訳、岩波文庫、一九四八―一九五二年

デイヴィッド・ヒューム『人間本性論　第一巻　知性について』木曾好能訳、法政大学出版局、一九九五年

デイヴィッド・ヒューム『人間本性論　第二巻　情念について』石川徹・中釜浩一・伊勢俊彦訳、法政大学出版局、二〇一一年

デイヴィッド・ヒューム『人間本性論　第三巻　道徳について』伊勢俊彦・石川徹・中釜浩一訳、法政大学出版局、二〇一二年

D・ヒューム『人間知性の研究・情念論』渡部峻明訳、晢書房、一九九〇年

D・ヒューム『人間知性研究―付・人間本性論摘要』斎藤繁雄・一ノ瀬正樹訳、法政大学出版局、二〇一一年

D・ヒューム『道徳原理の研究』渡部峻明訳、晢書房、一九九三年

ヒューム『政治論集』田中秀夫訳、京都大学学術出版会、二〇一〇年

ヒューム『道徳・政治・文学論集［完訳版］』田中敏弘訳、名古屋大学出版会、二〇一一年

参考文献

Aiken, H. D. [1979] “An Interpretation of Hume's Theory of the Place of Reason in Ethics and Politics,” in *Ethics*, No. 90, pp. 66–80.

Aimatsu, S. [2013] “The Artificiality of Moral Evaluation in Hume's Ethics,”『論集』、三一

号、東京大学大学院人文社会系研究科・文学部哲学研究室、pp. 101–112.
赤木昭三・赤木富美子［二〇〇三］『サロンの思想史』名古屋大学出版会.
Anscombe, G. E. M.［1957］*Intention*, Ithaca, NY: Cornel University Press.（菅豊彦　訳『インテンション：実践知の考察』産業図書、一九八四年）
Árdal, P. S.［1966］*Passion and value in Hume's Treatise*, Edinburgh: Edinburgh University Press.
Árdal, P. S.［1977］"Convention and Value," in *David Hume: Bicentenary Papers*, edited by G. P. Morice, Edinburgh, pp. 51–68.
Baier, A. C.［1991］*Progress of Sentiments: Reflections on Hume's Treatise*, Cambridge, MA: Harvard University Press.
Baier, A. C.［1992］"Artificial Virtues and the Equally Sensible Non-Knaves: A Response to Gauthier," in *Hume Studies*, Vol. 18, No. 2, pp. 429–439.
Baillie, J.［2000］*Hume on morality*, London: Routledge.
Baldwin, J.［2004］"Hume's Knave and the Interests of Justice," in *Journal of History of Philosophy*, vol. 42, no. 3, pp. 277–296.
Baron, M.［1982］"Hume's Noble Lie: An Account of His Artificial Virtues," in *Canadian Journal of Philosophy*, Vol. 11, No. 3, pp. 539–555.
Barry, M.［2007］"Realism, Rational Action, and the Humean Theory of Motivation," in *Ethical Theory and Moral Practice*, vol. 10, No. 3, pp. 231–242.
Barry, M.［2010］"Humean Theories of Motivation," in *Oxford Studies in Metaethics*, ed. by Shafer-Landau, R., Oxford University Press, pp. 195–223.
Bentham, J.［1776］*A Fragment on Government*, eds., by Burns, J. H. & Hart, H. L. A., Cambridge U. P., 1988.
Botros, S.［2006］*Hume, Reason and Morality —A legacy of contradiction*, Routledge.
Botwinick, A.［1977］"A Case for Hume's Nonutilitarianism," in *Journal of the History of Philosophy*, Vol. 15, No. 4, pp. 423–435.
Brand, W.［1992］*Hume's Theory of Moral Judgment*, published by Kluwer Academic Publishers.
Brown, C.［1988］"Is Hume an Internalist?," in *Journal of the History of Philosophy*, Vol. 26, No. 1, pp. 69–87.
Brown, C.［2001］"Is the General Point of View the Moral Point of View ?" in *Philosophy and Phenomenological Research*, Vol. 62, pp. 197–203.
Brown, C.［2001］"Précis of Cognition and Commitment in Hume's Philosophy," in *Philosophy and Phenomenological Research*, Vol. 62, pp. 185–215.

Brown, C. & Morris, W. E.［2012］*Starting with Hume*, Continuum.

Capaldi, N.［1975］*David Hume : The Newtonian Philosopher*, Twayne : Boston.

Capaldi, N.［1989］*Hume's Place in Moral Philosophy*, New York : Peter Lang.

Charron, W. C.［1980］"Convention, Games of Strategy, and Hume's Philosophy of Law and Government," in *Amer. Phil. Quart.* 17, pp. 327–334.（本書での頁数は、*David Hume Critical Assessments*, vol. 6, 1995. のものを使用）

Cohon, R.［1997］"The Common Point of View in Hume's Ethics," in *Philosophy and Phenomenological Research*, Vol. LⅦ, No. 4, pp. 827–850.

Cohon, R.［2006］"Hume's Artificial and Natural Virtues," in *The Blackwell Guide to Hume's Treatise*, ed. by Traiger, S., Wiley-Blackwell, pp. 256–275.

Cohon, R.［2008］*Hume's Morality - Feeling and Fabrication*, Oxford U. P.

Coleman, D.［1992］"Hume's Internalism," in *Hume Studies*, Vol. 18, pp. 331–348.

Coleman, M. C.［2008］"Directions of Fit and The Humean Theory of Motivation," in *Australasian Journal of Philosophy*, Vol. 86, No. 1, pp. 127–139.

Crisp, R.［1992］"Utilitarianism and the Life of Virtue," in *The Philosophical Quarterly*, Vol. 42, No. 167, pp. 139–160.

Crisp, R.［2005］"Hume on Virtue, Utility, and Morality," in *Virtue Ethics, Old and New*, ed. by Gardiner, S. Ithaca : Cornell University Press, pp. 159–178.

Cunningham, A. S.［2004］"The Strength of Hume's "Weak" Sympathy," in *Hume Studies*, Vol. 30, no. 2, pp. 237–256.

Darwall, S.［1983］*Impartial Reason*, Ithaca, NY : Cornell University Press.

Darwall, S.［1995］*The British moralists and the internal 'ought' : 1640–1740*, Cambridge : Cambridge University Press.

Davidson, D.［1980］*Essays on Actions and Events*, Oxford U. P.（服部裕幸、柴田正良　訳『行為と出来事』勁草書房、一九九〇年）

Davie, W.［1998］"Hume's General Point of View," in *Hume Studies*, Vol. 24, No. 2, pp. 275–294.

Deleuze, G.［1991］*Empiricism and Subjectivity : An Essay on Hume's Theory of Human Nature*, trans. by Boundas, C. V., Columbia U. P.

Fieser, J.［1997］"Hume's Motivational Distinction between Natural and Artificial Virtues," in *British Journal of the History of Philosophy*, Vol. 5, No. 2, pp. 373–388.

Finlay, C. J.［2007］*Hume's Social Philosophy—Human Nature and Commercial Sociability in A Treatise of Human Nature*, Continuum.

Foot, P.［2001］*Natural Goodness*, Oxford U. P.（フィリッパ・フット『人間にとって善とは

何か』高橋久一郎　監訳、河田健太郎・立花幸司・壁谷彰慶　訳、筑摩書房、二〇一四年）
船橋喜恵［1985］『ヒュームと人間の科学』勁草書房.
Garrett, D.［1997］*Cognition and Commitment in Hume's Philosophy*, Oxford University Press.
Garrett, D.［2001］"Replies", in *Philosophy and Phenomenological Research*, vol. 62, no. 1, pp. 209–215.
Gauthier, D.［1979］"DAVID HUME, CONTRACTARIAN," in *The Philosophical Review*, LXXXVIII, No. 1, pp. 3–38.（デイヴィッド・ゴーティエ「第二章　契約論者ヒューム」輪島達郎　訳、D．バウチャー・P．ケリー編、『社会正義論の系譜』ナカニシヤ出版、二〇〇二年、所収）
Gauthier, D.［1992］"Artificial Virtues and the Sensible Knave," in *Hume Studies* Vol. 18, No. 2, pp. 401–428.
Haakonssen, K.［1981］*The Science of a Legislator: The Natural Jurisprudence of David Hume and Adam Smith*, Cambridge: Cambridge University Press.（クヌート・ホーコンセン『立法者の科学：ディヴィド・ヒュームとアダム・スミスの自然法学』永井義雄・鈴木信雄・市岡義章　訳、ミネルヴァ書房、二〇〇一年）
Hare, R. M.［1981］*Moral Thinking*, Oxford U. P.（R・M・ヘア『道徳的に考えること――レベル・方法・要点』内井惣七、山内友三郎訳、勁草書房、一九九四年）
Harman, G.［1977］*The nature of morality An introduction to Ethics*, New York: Oxford U. P.（ギルバート・ハーマン『哲学的倫理学叙説――道徳の"本性"の"自然"主義的解明』大庭健、宇佐美　公生　訳、産業図書、一九八八年）
Harrison, J.［1976］*Hume's Moral Epistemology*, Oxford: Clarendon Press.
Harrison, J.［1981］*Hume's Theory of Justice*, Oxford : Clarendon Press.
林誓雄［二〇〇六］「ヒューム道徳哲学における認識論的基礎」『実践哲学研究』第二九号、京都大学　実践哲学研究会、pp. 25–45.
林誓雄［二〇〇八］「ヒューム道徳哲学における一般的観点と一般的規則」『倫理学研究』第三八号、関西倫理学会、晃洋書房、pp. 77–87.
林誓雄［二〇〇九］「ヒュームにおける道徳感情と道徳的な行為の動機づけ」『倫理学年報』第五八号、日本倫理学会、pp. 93–107.
林誓雄［二〇〇九］「ヒュームにおける動機づけ問題と道徳性――安彦一恵氏の書評へのリプライ――」『DIALOGICA』第一三号、滋賀大学　教育学部倫理学・哲学研究室、pp. 3–20.
林誓雄［二〇〇九］「解題：ヒューム道徳哲学における「エッセイを書くことについて」の位置づけと意義」『実践哲学研究』第三二号、京都大学　実践哲学研究会、pp. 91–103.
林誓雄［二〇一〇］「ヒュームにおける社交・会話と人間性の増幅――自然的徳論に関する一

考察――」『イギリス哲学研究』第三三号、日本イギリス哲学会、pp. 35–50.
林誓雄［二〇一二］「ヒューム正義論における利益、効用、そして社会」『哲學』第六三号、日本哲学会、pp. 249–263.
林誓雄［二〇一二］「「欲求」の捉え方――「ヒューム主義」に関する一考察――」『実践哲学研究』第三五号、京都倫理学会、pp. 75–93.
林誓雄［二〇一三］「ヒューム道徳哲学における「人々の意見」」『倫理学研究』第四三号、関西倫理学会、pp. 56–67.
林誓雄［二〇一四］「ヒュームにおける一般的観点　再考」『倫理学年報』第六三集、日本倫理学会、pp. 82–84.
Hayashi, Seiyu［2014］"Hume on well-being," in *Proceedings of the CAPE International Workshops, 2013*（*CAPE Studies in Applied Philosophy & Ethics Series Vol. 2*）edited by Sato, T., Sugimoto, S. & Sakon, T., published by CAPE Publications, Kyoto, Japan, March, pp. 45–53.
Hearn, T. K. Jr.［1970］" 'General Rules' in Hume's Treatise," in *Journal of the History of Philosophy*, Vol. 8, pp. 405–422.
Hearn, T. K. Jr.［1973］"Árdal on the Moral Sentiments in Hume's Treatise," in *Philosophy*, No. 48, pp. 288–292.
Herdt, J.［1997］*Religion and Faction in Hume's Moral philosophy*, Cambridge University Press.
Hodges, M. and Lachs, J.［1976］"Hume on Belief," in *the Review of Metaphysics*, Vol. XXX, No. 1, pp. 3–18.
Humberstone, L.［1992］"Direction of Fit," in *Mind*, 101, pp. 59–83.
Hursthouse, R.［1991］"Virtue Theory and Abortion," in *Philosophy and Public Affairs*, Vol. 20, pp. 223–246.（10. ロザリンド・ハーストハウス「徳理論と妊娠中絶」林誓雄　訳、『妊娠中絶の生命倫理――哲学者たちは何を議論したか』江口聡　編・監訳、勁草書房、二〇一一年一〇月、所収）
Hursthouse, R.［1999］*On Virtue Ethics*, Oxford, U. P.
Hursthouse, R.［2006］"Are Virtues the Proper Starting Point For Morality?," in *Contemporary debates in moral theory*, ed., by Dreier, J., Blackwell, pp. 99–112.
伊勢田哲治［二〇〇八］『動物からの倫理学入門』名古屋大学出版会.
伊勢田哲治［二〇一二］『道徳的に考える』勁草書房.
伊勢俊彦［一九九七］「自然と規範――ヒュームの約束論における――」『科学哲学』、第三〇号、pp. 107–122、日本科学哲学会.
伊勢俊彦［二〇〇五］「ヒューム、その哲学の視野」、中才敏郎編『ヒューム読本』法政大学出

版局、pp. 207–229.
伊勢俊彦［二〇一一］「社会的世界における規則と偶然——ヒュームの探求と不確実なものへの賭け」『哲学』第六二号、pp. 87–103、日本哲学会.
伊勢俊彦［二〇一二］「解説　ヒューム『人間本性論』の道徳哲学」、デイヴィッド・ヒューム『人間本性論』第三巻　道徳について、法政大学出版局、所収.
石川徹［一九八八］「ヒュームの信念の理論について」『哲学論叢』No. 15、京都大学大学院文学研究科哲学研究室内、哲学論叢刊行会、pp. 1–12.
入江重吉［一九八一］「ヒュームのモラルセンス説と共感」『倫理学年報』No. 30、pp. 33–49.
泉谷周三郎［一九八八］『ヒューム』清水書院.
Kalt, S. [2005] "David Hume on The Motivating Effect of Moral Perception : Internalist or Externalist?," in *History of Philosophy Quarterly*, Vol. 22, No. 2, pp. 143–160.
神野慧一郎［一九八四］『ヒューム研究』ミネルヴァ書房.
神野慧一郎［一九九六］『モラル・サイエンスの形成』名古屋大学出版会.
神野慧一郎［二〇〇二］「ヒュームの自然主義」『イギリス哲学研究』第二五号、pp. 5–22.
Kant, I. [1782] *Prolegomena zu einer jeden künftigen Metaphysik*, Hamburg : Felix Meiner.〔引用・参照の際には岩波版の全集（『カント全集　6』岩波書店、二〇〇六年）の頁数のみを記す.〕
Kant, I. [1798] *Anthoroporogie in pragmatischer Hinsicht*, Hamburg : Felix Meiner.〔引用・参照の際には岩波版の全集（『カント全集　15』岩波書店、二〇〇三年）の頁数のみを記す.〕
神崎宣次［二〇一一］「環境徳倫理学——倫理学としての環境倫理学の新しい方向性——」『倫理学年報』日本倫理学会編、理想社、pp. 178–185.
Karlsson, M. M. [2006] "Reason, Passion, and the influencing Motives of Will," in *Blackwell guide to Hume's Treatise*, ed. by Traiger, S., Blackwell Publishing pp. 246–252.
河島一郎［二〇一〇］「適合の方向と行為者」『行為論研究』第一号、行為論研究会編、pp. 55–69.
Kemp Smith, N. [1941] *The philosophy of David Hume*, London : Macmillan.
木曾好能［一九八五］「第六章　イギリス経験論の倫理思想」小熊勢紀・川島秀一・深谷昭三編『西洋倫理思想の形成』晃洋書房、所収.
木曾好能［一九九五］「ヒューム『人間本性論』の理論哲学」、デイヴィッド・ヒューム『人間本性論』第一巻　知性について、法政大学出版局、所収.
小林章夫［二〇〇〇］『コーヒー・ハウス』講談社学術文庫.
Korsgaard, C. M. [1996] *The Sources of Normativity*, Cambridge University Press.
Korsgaard, C. M. [1999] "The General Point of View : Love and Moral Approval in Hume's

Ethics," in *Hume Studies*, Vol. 25, No. 1 and 2, pp. 3–41.
久保田顕二［一九九二］「自然的徳と人為的徳」『イギリス哲学研究』第一五号、日本イギリス哲学会、pp. 18–30.
久米暁［二〇〇〇］「ヒュームの懐疑論と彼によるその解消」『哲学論叢』No. 27、京都大学大学院文学研究科哲学研究室内、哲学論叢刊行会、pp. 1–13.
久米暁［二〇〇五］『ヒュームの懐疑論』岩波書店.
久米暁［二〇〇六］「ヒューム哲学における道徳言明と動機内在主義」、『関西学院　哲学研究年報』第四〇輯、関西学院大学哲学研究室、pp. 1–20.
久米暁［二〇一〇］「道徳感情と対人的態度――ヒュームの「一般的観点」に関する試論」『アルケー』No. 18、pp. 15–29、関西哲学会.
Laird, J.［1932］*Hume's Philosophy of Human Nature*, Methuen : London.
Lewis, D. K.［1969］*Convention*, Cambridge, MA : Harvard University Press.
Loeb, L. E.［2002］*Stability and Justification in Hume's Treatise*, Oxford : Oxford University Press.
Lyons, J. C.［2001］"General Rules and the Justification of Probable Belief in Hume's Treatise," in *Hume Studies*, Vol. 27, No. 2, pp. 247–277.
Mackie, J. L.［1980］*Hume's Moral Theory*, London : Routledge.
McDowell, J.［1978］"Are moral requirements hypothical imperatives?," *Proceedings of Aristotelian Society*, Suppl. 52, pp. 13–29.
McDowell, J.［1982］"Reason and action- III," *Philosophical Investigations*, 5 (4), pp. 301–305.
McIntyre, A. C.［1984］*After Virtue : A Study in Moral Theory*, University of Notre Dame Press.（アラスデア・マッキンタイア『美徳なき時代』篠崎栄訳、みすず書房、一九九三年）
McIntyre, J. L.［1990］"Character : A Humean Account," in *History of Philosophy of Quarterly*, Vol. 7, No. 2, pp. 193–206.
McNaughton, D.［1991］*Moral Vision : An Introduction to Ethics*, Wiley-Blackwell.
Martin, M. A.［1993］"The Rational Warrant for Hume's General Rules," in *Journal of the History of Philosophy*, Vol. XXXI, pp. 245–258.
Mercer, P.［1972］*Sympathy and Ethics*, Oxford : Oxford University Press.
Miller, A.［2003］*An Introduction to Contemporary Metaethics*, Cambridge : Polity Press.
Millgram, E.［1995］"Was Hume a Humean?," in *Hume Studies*, Vol. XXI, No. 1, pp. 75–93.
水谷雅彦［二〇〇七］「倫理学が直面すべき現実とはなにか」『アルケー』第一五号、pp. 13–26、関西哲学会.
水谷雅彦［二〇〇八］「だれがどこで会話をするのか――会話の倫理学へむけて――」『実践哲

学研究』第三一号、pp. 1–18、実践哲学研究会.
森直人［二〇一〇］『ヒュームにおける正義と統治——文明社会の両義性』創文社.
森直人［二〇一三］「コンヴェンション再考：ヒュームにおいて正義の規則は自己利益のみによって形成されるのか」『経済学論究』第六七巻第二号、関西学院大学経済学研究科、pp. 75–99.
Nagel, T.［1970］*The Possibility of Altruism*, Oxford : Oxford University Press.
中才敏郎［一九八〇］「ヒュームの因果論と理性概念」『人文研究』Vol. 32, No. 5, pp. 329–347.
中村隆文［二〇〇六］「ヒュームの正義論において中心的役割を果たす「共感」の概念」『千葉大学社会文化学研究』第一二号、pp. 167–175.
中村隆文［二〇〇七］「ヒュームの正義論の哲学的背景」『イギリス哲学研究』第三〇号、pp. 79–96.
中村隆文［二〇〇八］「ヒューム主義であるとはどのようなことか？」『千葉大学人文社会学研究』No. 17、千葉大学大学院人文社会学研究科、pp. 1–17.
中村隆文［二〇一四］「ヒューム主義的行為者モデルの擁護可能性——間接情念およびその快楽主義の分析を通じて——」『倫理学年報』第六三集、日本倫理学会、pp. 80–82.
新村聡［一九八七］「第六章　正義論の二元的構造」大槻春彦監修『デイヴィッド・ヒューム研究』御茶の水書房、所収.
新村聡［一九九四］「経済学の成立——アダム・スミスと近代自然法学——」御茶の水書房.
Noddings, N.［1984］*Caring : A Feminine Approach to Ethics & Moral Education*, Berkeley, CA : University of California Press.（ネル・ノディングズ『ケアリング　倫理と道徳の教育—女性の観点から』立山善康他訳、晃洋書房、一九九七年）
Noddings, N.［2002］*Starting at Home : Caring and Social Policy*, Berkely, CA : University of California Press.
Norman, R.［1983］*The Moral Philosophers*, Oxford : Clarendon Press.（リチャード・ノーマン『道徳の哲学者たち』塚崎智・石崎嘉彦・樫則章監訳　第二版、ナカニシヤ出版、二〇〇一年）
Norton, D. F.［1982］*David Hume Common-Sense Moralist, Skeptical Metaphysician*, New Jersey : Princeton University Press.
奥田太郎［二〇〇二］「ヒューム道徳哲学における一般的観点」『倫理学研究』第三二号、関西倫理学会、pp. 65–75.
奥田太郎［二〇〇四］「マイケル・スミスのヒューム主義とヒューム道徳哲学の比較検討の試み」『実践哲学研究』第二七号、京都大学　実践哲学研究会、pp. 1–28.
奥田太郎［二〇〇六］『ヒューム哲学における情念と倫理』京都大学　課程博士論文.
奥田太郎［二〇〇九］「現代倫理学における「ヒューム主義」の系譜と起源」イギリス哲学会

関西部会報告（未刊行).
奥田太郎［二〇一二］「コンヴェンション／共感モデルの構想――現代倫理学のヒューム主義へのオルタナティヴとして――」『アカデミア　人文・自然科学編』第三号、南山大学、pp. 117-130.
Owen, D.［1999］*Hume's Reason*, Oxford : Oxford University Press.
Pears, D. F.［1990］*Hume's System : An Examination of the First Book of His "Treatise"*, Oxford : Oxford University Press.
Penelhum, T.［1988］"Butler and Hume," in *Hume Studies*, Vol. 14, No. 2, pp. 251-276.
Persson, I.［1997］"Hume---Not a 'Humean' about Motivation," in *History of Philosophy Quarterly*, Vol. 14, No. 2, pp. 198-203.
Pitson, A. E.［1996］"Sympathy and Other Selves," in *Hume Studies*, Vol. XXⅡ, pp. 255-271.
Plamenatz, J.［1967］*The English Utilitarians*, Oxford U. P.
Platts, M.［1979］"Moral reality and the end of desire," in Platts, M. ed., *Reference, Truth and Reality*, London : Routledge and Kegan Paul, pp. 69-82.
Ponko, T.［1983］"Artificial Virtue, Self-Interest and Acquired Social Concern," in *Hume Studies*, Vol. IX, No. 1, pp. 46-58.
Postema, G. J.［1988］"Hume's Answer to the Sensible Knave," in *History of Philosophy Quarterly*, Vol. 5, pp. 23-40.
Price, H. H.［1940］*Hume's Theory of the External World*, Oxford : Oxford University Press.
Rachels, J.［1999］*The Elements of Moral Philosohy*, third Ed., The Mc-Graw-Hill Companies, Inc.（ジェームズ・レイチェルズ『現実をみつめる道徳哲学』古牧徳生、次田憲和訳、晃洋書房、二〇〇三年）
Radcliffe, E. S.［1994］"Hume on Motivating Sentiments, the General Point of View, and Inculcation of Morality," in *Hume Studies*, Vol. 20, pp. 37-58.
Radcliffe, E. S.［1996］"How Does the Humean Sense of Duty Motivate?," in *Journal of the History of Philosophy*, Vol. XXXI, pp. 384-407.
Radcliffe, E. S.［2006］"Moral internalism and moral cognitivism in Hume's metaethics," in *Synthese*, 152, pp. 353-370.
Raphael, D. D.［2007］*The Impartial Spectator, Adam Smith's Moral Philosophy*, Oxford U. P.（D. D. ラフィル『アダム・スミスの道徳哲学　公平な観察者』生越利昭、松本哲人訳、昭和堂、二〇〇九年）
Rosen, F.［2003］*Classical Utilitarianism from Hume to Mill*, Routledge.
坂本達哉［一九九五］『ヒュームの文明社会――勤労・知識・自由――』創文社.

坂本達哉［二〇〇二］「スコットランド啓蒙における「学問の国」と「社交の国」」『一橋大学社会科学古典資料センター年報』第二二号、一橋大学社会科学古典資料センター、pp. 8–15.
坂本達哉［二〇〇五］「第五章　デヴィッド・ヒューム――経済発展と奢侈・貨幣――」、『経済思想 3　黎明期の経済学』、pp. 213–260、日本経済評論社、所収.
坂本達哉［二〇一一］『ヒューム　希望の懐疑主義』慶應義塾大学出版会.
Sandler, R. L.［2007］*Character and Environment A Virtue-Oriented Approach to Environmental Ethics*, Columbia U. P.
佐藤岳詩［二〇一〇］『R. M. ヘアの道徳哲学』北海道大学　課程博士論文.
佐藤岳詩［二〇一二］『R・M・ヘアの道徳哲学』勁草書房
Sayre-McCord, G.［1996］“Hume and the Bauhaus Theory of Ethics,” in *Midwest Studies in Philosophy : Moral Concepts*, eds. by French, T. E., Uehling, Jr,. and Wettstein, H. K., Notre Dame : University of Notre Dame Press, pp. 280–298.
Schauber, N.［1999］“Hume on Moral Motivation : It’s almost like being love,” in *History of Philosophy Quartely*, Vol. 16, No. 3, pp. 341–366.
Schueler, G. F.［2009］“The Humean Theory of Motivation Rejected,” in *Philosophy and Phenomenological Research*, LXXVIII, No. 1, pp. 103–122.
Searle, J. R.［1979］*Expression and Meaning*, Cambridge U. P.（山田友幸監訳『表現と意味』誠信書房、二〇〇六年）
勢力尚雅［一九九九］「ヒューム道徳哲学における「人間愛」の生成と発展」『イギリス哲学研究』第二二号、日本イギリス哲学会、pp. 53–67.
勢力尚雅［二〇一一］「共感に基づく道徳と社会の行方――ヒュームとスミスの洞察を題材として――」『倫理学年報』第六〇集、日本倫理学会、pp. 30–41.
Selby-Bigge, L. A.［1975］“Editor’s Introduction,” in *Enquiries concerning Human Understanding And concerning the Principles of Morals*, Oxford : Clarendon Press.
重森臣広［一九八七］「デヴィッド・ヒュームの政治理論と歴史認識――ホッブズとの比較を手がかりに――」『法学新法』第九三巻、第九・一〇号、中央大学法学会、pp. 87–128.
島内明文［二〇〇二］「ヒュームとスミスの共感論」『実践哲学研究』第二五号、実践哲学研究会、pp. 1–26.
島内明文［二〇〇七］「実践としての正義　――ヒュームの人為的徳論――」『倫理学年報』第五六集、日本倫理学会、pp. 49–63.
島内明文［二〇〇九 a］『アダム・スミスの倫理学の構造と意義の解明』京都大学　課程博士論文.
島内明文［二〇〇九 b］「スミスの道徳感情説における共同性の問題：ヒュームのとの比較を軸にして」『倫理学研究』第三九号、関西倫理学会、pp. 3–13.

下川潔［二〇〇二］「ヒューム『人間本性論』における正義と効用」『中部大学人文学部研究論集』第七号、pp. 1–28.

Sinhababu, N.［2009］"The Humean Theory of Motivation Reformed and Defended," in *Philosophical Review*, Vol. 118, No. 4, pp. 465–500.

Slote, M.［2001］*Morals from Motives*, Oxford U. P.

Slote, M.［2007］*The Ethics of Care and Empathy*, Routledge.

Slote, M.［2010］*Moral Sentimentalism*, Oxford U. P.

Smith, A.［1759］*The Theory of Moral Sentiments*, eds., by D. D. Raphael and A. L. MacFie, Oxford: Oxford University Press, 1976.〔アダム・スミス『道徳感情論』からの引用・参照は略号TMSの後に、部・篇・章・段落番号を付すことで示す〕

Smith, M.［1994］*The Moral Problem*, Blackwell.（マイケル・スミス『道徳の中心問題』樫則章監訳、ナカニシヤ出版、二〇〇六年）

Snare, F.［1991］*Morals, Motivation and Convention*, Cambridge University Press.

Sobel, D. & Copp, D.［2001］"Against Direction of Fit Accounts of Belief and Desire," in *Analysis*, Vol. 61, pp. 44–53.

壽里竜［二〇〇〇］「ヒュームにおける「奢侈」と文明社会」『経済学史学会年報』第三八号、経済学史学会、pp. 132–143.

鈴木生郎　他著［二〇一四］『現代形而上学』新曜社.

Swanton, C.［2003］*Virtue Ethics: A Pluralistic View*, Oxford U. P.

Swanton, C.［2009］"What Kind of Virtue Theorist is Hume?," in *Hume on Motivation and Virtue*, ed. by Pigden, C., Palgrave MacMillan, pp. 226–248.

田村圭一［二〇〇四］「道徳的な実在論と道徳的な動機づけ」『思想』五月号、岩波書店、pp. 59–74.

Tate, M. W.［2005］"Obligation, Justice, and the Will in Hume's Moral Philosophy," in *Hume Studies*, Vol. 31, No. 1, pp. 93–122.

Taylor, J.［2006］"Virtue and the Evaluation of Character," in *The Blackwell Guide to Hume's Treatise*, ed. by Traiger, S., Blackwell Publishing, pp. 276–295.

杖下隆英［一九八二］『ヒューム』勁草書房.

塚崎智［一九八九］「ヒューム——社会生活の基盤としての正義——」、寺崎峻輔・塚崎智・塩出彰編『正義論の諸相』法律文化社、所収.

柘植尚則［二〇〇三］『良心の興亡——近代イギリス道徳哲学研究』ナカニシヤ出版.

柘植尚則［二〇〇九］『イギリスのモラリストたち』研究社.

土岐邦夫［一九八五］「ヒュームにおける理性と情念」『哲学研究』Vol. 47、No. 8（No. 551）、京都哲学会、pp. 1630–1655（10–35）.

戸田山和久［二〇〇二］『知識の哲学』産業図書.
内井惣七［一九八八］『自由の法則　利害の論理』ミネルヴァ書房.
鵜殿慧［二〇一三］「ヒュームの信頼性主義」『アルケー』No. 21、関西哲学会、京都大学学術出版会、pp. 73–85.
Vitz, R.［2002］"Hume and the Limits of Benevolence," in *Hume Studies*, Vol. 28, No. 2, pp. 271–295.
Vitz, R.［2004］"Sympathy and Benevolence in Hume's Moral Psychology," in *Journal of The History of Philosophy*, Vol. 42, pp. 261–275.
Wallace, K. A.［2002］"Hume on Regulating Belief and Moral Sentiment," in *Hume Studies*, Vol. 28, pp. 83–111.
Wand, B.［1962］"Hume's Non-Utilitarianism," in *Ethics*, 72, pp. 193–196.
渡辺一弘［二〇〇七］「ヒュームの『理性に関する懐疑論』について」『哲学論叢』No. 34、京都大学大学院文学研究科哲学研究室内、哲学論叢刊行会、pp. 13–24.
渡辺一弘［二〇一四］「ヒューム知性論における「一般規則」と二つの「全面的懐疑」」『イギリス哲学研究』第三七号、pp. 109–125.
渡部俊明［一九九三］「あとがき」、D. ヒューム『道徳原理の研究』所収.
Wiggins, D.［2002］*Needs, Value, Truth : Essays in the Philosophy of Value*, third edition Amended, Oxford University Press.（デイヴィッド・ウィギンズ『ニーズ・価値・真理　ウィギンズ倫理学論文集』大庭健・奥田太郎監訳、勁草書房、二〇一四年）
Williams, B.［1981］*Moral Luck*, Cambridge U. P.
Wolff, R. P.［1960］"Hume's Theory of Mental Activity," in *Philosophical Review*, Vol. 60, pp. 289–310.
藪本沙織［二〇〇七］「社会契約論とその批判——ヒュームとホッブズの場合」ヒューム研究学会第一八回例会報告（未刊行）.
矢嶋直規［二〇一二］『ヒュームの一般的観点』勁草書房.
萬屋博喜［二〇一一］「ヒュームの因果論と神学批判」『思想』二〇一一年第一二月号、第一〇五二号、pp. 375–394.
萬屋博喜［二〇一二］「ヒュームにおける意味と抽象」『哲学』二〇一二年第六三号、pp. 297–311.

著者紹介

林　誓雄（はやし　せいゆう）

1979年京都府生まれ。2009年京都大学大学院文学研究科博士課程研究指導認定退学。

2012年京都大学博士（文学）。専攻、哲学・倫理学。

現在、大谷大学任期制助教。

研究論文

「ヒューム道徳哲学における一般的観点と一般的規則」（『倫理学研究』第38号）、「ヒュームにおける道徳感情と道徳的な行為の動機づけ」（『倫理学年報』第58号）、「ヒュームにおける社交・会話と人間性の増幅――自然的徳論に関する一考察」（『イギリス哲学研究』第33号）、「ヒューム正義論における利益、効用、そして社会」（『哲学』第63号）、「ヒューム道徳哲学における「人々の意見」」（『倫理学研究』第43号）、他。

（プリミエ・コレクション61）

襤褸《ぼろ》を纏《まと》った徳

―ヒューム　社交と時間の倫理学

平成27（2015）年２月10日　初版第１刷発行

著　者　林《はやし》　誓《せい》雄《ゆう》

発行人　檜　山　爲　次　郎

発行所　京都大学学術出版会

京都市左京区吉田近衛町69

京都大学吉田南構内（〒606-8315）

電　話　(075)761-6182

ＦＡＸ　(075)761-6190

ＵＲＬ　http://www.kyoto-up.or.jp

振　替　01000-8-64677

印刷·製本　亜細亜印刷株式会社

ISBN978-4-87698-549-4

Printed in Japan

定価はカバーに表示してあります